Constanze Hintze

VERMÖGENSPLANUNG
und ALTERSVORSORGE
für Frauen

Constanze Hintze

VERMÖGENSPLANUNG und ALTERSVORSORGE für Frauen

Finanz-Knowhow und praktische Lösungen

Mit einem Vorwort von
Sabine Christiansen

Kösel

Für Lucas

Verlagsgruppe Random House FSC-DEU-0100
Das für dieses Buch verwendete FSC®-zertifizierte Papier
Classic 95 liefert Stora Enso, Finnland

Copyright © 2011 Kösel-Verlag, München,
in der Verlagsgruppe Random House GmbH
Umschlag: Monika Neuser, München
Umschlagfoto: Ina Zabel
Druck und Bindung: GGP Media GmbH, Pößneck
Redaktion: Silke Uhlemann, München
Printed in Germany
ISBN 978-3-466-30888-0

www.koesel.de

Inhalt

Vorwort

Seien Sie engagiert und interessiert – und neugierig!

Es ist noch keine drei Jahrzehnte her, da bekam die Frau in den gehobenen Restaurants nur die sogenannte Damenkarte: die Menükarte ohne Preisangaben. Bezahlt hat am Ende ihr Begleiter. Der im Übrigen die Speisekarte *mit* Preisangabe erhielt. Ganz früher, und zwar bis 1958, durften Frauen sogar ohne Zustimmung des Ehemanns oder Vaters nicht einmal ein eigenes Konto eröffnen. Heute haben Frauen Spitzenpositionen in der Finanzwelt erklommen und im Restaurant wählen sie selbst- und preisbewusst: zwischen dem 2005er-Chablis und dem deutschen Riesling und ob sie ihre Rechnung mit der Kreditkarte oder lieber bar bezahlen.

Wir Frauen sind pflichtbewusst und verantwortungsvoll. Fast alles, was wir tun, ist mit viel Ernsthaftigkeit und einer gewissen Anstrengung verbunden. Wir verfügen über ein paar Angewohnheiten, die uns manchmal unsere Lebensfreude und unsere Leichtigkeit nehmen. Ganz besonders bei der Geldanlage und der Altersvorsorge. Performance? Garantiefaktor? Wenn es denn sein muss! Genüsslich werden uns alle Klischees unter die Nase gerieben, die immer darin münden, dass nichts dabei herauskommt, wenn sich das weibliche Geschlecht mit Geld beschäftigt. Das ist nicht nur ein Klischee, es ist auch ein Irrtum. Ein sehr großer, der sich zäh in unserer Gedankenwelt eingenistet hat. Denn Frauen sind sehr geschickt, wenn es um Geldanlage geht. Die Finanzkrise haben sie wesentlich besser überstanden als ihre männlichen Zeitgenossen: weniger Risiko – mehr gute Inhalte. Heute kümmern sich vier von fünf Frauen selbst um ihre Alterssicherung, so eine Studie des Deutschen Instituts für Altersvorsorge (DIA).

Frauen sind auf dem Weg. Diese Erkenntnis ist nicht neu, aber sie macht mich sehr glücklich. In den Medien sind wir endlich nicht mehr nur »sichtbar«, sondern auch in den Chefetagen angekommen, und sogar die Dax-Konzerne trauen sich endlich, Frauen nicht mehr nur unterhalb der Vorstandsebene als Erfolgsfaktor wahrzunehmen.

Mag sein, dass die Debatte um die Einführung einer Frauenquote in den Führungsetagen die Unternehmen ein wenig auf Trab bringt, mehr Frauen aufsteigen zu lassen. So hat sich die Telekom das Ziel gesteckt, jede dritte Position im mittleren und oberen Management bis Ende 2015 mit einer Frau zu besetzen. Doch meinen es die Unternehmen mit der Frauenförderung überhaupt ernst? Oder ist es nur der politische Druck? Ich hoffe es nicht.

Unternehmen, in deren Führungsspitze mehr Frauen sitzen, genießen nicht nur ein besseres Image, sondern sind auch wirtschaftlich erfolgreicher. Sie verbessern die Performance, weil sie die Unternehmenskultur verändern. Sie führen anders, setzen Beschlossenes um und versuchen dabei, alle Mitarbeiter mitzunehmen.

Eine Studie der Unternehmensberatung Accenture kommt zu dem eindrucksvollen Ergebnis: Je höher der Anteil der Frauen in Führungspositionen mit Personalverantwortung ist, umso stärker steigt auch der Profit. Dazu hatte Accenture die 358 größten Unternehmen aus 24 Ländern Europas analysiert. Jede Form von Vielfalt trägt zum Unternehmenserfolg bei. So waren auch Unternehmen mit vielen internationalen Mitarbeitern insgesamt deutlich erfolgreicher als die Firmen, die nur von Einheimischen geführt wurden. Es sind also harte wirtschaftliche Gründe, die für die Frauen sprechen.

Und wegen des demografischen Wandels werden Frauen auf dem Arbeitsmarkt dringend gebraucht. Laut einer McKinsey-Studie entsteht bis 2020 eine Lücke von 2,5 Millionen Vollerwerbstätigen, die kann nur gedeckt werden, wenn mehr Frauen erwerbstätig werden. Frauen sind also nicht das Problem der Wirtschaft, sondern ihre Lösung.

Ob Frau im Berufsleben oder als Managerin eines kleinen »Familienunternehmens« zuhause, Frau bestimmt heute ihren eigenen Weg. Auch und gerade beim Geld.

Denn mit dem Geld, das Frauen verdienen, können sie in Projekte und Ideen investieren. Sie kaufen Aktien und Immobilien und bauen sich ihre private Altersvorsorge auf. Finanzielles Wohlergehen entsteht selten auf einen Schlag, sondern Schritt für Schritt. Constanze Hintze versteht es, die Frauen da abzuholen, wo sie stehen, und schafft es, Zuversicht und Aufbruchsstimmung zu erzeugen: bei der jungen Mutter, alleinerziehend und irgendwie immer knapp bei Kasse. Bei der Frau, die nach dem Tod des Partners plötzlich mit einem Millionendepot konfrontiert ist. Bei der Abteilungsleiterin, der das Näherrücken des Rentenalters Bauchgrummeln verursacht. Bei Frauen, die sich bis dato nicht (besonders gern) mit ihren eigenen Finanzen beschäftigt haben.

Constanze Hintze steht für eine Generation von Frauen, die es gewohnt sind, sich mit Geld von Anfang an zu beschäftigen. Und die damit auf beiden Seiten steht: als eine Frau, die selbst ihr Geld verdient, und als eine Frau, die in der noch immer männlich geprägten Finanzwelt eine gefragte Vermögensexpertin ist – insbesondere für Frauen! In Interviews, Artikeln, Kolumnen und Vorträgen gibt sie ihr Finanzwissen weiter.

Genau deshalb kommt ihr neues Buch zur rechten Zeit. Denn in den letzten Jahrzehnten haben sich die Spielregeln für Frauen massiv geändert: im Beruf, in der Familie, in der Eigenverantwortung. Vor allem in finanzieller Hinsicht. Sie nehmen ihr Berufsleben, ihr Finanzleben, ihr Leben insgesamt selbst in die Hand. Und sind deshalb mehr denn je auf brauchbare Informationen, gesicherte Kompetenz und wirkliche Erfahrungen angewiesen.

Seien Sie also engagiert und interessiert – oder gar neugierig! In jeder Lebenssituation. Erschließen Sie sich mithilfe dieses Buchs Ihre persönliche Finanzwelt. Hier finden Sie kompetente Antworten auf Ihre Finanzfragen. Machen Sie aus dem Geld, das Sie haben, mehr. Informieren Sie sich gut, hinterfragen Sie wichtige Dinge und finden Sie heraus, wohin Sie in Ihrem Leben eigentlich wollen. Nicht nur, was die Finanzen angeht.

Ihre Sabine Christiansen
Berlin, im Frühjahr 2011

Typberatung in Sachen Geld

Vermutlich geht es Ihnen wie mir. Ich würde gern ein Buch am Stück durchlesen – aber es fehlt die Zeit. Bei diesem Buch ist das kein Problem: Jedes Kapitel ist ein abgeschlossener Artikel. Jedes davon beschreibt bestimmte Herausforderungen, denen Frauen (und auch einige Männer) in ganz unterschiedlichen Lebensphasen und Situationen begegnen. Es beginnt mit der jungen Berufseinsteigerin, führt über Frauen, die sich ihrer Karriere und/oder Familie widmen und endet bei den Seniorinnen. Eingerahmt wird das Ganze von wichtigem Wissen zu Rente, Vermögen, Kapitalmärkten und Finanzberatung.

Lesen Sie dieses Buch, wie es Ihnen gefällt: Schmökern Sie einfach drauflos, und lesen Sie da weiter, wo Ihr Interesse Sie hinführt. Oder steuern Sie gezielt ein Thema an, weil Sie gerade Antworten auf eine bestimmte Frage suchen. Sie werden Hintergrundinformationen und Lösungsbeispiele entdecken, die Ihnen helfen werden, für sich selbst eine gute Entscheidung zu treffen.

Sie können das Buch natürlich auch in einem Stück von A bis Z lesen. Denn selbst wenn manches Kapitel Sie vielleicht aktuell nicht persönlich betrifft, so sind die Informationen bestimmt für eine Freundin, Ihre Tochter, Ihre Mutter oder eine Kollegin von Nutzen. Die Themen Altersvorsorge und Vermögensanlage betreffen uns alle.

Mit diesem Buch bekommen Sie nicht einfach ein Lexikon an die Hand. Sie werden hier viel Wissenswertes finden, viele praktische Tipps – und das bisschen Finanzkauderwelsch, das Sie brauchen, wird vernünftig erklärt. Dieses Buch verfolgt auch einen ganz anderen Ansatz als Ihre Tageszeitung, die das Wirtschafts- und Börsengeschehen täglich kommentiert. Denn eines ist ganz wichtig zu wissen: Ihre private Vermögensplanung und Altersvorsorge müssen auf Dauer angelegt sein. Lassen Sie sich nicht irritieren: Was zählt, ist der langfristige Anlageerfolg, nicht der Aktienkurs von heute oder übermorgen. Entscheidend ist die kluge Gesamtstrategie.

Und schließlich: Zwar sind alle Fälle, die ich hier beschreibe, echt (die Namen habe ich selbstverständlich geändert). Doch jedes Leben verläuft individuell – und jede(r) hat seine ganz eigenen Vorstellungen und Wünsche. Die Lektüre dieses Buches ersetzt deshalb nicht die individuelle Beratung.

Betrachten Sie dieses Buch als eine Typberatung in Sachen Geld

Es bündelt die Erfahrung, die ich in mehr als 25 Jahren in der Finanz- und Vermögensberatung gewonnen habe, und verschafft Ihnen einen aktuellen Überblick über die wichtigsten Punkte, die Sie für Ihre private Finanzplanung wissen sollten.

Ich bin überzeugt, dass es noch nie wichtiger war, sich wirklich ernsthaft über Finanzthemen zu informieren. Zwar wurde in den Medien noch nie intensiver über Demografie-Probleme, Altersvorsorge und die Macht der Banken berichtet als heute. Aber auch noch nie fühlten sich so viele Anleger mit ihren Fragen alleingelassen. Kein Wunder – nicht viele Bereiche unseres Lebens entwickeln sich so dynamisch wie die Finanzwelt. Und keine andere Branche hat einen derart großen Einfluss auf unser Leben.

Auch wenn Sie sich vielleicht auf die schönen Werte konzentrieren und sich am liebsten mit Kunst, mit Kultur, mit Ihrer Familie beschäftigen möchten: Das Thema Geld kann nur der ignorieren, der genug davon hat – und zwar nicht nur heute, sondern auch in Zukunft.

Finanzielle Unabhängigkeit und Wohlstand beginnen mit einem Gedanken. Dann folgt der erste Schritt. Wie wäre es gleich heute?

Herzlich, Ihre Constanze Hintze

München, im Frühjahr 2011

Mit diesem Buch spreche ich vor allem Frauen an. Meine Ratschläge sind jedoch für männliche Leser genauso nützlich. Unsere Lebensstile nähern sich immer mehr an. Auch Männer haben zunehmend Brüche in ihren Erwerbsbiografien. Der besseren Lesbarkeit zuliebe benutze ich bei allgemeinen Aussagen üblicherweise den Plural oder die neutrale, männliche Form.

Ich habe alle Berechnungen mit größter Sorgfalt erstellt. Dennoch können sich Fehler eingeschlichen haben. Alle Angaben, Berechnungen und Empfehlungen beruhen auf dem Stand der (Steuer-) Gesetzgebung vom Oktober 2010. Eine Haftung für Richtigkeit und Gültigkeit kann ich nicht übernehmen.

Danken möchte ich ganz besonders den Expertinnen, die mit ihren Fachbeiträgen zum Gelingen des Buches beigetragen haben, und Ihnen, liebe Sabine Christiansen. Die Zusammenarbeit mit Ihnen ist unglaublich bereichernd.

Ich danke auch meinem Team von *Svea Kuschel + Kolleginnen – Finanzdienstleistungen für Frauen*: Beate Steinmann für das fachliche Lektorat und Gabriele Lange für ihre Kritik. Ferner Andrea Pelka, Dorothee Weise, Evelyn Pickard und Ulrike Schalow für ihre wertvollen Anregungen.

Geld steht jeder Frau

Der Titel meines Buches, das ich 2007 gemeinsam mit Svea Kuschel geschrieben habe, hat unverändert Gültigkeit. Einigen Frauen fällt es allerdings schwer, mit Geld umzugehen. Andere wissen genau, wie sich finanzielle Freiheit anfühlt. *Die* Frau gibt es nicht – jede hat ihre ganz eigenen Stärken und Schwächen. Auf der folgenden Seite lesen Sie wie Frauen denken können. Sie werden sich wahrscheinlich mal hier und mal dort wiedererkennen.

Frauen sind die besseren (Geld-)Manager

Er kann einem ja wirklich leidtun: der deutsche Mann. Nichts ist für ihn wohl schlimmer, als dem eigenen Machtverlust zuzuschauen: Götterdämmerung in der Chefetage!

Frauen haben die besseren Schulnoten, die besseren Examina und punkten als Chefinnen mit Empathie und emotionaler Intelligenz. Kompetenzen, die in unserer Arbeitswelt gefragter sind denn je. Keine Volkswirtschaft kann inzwischen auf High Heels in der Chefetage verzichten.

Dass Frauen alles können, wozu Männer in der Lage sind, haben wir ja ohnehin bewiesen: Der Frauenanteil an deutschen Unis liegt bei stolzen 51 Prozent, wir werden Fußballweltmeister, wir bekommen Nobelpreise (Grass war gestern, Müller ist heute), wir machen Politik, und wir kontrollieren Firmen, die zur Weltelite gehören. Dabei haben Unternehmenslenkerinnen nicht nur den nächsten Quartalsbericht im Auge, sondern achten darauf, dass die guten Ergebnisse auch langfristig positive Wirkung erzeugen.

Nachhaltigkeit gilt spätestens seit der Finanzkrise als Gebot in der Wirtschaft. Das trifft sich gut, denn Nachhaltigkeit ist die Sache der Frauen. Rendite um jeden Preis steht bei ihnen nicht an erster Stelle, auch wenn sie als Managerinnen selbstverständlich Wertsteigerungen und gute Erträge anstreben. Ob das Finanzdebakel 2008 in diesem Ausmaß passiert wäre, wenn mehr Frauen an den entscheidenden Stellen das Sagen gehabt hätten?

Wir sind verdammt gut
Was zahlreiche Studien ergeben haben, kann ich aus meiner täglichen Arbeit bestätigen: Wenn sie sich mit ihrem Geld beschäftigen, sind Frauen sehr erfolgreich. In kritischen Börsenphasen, wie zuletzt 2008, weisen ihre Depots viel weniger Verluste auf als die der Männer. Und in Boomzeiten ist ihre Rendite hoch. Warum das so ist? Ganz einfach:

> › Frauen können rechnen. Sie wissen, dass aggressives Anlageverhalten nur kurzfristig Freude macht, aber auf lange Sicht tiefe Löcher in die Finanzplanung reißen kann.
> › Frauen sind keine Angsthasen. Mit Minizinsen aufs Sparbuch lassen sie sich längst nicht mehr abspeisen. Aber: Sie sind da risikofreudig, wo sie Risiken einschätzen und sich leisten können. Sie sind da sicherheitsorientiert, wo sie wissen: Es geht um mehr.
> › Frauen informieren sich gründlicher und sind nicht beratungsresistent. Sie wissen, dass niemand alles wissen kann, und holen sich kompetenten, fachkundigen Rat. Männer sind ja irgendwie immer im Wettbewerb ... mit dem Nachbarn, dem Kollegen und schließlich auch mit dem Finanzberater.
> › Frauen bleiben Geldanlageentscheidungen länger treu und drehen nicht gleich bei jedem Knick nach unten durch. Sie verlieren nie den Blick auf das große Ganze.

Moderne Frauen nehmen ihre finanzielle Selbstverantwortung ganz selbstverständlich wahr und kümmern sich um ihre Altersvorsorge. Mit Leidenschaft, Freude und dem eigenen Geld! 44 Prozent der erwachsenen, berufstätigen Frauen leben bereits von ihrem eigenen Einkommen. Und mittlerweile verdient jede zehnte Frau mehr als ihr Partner. 1991 war es erst jede fünfzehnte (Familienbericht der Bundesregierung, veröffentlicht im Juni 2010). Ein schöner Trend, der Mut macht!

Eine stetig wachsende Gruppe von Frauen hat das Ernährermodell in die Mottenkiste verbannt. Frauen, die heute heiraten, tun das nicht in der Erwartung, damit eine Lebensversicherung zu unterschreiben. Sie heiraten aus Liebe und haben schon genug damit zu tun, ihre Beziehung so zu gestalten, dass sie auf Dauer eine Chance hat. Aber das wäre ein anderer Ratgeber …

Von der finanziellen Unabhängigkeit zum Wohlstand sind es nur noch wenige Schritte. Die Zeiten weiblicher Bescheidenheit sind längst vorbei. Denn Frauen schaffen alles!

Trotz unserer Leistungen muss und wird wohl eine Frauenquote kommen, egal ob freiwillig, gesetzlich oder zeitlich befristet, einfach um das Old-Boys-Network auszuhebeln. Aber dann sind die Frauen auf ihrem Weg an die Spitze nicht mehr aufzuhalten.

Warum ist die Frauenquote eine gute Sache, liebe Petra Winter?

»Als ich vor 15 Jahren an der Fakultät für Politische Wissenschaften in Hamburg studierte, gab es einmal ein Streitgespräch zwischen mir und Professor Kleinsteuber. Es ging um die Quotierung in Parteien und in der Wirtschaft. Ich behauptete, dass wir Frauen eine Quote nicht nötig hätten, weil wir selbstverständlich als völlig gleichberechtigte Menschen in einem Land lebten, das uns aus eigener Kraft an alle Schalthebel gelangen ließe. Der Professor schmunzelte nur und meinte: ›Seien Sie der Frauen-Generation vor Ihnen dankbar, dass Sie das jetzt so überzeugt sagen.‹ Erst viel später bröckelte diese Überzeugung. Nicht, weil meine persönliche Karriere ins Stocken geraten wäre. Ich arbeite in einem fast reinen Frauen-Umfeld und muss daher wenig um mein Recht kämpfen, den Job zu machen, den ich innehabe. Ich stelle vielmehr an den Lebensläufen meiner Freundinnen fest, dass sie jenseits der 30 Jahre plötzlich ausgebremst werden. Während in den 20ern nach Abi, Studium und erstem Job noch alles glatt und verhältnismäßig gleich in Relation zu den männlichen Kollegen läuft, senkt sich jenseits der 30 plötzlich die berühmte gläserne Decke über diese Frauen, vor allem in eher männlichen Job-Umfeldern. Genau in dieser Zeit nämlich werden die Claims abgesteckt: Wo will ich hin? Nach ganz oben natürlich. Will ich gleichzeitig Familie? Ja, wenn ich genug verdiene, um mir eine gute Kinderbetreuung leisten zu können. Selbst wenn Frauen diese Fragen für sich eindeutig beantworten, sie ihre Leistungsfähigkeit und den Willen zur Karriere unter Beweis stellen, hegen männliche und auch weibliche Vorgesetzte oft einen Generalverdacht: Ist die auch noch zurechnungsfähig, wenn sie ein Kind hat? Die steigt doch eh aus. In dem Job lässt sich keinesfalls halbtags arbeiten – so weit die (Vor-)Urteile. Bevor eine Frau unter diesen Voraussetzungen die Chance auf einen Top-Job bekommt, muss sie ungefähr doppelt so gut und tough sein wie ein Mann. Das ist nicht fair. Und darum ist die Frauenquote für mich eine gute, eine wichtige und eine gerechte Sache.«

Petra Winter, Chefredakteurin Cosmopolitan *seit 2005*

Frauen und Geld – das funktioniert einfach nicht!

Morgens, 7 Uhr 30 in Deutschland. Die Tageszeitung wird gerecht geteilt: *Er* liest Wirtschaft, Finanzen und Sport – *Sie* Feuilleton, Lokales und Klatsch.

Frauen haben einfach keine Lust, sich mit dem Börsen- und Wirtschaftsgeschehen zu beschäftigen. Ja gut, man kann es ein wenig verstehen: Die Sprache der Finanzwelt zieht nicht wirklich in ihren Bann. Wer schon einmal den Rechenschaftsbericht eines Goldminenfonds oder die Bedingungen einer Rentenversicherung gelesen hat, weiß, was ich meine. Wenige Frauen wissen, was es mit der Börse auf sich hat. Die anderen ahnen nur: Das ist undurchsichtig, da wird spekuliert, und die großen Gewinne machen immer die anderen. Die Finanzkrise hat diesen Eindruck bestätigt. Ihr Vertrauen in die Kapitalmärkte und in Geldanlageprodukte liegt ungefähr bei null.

»Komm mir nicht schon wieder mit der Altersvorsorge!« Oje, denke ich, wenn das schon meine Freundin sagt. Sie ist Single, gut verdienend, immer auf dem Karrieresprung – und doch verkündet sie:»Das ist doch Firlefanz! Was soll denn da schon groß rüberkommen? Und wer weiß, ob ich überhaupt so lange lebe …«

Willkommen im Club! Denn mit ihrer Art, Finanzthemen und Altersvorsorge (nicht!) anzugehen, ist sie ganz und gar nicht allein. Immer noch viel zu viele Frauen haben, wenn es ums Geld geht, wenig Freude und keinen Plan. »Bis zum Ruhestand ist es noch ewig, und leben will ich schließlich jetzt.« Sie alle verpassen mit dieser Einstellung den Zug in Richtung Wohlstand.

Selbst schuld, was nützt da eine Quote!
Es geht schon so los: Nehmen wir an, die junge Frau hat ein klasse Abitur geschafft. Macht sie sich jetzt zielbewusst auf den Weg an die Spitze? Schön wär's. Bei der Wahl der Studiengänge bestätigen sich die gewohnten Verhaltensmuster. Von wegen, die alten Zöpfe sind abgeschnitten! Frauen entscheiden sich gern für die »Schmuse-Fächer«. Sie studieren Germanistik, Kunstgeschichte und Marketing, also die Fächer, mit denen sie im Lehramt, im Museum oder in einer netten Position im Mittelbau landen. In der Tiermedizin liegt der Frauenanteil bei den Studienanfängern sogar bei 85 Prozent. Idealismus und Tierliebe führen sie zu diesem Studium, nicht die Aussicht auf eine solide finanzielle Zukunft. Anders ist das nicht zu erklären, denn das Anfangsgehalt einer Tierärztin liegt bei 2.000 Euro – und steigt im Lauf der Zeit auch nicht wesentlich. Kein Wunder, dass die Männerquote so gering ist.

Die Kerle sind schlauer. Vielleicht haben sie schlechtere Noten – aber sie studieren die Karrierefächer Jura, Volkswirtschaft und Naturwissenschaften. Die Mehrzahl der Vorstände der Dax-Unternehmen kommt aus diesen Fakultäten, und so sind die Top-Management-Positionen fest in Männerhand. Ich fürchte: Da hilft auch keine Frauenquote! Nachfolgerin von Josef Ackermann wird man nicht als Kunsthistorikerin.

O.K., welchen Berufsweg sie auch immer eingeschlagen hat: Der Abschluss ist geschafft! Was jetzt kommt, nennt sich Karriere, und es geht ans Geldverdienen … Prompt spalten sich die Frauen in drei Fraktionen. Die erste fordert mutig gleich das Doppelte vom Jetzt, greift zu, wenn es um die Leitung des Ostasien-Teams geht, und geht abends häufig zu Veranstaltungen, auf denen sie sich mit anderen Business-Ladys austauschen, ihr Netzwerk aufbauen und pflegen kann. Diese Frau gehört definitiv zu der Gruppe, von der weiter oben die Rede war.

Die zweite Gruppe hat eine andere Strategie (Strategie?).

Sie kommt zwar zu der Erkenntnis, sie müsste mehr Geld verdienen, demonstriert dann aber brav weibliche Zurückhaltung und Geduld. Sie wartet. Und wartet. Darauf, dass man sie entdeckt. Doch wer zu leise ist, dem passiert das nicht – auch wer in einer Castingshow was werden will, muss sich erst mal ins Rampenlicht trauen. Die Jungs machen's mal wieder besser: Sie hauen ordentlich auf den Putz und fordern schon mehr Kohle, sobald ihr Projekt erste Fortschritte zeigt.

Und die dritte Fraktion? Die will gar nichts. Die sind lieb und mit ihrem niedrigeren Einkommen sogar zufrieden (im Schnitt haben Frauen 23 Prozent weniger auf dem Lohnzettel). Fragt man sie nämlich, was ihre Arbeit wert sei, schätzen sie ihre Leistung gering ein und finden es richtig, dass sie weniger verdienen als die männlichen Kollegen. Das denkt eine erstaunlich große Zahl der Frauen, wie eine Untersuchung des DIW (Deutsches Institut für Wirtschaftsforschung) im Sommer 2010 ergeben hat. Mir fehlten die Worte ...

Kennen Sie auch Frauen, die zunächst als toughe Managerin auftreten und dann, kaum ist der Nachwuchs da, zur Glucke mutieren? Bei vielen Paaren kommt es nach der Geburt des ersten Kindes zur traditionellen Rollenverteilung. Sie schultert zu Hause die Hauptlast, er macht Karriere. Das liegt nicht immer an fehlender Betreuung für die Kinder, viele Frauen entscheiden sich aus purer Überzeugung für dieses Leben. Sie verzichten zugunsten von Kindern und feinem Häuschen auf eigenes Fortkommen und finanzielle Unabhängigkeit. Und wenn sie doch wieder starten – wir haben ja einen ordentlichen Beruf gelernt! – dann auf Teilzeitbasis. 2009 ist mehr als jede zweite Frau teilzeitbeschäftigt (Institut für Arbeits- und Berufsforschung, IAB). Von wegen, damit kann man Beruf und Familie unter einen Hut bringen: Teilzeit wird schnell zur Falle! Zu Hause das Schuldgefühl, zu wenig bei den Kindern zu sein, und im Büro die Enttäuschung, weil die Gehaltssprünge immer die anderen machen. Und auf dem Rentenkonto landen nur ein paar mickrige Kröten, während der Gatte mit dem Boss über seine Tantiemen verhandelt. Für diese Frauen gilt das Prinzip Hoffnung. Denn ihr Altersvorsorgeplan heißt Georg. Wahlweise auch Thomas, Klaus oder Marcus …

Und wie schaut es bei den Single-Frauen aus? Die Leichtsinnigen investieren in Gucci, Armani & Co., bei den Zögerlichen schlummert das Geld auf mager verzinsten Tagesgeldkonten. Da allerdings jagen sie jedem Zehntelprozent mehr Zins hinterher. Wenig Strategie und viel Arbeit.

Ladys! So wird das alles nichts mit der finanziellen Unabhängigkeit. Und überhaupt: Warum eigentlich *nur* »finanziell unabhängig«? Warum nicht mal »reich sein, Einfluss haben und was bewegen können? Sein Leben so gestalten, wie man es sich wünscht …?« Denken Sie mal darüber nach … *Sie* definieren schließlich, was *Ihr* Reichtum ist.

Orientierung in fünf Minuten: Ein klares Finanzkonzept, das Sie Ihr Leben lang begleiten kann

Um Geldanlage wird ja gern viel Tamtam und Trara gemacht. Denn da die wenigsten Menschen reich geboren werden, verdanken sie ihre finanzielle Unabhängigkeit ihrer Arbeit, Geduld, Disziplin und einem guten Plan.

Ich habe Finanzpläne gesehen, die geschätzte drei Kilo wiegen – so viel Papier wurde mit bunten Grafiken und endlosen Zahlenkolonnen bedruckt. Ich kenne Finanzpläne, die gleichen dem Bauplan der Dresdner Frauenkirche. Dabei ist das Quatsch. Denn es sind oftmals die einfachsten Dinge, die zum Erfolg führen. Wie kann dieser Plan aussehen? Sie wissen längst, dass es keinen Musterfahrplan gibt, der für jede und jeden gilt, weil jeder andere Überlegungen und andere Möglichkeiten hat. Es gibt aber auch kein Geheimnis. Vielmehr gibt es grundlegende Überlegungen, an denen Sie sich orientieren können.

Ich habe die besten Erfahrungen mit einem offenen, ganzheitlichen System gemacht. Mit diesem kann Ihnen eigentlich nichts mehr passieren: keine Irrwege, keine Versuchungen, kein Verzetteln. Schwerpunkt sind die drei wichtigsten Bereiche Ihrer finanziellen Situation:

- Liquidität
- Vermögen und
- Altersvorsorge

Jede Geldanlage, jedes Vorsorgeprodukt kann in dieses System eingeordnet werden. Hinzu kommt das generelle Muss: die Absicherung. Und wer mag und das Geld dafür entbehren kann, investiert zusätzlich in Risikokapital. Aber das spielt hier keine Rolle.

Warum sollte das System offen sein? In jedem Finanzplan entstehen Wechselwirkungen und Abhängigkeiten. Das Depot ist Teil der Altersvorsorge. Private Rentenversicherungen gelten als Absicherung – und auch als Geldanlage. Es gibt auch keine starre Zuordnung zu einer bestimmten Lebensphase, weshalb ich die allseits beliebten Lebensphasenmodelle ablehne. Liquidität beispielsweise hat in jeder Lebensphase Priorität.

Vor allem aber: Ihr Plan lebt. Eine heute gemachte Analyse und Empfehlung kann morgen schon überholt sein. Allein daraus ergibt sich die Notwendigkeit einer kontinuierlichen Beobachtung und Erörterung: Hier der Überblick:

Absicherung gegen existenzbedrohende Ereignisse
Keine Kapitalbildung
Krankheit, Berufsunfähigkeit, Pflege, Tod, Schäden Dritter

Liquidität für die schnelle Verfügbarkeit
Tagesgeld, Festgeld, Barreserve

Vermögensbasis I: Sichere Geldanlagen
Mittelfristig und im Notfall verfügbar
Rentenfondsstrategien
Vermögensverwaltende Mischfondsstrategien

Vermögensbasis II: Altersvorsorge
Langfristig und nur eingeschränkt verfügbar
Private Rentenversicherungen
Staatlich geförderte Altersvorsorge
Immobilien

Vermögensbasis III: Wertpapiere
Renditeorientierte Geldanlagen
Langfristig und im Notfall verfügbar
Aktienfondsstrategien (global)

Ganz wichtig: Bleiben Sie flexibel!

Bleiben Sie auf dem Sprung und binden sie nicht zu viel Geld in starre und unbewegliche Geldanlagen. Wendepunkte im Leben machen aus einem Plan kurzzeitig ein unplanbares Durcheinander, und dann müssen Sie in der Lage sein, zu handeln. Auf dem Weg zu Ihrem Ziel wird es auch immer wieder Perioden geben, in denen die Ergebnisse geringer oder anders ausfallen als erhofft. Dann gilt der Grundsatz: Love it, leave it or change it. Was ich meine, ist: Guten Geldanlagen verzeihen Sie diese temporären Phasen, denn Sie wissen, dass das dazugehört. Von schlechten sollten Sie sich trennen oder sie an Ihre Vorstellungen anpassen.

Finanzplanung ist perspektivisch – Sie planen und handeln jetzt und sehen das Ergebnis erst sehr viel später.

Ein Muss: Absicherung gegen existenzbedrohende Ereignisse wie Krankheit, Berufsunfähigkeit, Pflege, Tod, Schäden Dritter

Sicherung des Einkommens und Grundabsicherung
Für die meisten von uns ist das berufliche Einkommen die wichtigste Einnahmequelle. Sie ermöglicht erst den Vermögensaufbau. Fließt kein Einkommen, drohen Armut und Abhängigkeit, und alle Pläne für den Vermögensaufbau sind hinfällig.

- Privathaftpflicht
- Krankenversicherung
- Berufsunfähigkeitsvorsorge
- Schwere-Krankheiten-Absicherung (Dread-Disease), Erwerbsminderungsrenten und Grundfähigkeitenrente
- Pflegevorsorge

Haben Sie jemanden zu versorgen?
Hier geht es um den Schutz der Menschen, die uns nahestehen:
die Kinder, der Ehepartner, der Lebenspartner. Auch Geschäftspartner müssen abgesichert werden, wenn es um das gemeinsame
Unternehmen geht.

- Absicherung für den Todesfall
- Witwen- und Witwerabsicherung

Baustein 1: Liquidität für die schnelle Verfügbarkeit

Keine Überziehungen auf dem Konto
Schulden sind nur für bedeutende Investitionen, wie die eigene Immobilie, erlaubt. Kurzfristige Überziehungen auf dem Konto sollten eine Ausnahme sein und so schnell wie möglich abgebaut werden. Dispo-Kredite sind teuer und behindern den Vermögensaufbau.

Tagesgeld, Festgeld, Barreserve
Das Geld, das hier angelegt ist, ist ihre liquide, ständig verfügbare
Reserve. Parken Sie hier nicht zu viel Cash, denn das Geld verliert
real an Wert, da ein Inflationsausgleich angesichts der niedrigen
Zinsen nicht möglich ist.

Baustein 2: Vermögen

Vermögensanlage ist mehr als nur Aktien und Anleihen. Sie ist
die Grundlage für alle Geldanlagen. Es gibt weltweit unzählige
Aktien, Derivate, Anleihen, Pfandbriefe, Rohstoffkontrakte. Neben der Vielfalt der Anlageinstrumente gilt es, die Risiken nicht
aus den Augen zu verlieren.

*Sichere Geldanlagen mit mittelfristiger Anlagedauer und
im Notfall verfügbar*
- Rentenfondsstrategien
- Vermögensverwaltende Mischfondsstrategien

*Renditeorientierte Geldanlagen mit längerfristiger Anlage-
dauer und im Notfall verfügbar*
- Aktienfondsstrategien (global)
- Rohstoffe, wie beispielsweise Gold

Baustein 3: Altersvorsorge ist langfristig und nur eingeschränkt verfügbar

Die Streuung auf verschiedene Rentenmodelle, Durchführungs-
wege und Gesellschaften bieten das beste Maß an Sicherheit und
Versorgung. Nicht jedes Modell ist für jeden ideal und für jeden
möglich.

Diese Modelle bieten staatliche Förderung in der Ansparphase:
- Basisrente, auch Rürup-Rente
- Riester-Rente
- Betriebliche Altersvorsorge, vor allem Direktversicherungen,
  Unterstützungs- und Pensionskassen

*Private Rentenmodelle sind extrem vielfältig und
die neuen Modelle sehr flexibel:*
- Klassische private Rentenversicherungen
- Fondspolicen mit und ohne Garantien
- Sofort beginnende Rentenversicherung

Immobilien
- Die selbst genutzte Wohnimmobilie
- Kapitalanlageimmobilien: Wohn- und Gewerbeimmobilien
- Immobilienfondsbeteiligungen

Ein Kann: Risikokapital

Das Geld, das hier angelegt ist, sollten Sie wirklich entbehren können. Das Risiko zeigt sich in ganz unterschiedlichen Facetten: in extrem hohen Schwankungen, sodass Sie keine Planbarkeit haben. In einer geringen oder überhaupt keiner Verfügbarkeit, denn damit steht es für Ihr augenblickliches Leben nicht zur Verfügung. Oder in Intransparenz hinsichtlich der Produktmerkmale und der Preisfindung. In der Konsequenz ist das Risiko eines Totalverlustes am größten.

- Unternehmerische Beteiligungen
- Private Equity und Single-Hedgefonds

Ein Muss: Alles jederzeit auf dem Prüfstand

Was ist Ihr Anlageziel?
Geht es um Ihre Altersvorsorge? Planen Sie in einigen Jahren eine Selbstständigkeit? Oder den Kauf einer Immobilie? Zielvorgaben haben wesentlichen Einfluss auf Verteilung und Gewichtung der Geldanlagen in Ihrem Finanzplan.

Wie ist Ihr Vorsorgebedarf im Alter? Und wie viel müssen Sie sparen?
Der Vorsorgebedarf richtet sich nach dem Lebensstandard, den ich jetzt habe oder den ich mir wünsche. Die exakte Berechnung stellt viele Anlegerinnen und Anleger vor eine fast unlösbare Frage.

Bestandsaufnahme: Ihre Geldanlagen und Ihre Sparmöglichkeiten
Welches Vermögen haben Sie bereits aufgebaut? Auf welche Ansprüche belaufen sich Ihre Altersvorsorgeverträge? Womit können Sie bei der gesetzlichen Rente rechnen? Es ist nie zu spät, die Weichen neu zu stellen. Auf der anderen Seite macht es aber

keinen Sinn, ständig etwas Neues anzufangen, wenn das Alte gut ist.

Lassen Sie sich gut beraten, entscheiden Sie und schließen Sie ab. Gute Finanzberatung basiert auf Erfahrung, Kompetenz und Einfühlungsvermögen.

Überprüfen Sie regelmäßig Ihre Finanzplanung und die Geldanlagen. Vermögensanlage und Altersvorsorge sind keine Entscheidungen, die man nur einmal trifft. Einkommensveränderungen, berufliche und private Wendepunkte, aber auch eine andere Einstellung zu Zielen und zum Risiko machen Änderungen erforderlich.

Wer die perfekte Lösung sucht, übersieht manchmal die gute Lösung. Kennen Sie das?! Stopp! Nehmen Sie den Druck raus! Sie werden sehen, mit einer guten Balance aus Anspruch und Wirklichkeit sind Sie schneller da, wo sie hinwollen.

Der Staat gibt, der Staat nimmt …
Steuern im Überblick

Die Freude an den verdienten Gewinnen währt oft nicht lang, denn der Staat kassiert überall mit. Geldanleger, Arbeitnehmer, Selbstständige, Ruheständler – jeder muss einen Teil seiner Erträge an den Fiskus abgeben und nur wenige Bereiche werden steuerlich entlastet. Seit vielen Jahren wenden die Finanzbehörden viel Energie auf, um Steuersünder aufzuspüren und »Steuerschlupflöcher« zu schließen. Das hat auch sein Gutes, denn nun rückt das reale Investment und der eigentliche Sinn der Geldanlage wieder mehr in den Vordergrund. Wichtig ist daher eine ausreichende Streuung der steuerlichen Belastung. Hier ein kleiner Überblick, wie welche Vermögensanlagen besteuert werden.

Welche Geldanlage? Welche Erträge?	Steuersatz - Belastung oder Förderung?	Der besondere Tipp
Zinsen	25 Prozent Abgeltungssteuer plus 5,5 Prozent Solidaritätszuschlag, macht 26,375 Prozent, die direkt bei der Gutschrift abgezogen werden. Gegebenenfalls kommt die Kirchensteuer hinzu. Erträge bis zu einem Freibetrag von 801 Euro (Singles) und 1.602 Euro für Verheiratete sind steuerfrei.	Mit einem Freistellungsauftrag kann der Steuerabzug innerhalb des Freibetrags vermieden werden. Freistellungsaufträge können auf mehrere Banken verteilt werden. Wer Einkünfte unter dem steuerlichen Grundfreibetrag hat (»Existenzminimum«), wie beispielsweise Kinder, kann mit einer vom Finanzamt erteilten Nichtveranlagungsbescheinigung den Steuerabzug komplett vermeiden.

Dividenden (Aktien Inland)	Wie »Zinsen«	
Private Lebensversicherung/ Ablaufleistung (Abschluss vor dem 31.12.2004)	Die Kapitalzahlung ist bei Ablauf steuerfrei, wenn der Vertrag mindestens zwölf Jahre lief, Beiträge über einen Zeitraum von mindestens fünf Jahren eingezahlt wurden und eine Todesfallabsicherung von mindestens 60 Prozent vereinbart ist.	Bei einer vorzeitigen Auflösung oder einem Verkauf wird auf die Erträge Abgeltungssteuer berechnet.
Lebensversicherung/Ablaufleistung (Abschluss ab dem 01.01.2005)	Bei Kapitalauszahlung sind die Gewinne zur Hälfte mit dem persönlichen Steuersatz zu versteuern. Voraussetzung: Der Vertrag lief mindestens zwölf Jahre und endet nicht vor dem 60. Lebensjahr des Versicherungsnehmers.	Bei einer vorzeitigen Auflösung oder einem Verkauf wird auf die Erträge Abgeltungssteuer berechnet.
Private Rentenversicherung mit Kapitalwahlrecht	Wie »Lebensversicherung«	Renten unterliegen nur mit dem Ertragsanteil der persönlichen Besteuerung – das Abschlussjahr der Versicherung spielt keine Rolle.
Kursgewinne aus Investmentfonds (Aktien und Renten)	Gewinne werden erst bei Realisierung (Verkauf) mit der Abgeltungssteuer belegt, wenn das Wertpapier nach dem 01.01.2009 angeschafft wurde. Kursgewinne aus Wertpapieren, die vor dem 31.12.2008 gekauft wurden, sind steuerfrei.	Anders als bei Betriebsvermögen sind Kursgewinne privater Anleger (sogenanntes Privatvermögen) nicht laufend zu versteuern. »Alt-Bestände«, die vor Einführung der Abgeltungssteuer gekauft wurden, sollten nur in Ausnahmefällen verkauft werden, da die Steuerfreiheit einmalig ist.

Erträge aus ausschüttenden Investmentfonds	Wie »Zinsen«	
Erträge aus thesaurierenden, inländischen Investmentfonds	Wie »Zinsen«	Gut zu wissen: Realisierte Kursgewinne des Fonds aus Wertpapiergeschäften werden steuerfrei einbehalten (thesauriert) und erhöhen so den Wert des Fonds.
Erträge aus thesaurierenden, ausländischen Investmentfonds	Es erfolgt bei der Bank zunächst kein Abzug der Abgeltungssteuer.	Die thesaurierten Erträge müssen Anleger in der eigenen Einkommensteuererklärung jährlich angeben. Dennoch wird beim Verkauf der Anteile die Abgeltungssteuer auf die thesaurierten Erträge erhoben, und zwar auch dann, wenn der Anleger diese Erträge schon im jeweiligen Steuerjahr versteuert hat. Auf diese Weise soll sichergestellt werden, dass die Erträge dieser Fonds spätestens mit Rückgabe (Veräußerung) der Anteile der Abgeltungssteuer unterliegen. Der Anleger kann diese Doppelbesteuerung im Wege der einkommensteuerlichen Veranlagung auf seine Steuerschuld anrechnen oder sich erstatten lassen.
Finanzinnovationen	Erträge und realisierte Kursgewinne unterliegen immer der Abgeltungssteuer.	Hierbei handelt es sich in aller Regel um kapitalgarantierte Anlageprodukte, wie Garantiezertifikate und Nullkupon-Anleihen.

Riester-Verträge	Parallel zu den Zulagen, die direkt auf den Vertrag fließen, werden die aufgewendeten Sparbeiträge bei der Einkommensteuerveranlagung als Altersvorsorgeaufwendungen steuerlich geltend gemacht.	Unter der Laufzeit fallen keine Ertragssteuern an. Die Riester-Rente ist komplett erst zu Rentenbeginn steuerpflichtig.
Basis- (»Rürup«-)- Verträge	Die aufgewendeten Sparbeiträge werden zu einem bestimmten Prozentsatz, der von Jahr zu Jahr steigt, bei der Einkommensteuerveranlagung als Altersvorsorgeaufwendungen steuerlich geltend gemacht. Auf diese Weise ergibt sich eine Reduzierung der Steuerschuld im Veranlagungsjahr.	Unter der Laufzeit fallen keine Ertragssteuern an. Die Rürup-Rente ist erst zu Rentenbeginn steuerpflichtig (schrittweiser Übergang zur nachgelagerten Besteuerung entsprechend der gesetzlichen Rente).
Berufsunfähigkeits-Renten	Bei gesetzlichen BU/EU-Renten ist das Jahr des Rentenbeginns maßgebend. Beginnt die Rente beispielsweise 2016, ist sie zu 72 Prozent zu versteuern. Private BU-Renten hingegen stellen eine abgekürzte Leibrente dar, weil sie spätestens dann enden, wenn der Vertrag ausläuft. Es ist nur der Ertragsanteil zu versteuern, der sich nach der Laufzeit der Renten richtet (Zeitraum zwischen Beginn der Zahlung und Vertragsende). Der Ertragsanteil dieser abgekürzten Leibrente ist nach der besonderen Ertragsanteilstabelle nach § 55 II EStDV zu versteuern.	Nicht die steuerliche Betrachtung steht im Vordergrund, sondern die Absicherung.

| Beteiligungen, wie Flugzeugleasing, Containerbeteiligung etc. | Meist muss über einen längeren Zeitraum keine Einkommensteuer auf Ausschüttungen bezahlt werden. Hintergrund: Die Investitionen und Konzeptionskosten der Beteiligung werden auf viele Jahre verteilt und mit den Gewinnen verrechnet. | Lesen Sie aufmerksam das Beteiligungsangebot, denn die steuerlichen Bemessungsgrundlagen sind von Produkt zu Produkt unterschiedlich. |

Gesetzliche Rentenversicherung in Deutschland: Warum der Staat leere Kassen hat und wir uns selbst um unsere Altersvorsorge kümmern müssen

Die gesetzliche Rente ist praktisch am Ende … sie allein wird nicht mehr für einen auskömmlichen Lebensabend reichen. Das überrascht niemanden mehr, es sei denn, er hat jahrelang keine Medien verfolgt, ist ein gnadenloser Optimist – ist bereits im Ruhestand. Wie meine Eltern. Die beiden sind 70 und 74. Sie haben zeitlebens gearbeitet und können nun wunderbar von ihrer Rente leben. Die jetzige Rentner-Generation hat einen beispiellosen, nahezu ununterbrochenen wirtschaftlichen Aufstieg erlebt: Ihr Vermögen und ihre enorme Kaufkraft hat sie zu einer Zielgruppe werden lassen. Banken, Reiseveranstalter, Kosmetikhersteller und andere Industriezweige kreieren Produkte für die »Best Ager«. Doch die Zeiten der »reichen Alten« neigen sich dem Ende zu.

Die gesetzliche Rentenversicherung (GRV) ist heute die mit Abstand bedeutendste Altersabsicherung: 89 Prozent aller 65-Jährigen erhalten eine eigene gesetzliche Rente. Der Anteil dieser Rente am Alterseinkommen macht im Schnitt zwei Drittel aus. Der Rest speist sich aus privaten und betrieblichen Vorsorgemodellen, Mieten, Zinsen und anderen Zuwendungen. Was die GRV ausbezahlt, ist aber schon jetzt nicht üppig. So betrug die Rente derjenigen, die 2009 ihren Ruhestand antraten, durchschnittlich 670 Euro – bei Männern waren es 848, bei Frauen nur 463 Euro. **!** Das ist beängstigend gering. (Quelle: Statistische Analysen der Deutschen Rentenversicherung, Altersrente abzüglich der Krankenversicherung, Juli 2010).

Die gesetzliche Rente allein kann die Sicherung des Lebensstandards nicht mehr leisten. Eine ernstzunehmende OECD-Stu-

die aus dem Jahr 2007 kommt zu dem Ergebnis, dass die gesetzliche Rente für künftige Generationen nur noch rund 43 Prozent
des täglichen Bedarfs abdecken wird.
Es fehlt das finanzielle Polster.

Trübe Fakten zur gesetzlichen Rentenversicherung

Das deutsche Rentensystem basiert auf einem Umlageverfahren: Alles, was einbezahlt wird, fließt sofort wieder raus, und ein finanzielles
Polster kann nicht aufgebaut werden. Das funktioniert, so lange es
eine ausreichende Anzahl an Beitragszahlern gibt. Doch genau an
ihnen mangelt es! Und wo nicht genügend eingezahlt wird, kann
auch nicht viel ausgezahlt werden. Schon heute zahlt der deutsche
Steuerzahler über 80 Milliarden Euro in die Rentenkassen ein. Bereits jetzt werden 20 Millionen Rentner von 35 Millionen Beitragszahlern finanziert. Im Jahr 2030, wenn *die* Frauen in den Ruhestand
gehen, die heute Karriere machen, kommt auf einen Rentner nur ein
Beitragszahler. Und dank unserer gestiegenen Lebenserwartung wird
die Rente sehr viel länger in Anspruch genommen. 1960 lag die
durchschnittliche Rentenbezugszeit bei acht Jahren – heute liegt sie
im Schnitt bei 20 Jahren. Das muss erst einmal bezahlt werden! Dass
dringender Handlungsbedarf besteht, erklärte der damalige Arbeits-
minister Franz Müntefering auf seine eigene, volkstümliche Art:
»Man muss kein Mathematiker sein, da reicht Volksschule Sauer-
land, um zu erkennen: Wir müssen was machen.«

Die Wahrheit ist: Es gibt nur einen, der für Sie sorgt: Sie selbst

Machen wir uns also nichts vor: Auch wenn die Regierung zum
47. Mal betont, dass man »die richtigen Entscheidungen auf den
Weg gebracht« hat, derweil die jeweilige Opposition Einschnitte

hart kritisiert und neue Forderungen stellt, ist die Lage eindeutig: Wir müssen für unsere Altersvorsorge weitgehend selbst aufkommen. Und zwar richtig!

Ich möchte das am Beispiel einer 30-jährigen Frau verdeutlichen. Grundlagen der folgenden Berechnung ist eine Geldentwertung von zwei Prozent pro Jahr und eine Rendite auf die Geldanlage von vier Prozent.

Bei einem Bruttoeinkommen von 5.000 Euro summieren sich die Abzüge aus Steuern und Sozialabgaben auf rund 2.200 Euro, sodass netto knapp 2.800 Euro zum Leben übrig bleiben. Ihre Lebenshaltungskosten kommen auf 2.300 Euro. 300 Euro, das sind gut zehn Prozent des Nettoeinkommens, legt sie bereits monatlich systematisch für ihre Altersvorsorge zurück und hat auf diese Weise schon 20.000 Euro angespart.

Nach heutiger Rentenformel käme sie auf eine gesetzliche Rente von 2.140 Euro. Das klingt zunächst einmal gut. Doch nach Steuern und Inflation sieht die Sache schon anders aus. Dann sind es real nur noch 790 Euro, die ihr mit 67 Jahren zum Leben blieben.

Die Inflation nagt nicht nur an der Kaufkraft der Rente, sondern treibt parallel auch die Lebenshaltungskosten in die Höhe: Aus 2.300 Euro – wir gehen der Einfachheit halber davon aus, dass ihre Ausgaben konstant bleiben – werden in 37 Jahren 4.800 Euro. Die gesetzliche Rente deckt das nicht ab und es ergibt sich eine Lücke von zunächst 2.660 Euro.

Die junge Frau schafft es aber, ihre bereits laufenden Sparanstrengungen bis zum Rentenbeginn durchzuhalten. Auf diese Weise hat sie bis zum Rentenbeginn rund 386.000 Euro auf der hohen Kante, die anschließend verrentet werden. 386.000 Euro steuern monatlich 1.540 Euro für ihre Altersvorsorge bei. Somit ergibt sich eine Versorgungslücke von »nur noch« 1.120 Euro – inflationsbereinigt.

Um diese Lücke zu schließen, muss ein zusätzliches Vermögen von 280.000 Euro bereitstehen. Das erreicht sie, wenn sie ab sofort ihr Sparprogramm um weitere 280 Euro auf 585 Euro erhöht. Oder: Sie erhöht die Sparrate zunächst auf 400 Euro und steigert die Sparleistung jedes Jahr um 2,50 Prozent.

Sicher – es ist eine Momentaufnahme, die größere Karrieresprünge nicht berücksichtigt. Auf der anderen Seite führen Familienzeiten, Arbeitslosigkeit und lange Ausbildungszeiten, wie sie gerade für Akademiker typisch sind, zu Lücken in den Erwerbsbiografien. Diese Lücken senken Rentenansprüche.

Das Beispiel zeigt überdies: Der Aufbau der eigenen Altersvorsorge ist nichts, was nebenbei laufen kann – es wird ohne Verzicht nicht gehen, das ist noch nicht allen Menschen bewusst. Ein großer Teil dessen, was wir heute verdienen, ist Geld, über das wir nicht verfügen können. Es gehört uns faktisch erst in einigen Jahren.

Wer es versäumt, sich um seine Altersvorsorge zu kümmern, dem drohen später mindestens starke Einschränkungen im Lebensstandard – im schlimmsten Fall gar der Gang zum Sozialamt.

Die neue Welt der Altersvorsorge

Mit den vielen Rentenreformen der letzten Jahre wurde versucht, die Finanzierbarkeit des ursprünglichen Systems der Generationenversorgung aufrechtzuerhalten. Nachhaltigkeitsfaktor, Riester-Rente, nachgelagerte Besteuerung, Kranken- und Pflegeversicherungsbeiträge auf Renten, Kürzung der Ausbildungszeiten und die Verschiebung des frühestmöglichen Renteneintritts von 60 auf 63 Jahre zielen aber ehrlicherweise vor allem auf eines ab: auf Rentenkürzungen. Ich wage die Prognose, dass das noch nicht alles ist, und kann mir gut vorstellen, dass auch bei den Erwerbsminderungs- und den Witwenrenten das letzte Wort noch nicht gesprochen ist.

65, 67, 70 – wer bietet mehr?

Der Aufschrei über die Anhebung der Regelaltersgrenze war riesengroß. Ab 2012 wird der Zeitpunkt, ab dem man abschlagsfrei seine Rente beziehen kann, schrittweise von bisher 65 auf 67 im Jahr 2029 angehoben. Wer vorher die Rente beantragt, muss mit Kürzungen rechnen. Für jeden Monat, den wir die gesetzliche Rente früher als vorgesehen beziehen möchten, muss ein Abschlag von 0,3 Prozent hingenommen werden – für immer. Auch wenn die »Anti-67-Liga« gern auf den tatsächlichen Rentenbeginn – der 2009 in der gesetzlichen Rentenversicherung bei 60,9 Jahren lag – verweist, wird dieser Prozess meines Erachtens nicht mehr zu stoppen sein.

Die Zeiten der Frühverrentungen gehen dem Ende zu, weil es auch zunehmend an qualifizierten Fachkräften fehlt. Auf das Können und den Erfahrungsschatz der Älteren können die Unternehmen nicht verzichten. Inzwischen wird sogar laut über die Rente mit 70 nachgedacht.

Lediglich Personen, die mindestens 45 Jahre sozialversicherungspflichtig beschäftigt waren, können weiter ohne Abschläge mit 65 in Rente gehen. Aufgrund ihrer häufig unterbrochenen Erwerbsbiografie kamen die wenigsten Frauen bislang auf diese Berufsjahre. Das wird sich kaum ändern, auch wenn Familienpausen verkürzt oder zwischen Frau und Mann aufgeteilt werden. Andere berufliche Einschnitte, wie Arbeitslosigkeit oder Selbstständigkeit, verhindern, dass Frauen (und auch Männer!) auf ein derart langes und kontinuierliches Erwerbsleben kommen.

Regelaltersgrenze von 65 auf 67 verschoben

So lesen Sie die Tabelle: Wenn Sie etwa 1960 geboren sind, bekommen Sie erstmals Ihre gesetzliche Rente abschlagsfrei mit 66 Jahren und vier Monaten. Wenn Sie bereits ab 63 nicht mehr arbeiten wollen, wird Ihre Rente um zwölf Prozent gekürzt.

Jahrgang	Volle Rente ab	Frühester Rentenbeginn	Abschlag
1947	65 + 1 Monat	63	7,5 %
1948	65 + 2 Monate	63	7,8 %
1949	65 + 3 Monate	63	8,1 %
1950	65 + 4 Monate	63	8,4 %
1951	65 + 5 Monate	63	8,7 %
1952	65 + 6 Monate	63	9,0 %
1953	65 + 7 Monate	63	9,3 %
1954	65 + 8 Monate	63	9,6 %
1955	65 + 9 Monate	63	9,9 %
1956	65 + 10 Monate	63	10,2 %
1957	65 + 11 Monate	63	10,5 %
1958	66	63	10,8 %
1959	66 + 2 Monate	63	11,4 %
1960	66 + 4 Monat	63	12,0 %
1961	66 + 6 Monate	63	12,6 %
1962	66 + 8 Monate	63	13,2 %
1963	66 + 10 Monate	63	13,8 %
ab 1964	67	63	14,4 %

Alterseinkünftegesetz: Licht und Schatten

Mit dem Alterseinkünftegesetz hat die Bundesregierung zum
01.01.2005 die Altersvorsorge reformiert. Seitdem werden alle
Altersvorsorge-Modelle drei verschiedenen Schichten zugeordnet. Diese drei Schichten unterscheiden sich hinsichtlich der

- steuerlichen Behandlung: Mit Einführung der nachgelagerten Besteuerung wird mehr Spielraum für die Altersvorsorge geschaffen, weil die Steuerzahler in der Erwerbsphase entlastet werden.
- Flexibilität: Staatlich geförderte Modelle sind an viele Auflagen und Reglementierungen geknüpft
- Gestaltungsfreiheit: Ihre Einflussmöglichkeit ist bei den privaten Modellen besonders groß

Schicht 1: Basisvorsorge
Gesetzliche Rente, berufsständische Versorgung, Basis-(Rürup-)
Rente

Schicht 2: Kapitalgedeckte Zusatzvorsorge
Riester, betriebliche Altersvorsorge: Direktversicherung, Pensionskasse, Direktzusage, Deferred Compensation und andere

Schicht 3: Übriges Vermögen
Private Lebensversicherungen, private Rentenversicherungen,
Fondspolicen und im weitesten Sinne auch Wertpapiervermögen.

Neu: Die Beiträge zur Schicht 1 können beim Finanzamt als Sonderausgaben geltend gemacht werden. Dabei werden nicht nur
die eigenen Beiträge, sondern auch der steuerfreie Arbeitgeberanteil zur gesetzlichen Rentenversicherung mitberechnet.
    In einer Übergangsphase bis zum Jahr 2025 können die Beiträge aber nicht voll, sondern nur bis zu einem bestimmten Prozentsatz berücksichtigt werden. So können im Jahr 2011 Beiträge

in die gesetzliche Rentenversicherung zunächst bis zu 72 Prozent steuerlich zum Abzug gebracht werden – einschließlich des Arbeitgeberanteils! Diese Quote steigt in den Folgejahren jährlich um zwei Prozentpunkte an, bis im Jahr 2025 schließlich 100 Prozent erreicht sind. Als maximale Grenze gelten 20.000 Euro für Ledige und 40.000 Euro für Verheiratete. Mit den Steuervorteilen soll den jetzigen Berufstätigen die Altersvorsorge erleichtert werden, denn auch bei der kapitalgedeckten Rürup-Rente gibt's dieses steuerliche Bonbon (s. Tabelle S. 133).

Weniger schön: Schritt für Schritt werden künftig die Renten der Einkommenssteuer unterworfen. Jeder neue Rentnerjahrgang wird dabei stärker besteuert (sog. Kohortenprinzip). 2005 waren 50 Prozent der Rentenzahlungen dieses Rentnerjahrgangs davon betroffen. 2011 beträgt der zu versteuernde Anteil für Neu-Rentner 62 Prozent. Anders ausgedrückt: 38 Prozent sind steuerfrei. Der daraus resultierende Freibetrag wird in absoluter Höhe (Euro) festgelegt und bleibt das ganze Leben konstant. Künftige Zuwächse bei den Renten unterliegen somit in voller Höhe der nachgelagerten Besteuerung.

Die Steuerpflicht steigt Jahr für Jahr, bis 2040 die volle Besteuerung mit 100 Prozent erreicht ist.

Jahr des Rentenbeginns	Besteuerungsanteil in v.H.	Jahr des Rentenbeginns	Besteuerungsanteil in v.H.	Jahr des Rentenbeginns	Besteuerungsanteil in v.H.
Bis 2005	50	2017	74	2029	89
Ab 2006	52	2018	76	2030	90
2007	54	2019	78	2031	91
2008	56	2020	80	2032	92
2009	58	2021	81	2033	93

2010	60	2022	82	2034	94
2011	62	2023	83	2035	95
2012	64	2024	84	2036	96
2013	66	2025	85	2037	97
2014	68	2026	86	2038	98
2015	70	2027	87	2039	99
2016	72	2028	88	2040	100

Das klingt alles wenig erfreulich. Doch Sie haben gute Möglichkeiten, Ihre Zukunft in die Hand zu nehmen und Ihren Lebensstandard zu sichern. In diesem Buch lesen Sie, für wen welches Altersvorsorgemodell eine lohnende Sache ist.

Fakten zur gesetzlichen Rentenversicherung

Selbstständig? Angestellt? Pflichtversichert?
Grundsätzlich gilt: Wer selbstständig und somit nicht pflichtversichert ist, kann viele Diskussionen zur Rente mit einem lässigen Abstand verfolgen. Allerdings ist das deutsche Rentensystem nicht einfach. Nicht jeder, der selbstständig arbeitet, ist von der Versicherungspflicht befreit. Selbstständige mit einem Auftraggeber sind nämlich genau wie viele Selbstständige in den Heilberufen rentenversicherungspflichtig. Die Versicherungspflicht gilt für Krankenschwestern, Pflegepersonen, Physiotherapeuten, Ergotherapeuten und Hebammen. Seit Januar 2009 sind auch Tagesmütter und -väter in der DRV steuerpflichtig.

Die sogenannten nichtärztlichen Heilberufe, wie zum Beispiel Logopäden, Psychotherapeuten (gehören seit Kurzem zu einem Versorgungswerk) und auch Heilpraktiker sind nicht in der DRV pflichtversichert.

Lehrberufe sind grundsätzlich versicherungspflichtig. Dozenten, Lehrer (auch Tennis- und Golflehrer) und sogar die Yogalehrerinnen werden dazu gezählt. Selbstständige Handwerker sind ebenfalls in aller Regel pflichtversichert.

Bis 30. September 2001 konnten sich Selbstständige von der gesetzlichen Rentenversicherungspflicht befreien lassen und sich mit einer gleichwertigen privaten Vorsorge absichern. Heute ist eine Befreiung auf Antrag nur noch möglich, wenn pflichtversicherte Arbeitnehmer und Arbeitnehmerinnen bzw. Auszubildende beschäftigt werden. Diese müssen aber zur gleichen Berufsgruppe gehören. Reinigungskräfte oder geringfügig Beschäftigte zählen nicht dazu.

Keine Befreiungsmöglichkeit gibt es für Hebammen.

Der umgekehrte Weg, nämlich auf Antrag rentenversicherungspflichtig zu werden oder freiwillig Beiträge zu zahlen, geht noch immer. Für bestimmte Menschen kann es sogar sinnvoll sein, freiwillig Beiträge in die Rentenversicherung einzuzahlen. Diese Möglichkeit lohnt sich bei älteren Jahrgängen, um Wartezeiten zu erfüllen, denn ohne weitere Beitragsleistung verliert man die Anwartschaft auf Rente bei vorzeitiger Berufsunfähigkeit. Außerdem haben Beitragszahler nach 15 Jahren Anspruch auf Reha-Maßnahmen, wenn auch die weiteren Voraussetzungen hierfür erfüllt sind, egal ob freiwillig oder pflichtversichert. Fehlen noch Wartezeiten für eine Reha und für die Altersrente, können diese mit freiwilligen Beiträgen aufgefüllt werden. Allein für die Aufbesserung der Rente lohnen sich freiwillige Zuzahlungen aber nicht: Wer für das ganze Jahr 2010 den Mindestbeitrag von 79,60 Euro monatlich entrichtet, erhöht seinen monatlichen Rentenanspruch gerade einmal um 4,20 Euro. Wenn Sie den Höchstbetrag von 1.094,50 Euro pro Monat investieren, erreichen Sie ein Plus von 55 Euro (Werte aus 2010, DRV).

Wie erfahren Sie den Stand Ihrer gesetzlichen Rentenversicherung?

Seit dem Jahr 2004 werden die Versicherten, wenn sie mindestens 27 Jahre alt sind, jährlich über ihre Rentenansprüche informiert. Die Renteninformation gibt Auskunft über den Stand Ihrer bisher erreichten Altersrente und Ihrer Rente bei voller Erwerbsminderung. Achten Sie auch auf den Versicherungsverlauf. Wenn Sie Lücken entdecken, sollten Sie diese umgehend klären, damit keine Ansprüche verloren gehen. Oft handelt es sich um eine Ausbildung oder berufliche Zeiten im Ausland. Zudem wagt die Rentenkasse eine Hochrechnung: Auf Basis der eingezahlten Beiträge der letzten fünf Jahre wird kalkuliert, wie viel Sie zu Ihrem regulären Rentenbeginn erhalten würden.

Die Experten sind sich ziemlich einig, dass die Renteninformation nur eine bedingte Aussagekraft hat. Denn mit den jährlichen Informationen von kapitalgedeckten Versicherungen ist die Renteninformation auf keinen Fall vergleichbar. Sie gibt nur einen Anhaltspunkt, was Sie für Ihren Ruhestand zu erwarten haben. Mehr ist es nicht. Nach Vollendung des 54. Lebensjahres wird die Renteninformation übrigens nur noch alle drei Jahre verschickt und nennt sich dann etwas verbindlicher »Rentenauskunft«. Sie selbst können aber jederzeit Auskunft verlangen. Lassen Sie sich unbedingt beraten. Das Rentenrecht in Deutschland ist nicht einfach. Es gibt viele Bedingungen und Vertrauensschutzregelungen.

Die Auskunfts- und Beratungsstellen der Deutschen Rentenversicherung sind in jeder großen Stadt zu finden. Schauen Sie einfach auf die Homepage: www.Deutsche-Rentenversicherung.de.

Der Weg zum Wohlstand führt über die Kapitalmärkte

Was die Finanzkrise für einen persönlich bedeutet, wurde Anlegerinnen und Anlegern bewusst, als sie die jährlichen Übersichten ihrer Depots und Versicherungen erhielten. Wahrscheinlich ging es Ihnen ebenso. Schwarz auf weiß zeigte sich, dass sich kaum ein Anlageprodukt dem negativen Strudel entziehen konnte – selbst bei Lebensversicherungen war der Einbruch spürbar. Alle Anlageklassen waren betroffen: Aktien, Anleihen, Rohstoffe und Währungen sowie Derivate, also etwa Termingeschäfte und Zertifikate.

War die Mehrzahl der Deutschen schon zuvor nicht unbedingt an Kapitalmarkt und Börse interessiert, so scheuen seither noch mehr davor zurück, sich darauf einzulassen. Manch einer vertraut nur noch auf Tagesgelder und sieht ansonsten Immobilien als wahren Hort der Sicherheit. Ich halte das aus mehreren Gründen für einen Fehler. Und ich bin überzeugt: Eine ausreichende Altersvorsorge lässt sich nur über einen guten Mix aus Aktien und Anleihen erwirtschaften. Der Weg zu finanzieller Sicherheit und zum Wohlstand führt über die Kapitalmärkte. Denken Sie einmal über folgende Punkte in Ruhe nach:

- Wie sicher sind Immobilien wirklich? Erinnern Sie sich an die drastischen Wertberichtigungen bei einigen offenen Immobilienfonds: Sie machten sehr deutlich, welche Risiken mit dieser Anlage verbunden sind.
- Was bringt es, auf Tagesgeld auszuweichen? Zinsen für kurzfristige Geldanlagen sind in aller Regel gering – in den letzten Jahren waren sie minimal. Ein Inflationsausgleich ist damit auf lange Sicht unmöglich. Dass es auch Bankpleiten gab, sei hier nur kurz erwähnt …

- Wie risikoreich und spekulativ sind Aktien wirklich? Im Schnitt der letzten 30 Jahre legten internationale Aktienfonds immerhin 7,8 Prozent und Euro-Rentenfonds 6,2 Prozent pro Jahr zu. Und der Mix aus Aktien und Anleihen machte Anleger in den letzten 20 Jahren jedes Jahr um 7,3 Prozent reicher. (Quelle: Bundesverband Investment und Asset Management, Stand Dezember 2010). Das ist nicht so schlecht, oder?
- Die Wertsteigerung der eigenen Immobilie ist gefühlter Reichtum. Schön. Doch dafür können Sie keine Brötchen, keine neue Waschmaschine und keine Urlaubsreise bezahlen. Sie brauchen langfristig genug verfügbares Geld, um Ihre täglichen Ausgaben zu decken – und um für Notfälle gerüstet zu sein!
- Das Rad dreht sich weiter. Sie verändern sich, Ihre Bedürfnisse auch. Die Welt sowieso. Es wird Zeiten geben, in denen es wichtig ist, Chancen zu ergreifen. Und Krisen, in denen Sie handlungsfähig sein sollten. Wer mit Haus oder Wohnung alles auf eine Karte gesetzt hat, hat seinen Spielraum sehr eingeengt.

Reiches Deutschland

Zehn Billionen Euro – das ist in etwa das Vermögen der privaten Haushalte in Deutschland. Es ist in Unternehmen, Immobilien, Wertpapieren, Versicherungen und auf Konten angelegt. Der größte Teil des Gesamtvermögens entfällt auf Immobilien, aber die höchste Dynamik gibt es beim Geldvermögen. Seit 1990 hat es sich mehr als verdoppelt. 60 Prozent davon sind zusammengekommen, weil die Deutschen wirklich ernsthaft sparen – sie legen rund elf Prozent ihres verfügbaren Einkommens zurück. Bei den 35- bis 45-Jährigen landen sogar 16 Prozent auf der hohen Kante. Und jetzt kommt's: 40 Prozent dieses Wachstums resultieren aus der positiven Wertentwicklung der Anlagen: Das Geld hat also Früchte getragen!

Was uns die Finanzkrise lehrte: Einfach nur mitschwimmen ist der falsche Weg

Die gute Nachricht: Die Depression, mit der viele Experten nach Ausbruch der Finanzkrise rechneten, ist nicht eingetreten. Dank umfangreicher Konjunkturspritzen ist aus der Finanzkrise keine weltweite Wirtschaftskrise geworden, auch wenn es große Unterschiede bei den einzelnen Ländern gibt – und nicht wenige Staaten sehr ernsthafte Schuldenprobleme haben. Deutschland konnte sogar schon 2010 mit enormen Wachstumsraten glänzen. Die schlechte Nachricht: Aus der Finanzkrise wurde eine Bankenkrise – und das gleich in zweifacher Hinsicht. Zum einen hat der Ruf der Banken gelitten: Ihnen wird heute meist pauschal eine verheerende Beratungspraxis nachgesagt. Und zum anderen ist der Nimbus »einer sicheren Bank« endgültig zerstört. Manche Institute sind schlicht so groß und so mit anderen vernetzt, dass eine Pleite hochgefährliche Kettenreaktionen auslösen könnte. Andere Banken, ja die ganze Wirtschaft, hätten mit in den Abgrund stürzen können. Um das zu vermeiden, pumpten die Staaten viel Geld in diese »systemrelevanten« Finanzinstitute. Die Commerzbank etwa brauchte 18 Milliarden Eigenkapital vom Staat, um nicht an der Übernahme der Dresdner Bank zu zerbrechen. Die Hypo Real Estate konnte ihren Geschäftsbetrieb nur dank Staatsgarantien von über 100 Milliarden Euro aufrechterhalten – gerettet ist sie damit noch lange nicht. Europa plant nun schärfere Regulierungsmaßnahmen. Strengere Vorschriften für Eigenkapital und Liquidität sind ein erster Schritt. Ob die gefährlichen Bonussysteme geändert werden und es wirksame Reformen gibt, bleibt abzuwarten.

Wir haben alle erfahren, dass wir uns nicht einfach zurücklehnen und darauf vertrauen dürfen, dass schon alles gut geht. Jeder sollte genau wissen, wo sein Geld angelegt ist, wie es verwaltet wird und welche Risiken bestehen. Einfach mit dem

Markt mitzuschwimmen ist der falsche Weg. Undurchsichtige Anlagen und starre Produkte, die nur darauf setzten, dass es auf Dauer irgendwie immer bergauf gehen würde, brachten oft katastrophale, kaum wieder einholbare Verluste. Wer jedoch kluge, risikobewusste Strategien gewählt hatte, konnte in der Krise Verluste vermeiden oder in Grenzen halten. *Lassen Sie sich also nicht einschüchtern, sondern machen Sie sich kundig und handeln Sie.*

Wohin nur mit dem Geld?

Vermögens- oder Geldanlage, Altersvorsorge ... egal, wie man es bezeichnet, bevor Sie die Sache angehen, gibt es einiges, worüber Sie sich klar werden sollten:

1.
Ihre erste Entscheidung gilt dem Anlageziel und der Anlagedauer

Was möchten Sie erreichen – und wie lange wollen/können Sie sich Zeit lassen?

Überlegen Sie: Was ist Ihr Ziel und was ist Ihnen wichtig? Für jeden steht zunächst etwas anderes im Mittelpunkt: stabile Erträge, möglichst hohe Gewinne, Steuervorteile ... Je unklarer die Vorstellungen sind, desto größer ist die Gefahr, sich zu verzetteln. Wer unzufrieden ist und das Gefühl hat, etwas versäumt und Chancen ausgelassen zu haben, der schichtet um. Immer wieder. Das kostet nicht nur jede Menge Gebühren, es führt auch nur selten zu einem dauerhaften Anlageerfolg. Die Illusion vom schnellen Reichtum an der Börse bewirkt ohnehin ziemlich sicher das Gegenteil ... Die meisten Anleger haben allerdings ein klares Ziel vor Augen: Sie möchten ein Vermögen schaffen und vermehren, um im Alter gut leben zu können.

2.
Die zweite Frage gilt dem Risiko

Nach den Erfahrungen der letzten Jahre streben immer mehr Anlegerinnen und Anleger nach Sicherheit. Das Zocken an der Börse ist eine Randerscheinung. Wie viel Risiko Sie zu akzeptieren bereit sind, ist eine sehr individuelle Sache. Die meisten Anleger gehen da nach ihrem Gefühl. Nehmen Sie sich Zeit und erkunden Sie: Was sagt mir mein Bauch? Was mein Kopf? Wie sieht mein Leben heute aus – und wie stelle ich mir meine Zukunft vor? Was kann/soll/muss sich ändern? Sie werden feststellen, dass Sie dabei einiges Interessante über sich selbst erfahren werden!

Überlegen Sie einmal: Wann ist der Stress für Sie am größten?

- Wenn Sie das Gefühl haben, etwas verpasst zu haben, weil Sie sich für A statt für B entschieden haben?
- Wenn eine Geldanlage zehn Prozent im Verlust ist – würde Sie das selbst dann irritieren, wenn Ihre anderen acht Fonds gut im Gewinn liegen?
- Wenn Ihre Geldanlage ins Minus gerutscht ist – selbst wenn in den nächsten zehn Jahren keine Notwendigkeit besteht, darüber zu verfügen?
- Wenn Sie das Geld brauchen, aber nicht herankommen?

Wenn Sie sich und die Risiken genau kennen, mit denen Sie leben können, und jene, die Sie keinesfalls tragen wollen, haben Sie eine gute Grundlage für Ihre Anlageentscheidungen.

Wie kann man das Risiko erkennen und in den Griff bekommen?

»Kenne Dein Geld«: Ein hohes Risiko bedeutet keineswegs auch: tolle Chancen. Wer sich mehr (zu-)traut, muss nicht nur die potenziellen Risiken einer Geldanlage kennen und verstehen, sondern auch prüfen, ob sein Mut sich lohnt – sprich: ob die Aussicht auf Gewinn zum eingegangenen Risiko passt. Zinsen und Renditen sind im Prinzip Risikoprämien. Wenn eine Rendite von drei Prozent »lockt«, aber eine relativ große Gefahr besteht, dass das ganze Geld verloren geht, spricht man von einem asymmetrischen Chance-Risiko-Verhältnis. Auf Deutsch: Man erwartet von Ihnen, dass Sie in unbekannten, trüben Gewässern tauchen. Und wenn Sie Glück haben, finden Sie auch eine Perle ...

Es soll ja Ausnahmen geben ... Anleger, die bei einer sehr risikoreichen Geldanlage heftige Schwankungen bis hin zum Totalverlust akzeptieren. Beispielsweise, weil ihnen die Sache wichtig ist (zum Beispiel eine Investition in regenerative Energien) oder weil sie sich große Gewinne versprechen (zum Beispiel afrikanische Aktienfonds). Aber – Hand aufs Herz: Wenn der worst case eintritt, tut auch diesen Anlegern der Verlust sehr weh!

Risiken einer Geldanlage sind nicht immer auf den ersten Blick erkennbar. Auch die neuen Produkt-Informationsblätter, die es bald zu jeder Geldanlage geben wird, werden nicht alle Fragen beantworten können. Ich habe deshalb für Sie einen Fragenkatalog zusammengestellt, der Ihnen – neben einem Beratungsgespräch – helfen kann, die Risiken zu beurteilen. Bitte beachten Sie, dass es sich hier nur um eine Auswahl handelt – wenn Ihnen weitere Fragen bei einem Angebot einfallen– nur keine Hemmungen: Stellen Sie sie!

Diese Risiken sollten Sie kennen

Anleihen (festverzinsliche Wertpapiere, Bonds, Rentenpapiere ...)
☐   Wird ein Zins bezahlt, der deutlich über jenem für Bundesanleihen mit gleicher Laufzeit liegt?

! Achtung! Hohe Zinssätze sind Risikoprämien und ein sicherer Hinweis auf Risiken.

☐ Verfügt der Emittent einer Anleihe über eine ausreichende Bonität? Sprich: Kann er die Zinsen zahlen, und ist die Rückzahlung gesichert?

! Einen Hinweis geben die Einstufungen der Ratingagenturen. Investieren sollte man nur in Anleihen, deren Emittenten mit AAA bis BBB (Beispiel: Rating durch Standard & Poors) bewertet werden. Eine Verschlechterung der Bonität führt zu sinkenden Anleihenkursen. Und das heißt für Sie: Brauchen Sie das Geld vor Ende der Laufzeit, machen Sie Verlust!

☐ Ist die Anleihe wirklich eine (sichere) Anleihe?

! Bezeichnungen wie Flex-Bonus-Anleihe, Oster- oder Aktienanleihe deuten auf spezielle Risiken hin. Beispiele sind: Das Wertpapier ist nachrangig (wird im Konkursfall schlechter abgefunden) oder die Zins- und/oder Rückzahlung ist an bestimmte Bedingungen geknüpft.

Aktien

☐ Wie groß ist die Marktkapitalisierung? Findet ein ausreichender Handel statt?

! Wenn es an der Börse nicht genügend Umsatz gibt und das Papier nur wenigen Anlegern bekannt ist, droht bei einem Börsencrash der Handel einzubrechen, und man kann seine Aktien nicht mehr verkaufen.

☐ Ist die Aktie im Vergleich zu den Unternehmensgewinnen günstig oder zu teuer? Macht das Unternehmen einen Gewinn oder Verlust?

! Wer Einzelaktien kaufen möchte, muss sich gründlich informieren, wie es um das Unternehmen bestellt ist.

Zertifikate

☐ Verfügt der Emittent des Zertifikats über eine ausreichende Bonität?

! Bei den meisten Zertifikaten handelt es sich um nachrangige Anleihen.

▢ Findet in dem Zertifikat ein Börsenhandel statt? Oder werden die Preise nur durch den Emittenten – sprich: das ausgebende Unternehmen – gestellt?

! Preistransparenz bietet der Börsenhandel, der Angebot und Nachfrage zusammenführt.

▢ Gibt es Ausschüttungen, und wie ist die Rückzahlung geregelt?

! Lesen Sie unbedingt die Bedingungen, denn hier lauern oft die wahren Risiken, wenn die Rückzahlung von vielerlei Faktoren abhängt. Je komplizierter diese Bedingungen sind, desto schwieriger ist es, das Wertpapier zu verfolgen und das Risiko einzuschätzen.

Die Finanzwissenschaft hat das Risiko auf eine Kennziffer gebracht: Die Volatilität ist ein statistisches Maß, das den Schwankungsbereich über einen bestimmten Zeitraum definiert. Je höher die Volatilität, desto risikoreicher die Geldanlage. Sichere Rentenfonds haben eine Drei-Jahres-Volatilität in etwa von drei. Das heißt, diese Geldanlage kann temporär mal drei Prozent ins Plus und mal drei Prozent ins Minus rutschen. Zum Vergleich: Defensive Aktienfonds oder Mischkonzepte haben eine Volatilität von circa zehn und sehr risikoreiche Aktienfonds von 30 und höher.

Langeweile im Depot ist eine feine Sache!

In der Frankfurter Allgemeinen Sonntagszeitung las ich diese Schlagzeile:»Zertifikate gegen die Langeweile«. Gemeint war, man müsse doch angesichts der niedrigen Zinsen etwas tun. Schließlich gebe es hier und da doch viel viel höhere Gewinnaussichten. Mir graust es bei solchen Botschaften, denn in der Vermögensanlage geht es nicht darum, Langeweile zu vertreiben. Das verdeutlicht der folgende Depotvergleich:

Sie und *Er* im Depot-Contest

Sie und *Er* haben jeweils 200.000 Euro, die sie anlegen. *Sie* legt Wert auf Sicherheit, *Er* liebt das Risiko. Folglich haben die beiden unterschiedliche Depotstrukturen. Nach dem zweiten Jahr hat *Er* 21.600 Euro mehr im Depot und fühlt sich bestätigt: »No risk, no fun – wer sagt's denn!« Der Katzenjammer beginnt am Ende des dritten Jahres. Und obwohl noch ein paar gute Jahre folgen, spricht die Bilanz am Ende des zehnten Jahres eine klare Sprache: *Ihr* Depot zeigt 294.011 Euro und *Sein* Depot 261.234 Euro. Satte 32.777 Euro weniger!

Ganz klar – die Depotrenditen sind nur Modelle. Doch die zwei Beispiele repräsentieren meine langjährige Erfahrung: Ein einziges heftiges Jahr reicht aus, alle zuvor erzielten Erfolge zunichtezumachen!

Im besten Jahr hätte *Er* eine elegante Wohnung kaufen können: 334.900 Euro. Am Ende des schlechtesten Jahres zeigte die Depotübersicht 183.150 Euro. Wer hält diese Schwankungen aus?

Ihr Depot hat auch Verlustphasen, keine Frage. Aber die sind verkraftbar. Dafür verzichtet *Sie* gern auf zweistellige Depotrenditen, denn diese gehen immer in beide Richtungen. Und das Ergebnis am Ende gibt *Ihr* Recht. *Hohe Gewinne gleichen hohe Verluste nicht aus.*

Anlage-dauer	*Ihr* Depot	Rendite p.a.	*Sein* Depot	Rendite p.a.	Differenz: Risiko versus Sicherheit
Start	200.000 €		200.000 €		-
1. Jahr	210.000 €	5	222.000 €	11	- 12.000 €
2. Jahr	222.600 €	6	244.200 €	10	- 21.600 €
3. Jahr	213.696 €	-4	183.150 €	-25	30.546 €

4. Jahr	228.655 €	7	216.117 €	18	12.538 €
5. Jahr	242.374 €	6	239.890 €	11	2.484 €
6. Jahr	256.916 €	6	275.873 €	15	- 18.957 €
7. Jahr	269.762 €	5	256.562 €	-7	13.200 €
8. Jahr	261.669 €	-3	274.522 €	7	- 12.852 €
9. Jahr	277.370 €	6	334.916 €	22	- 57.547 €
10. Jahr	**294.012 €**	6	**261.235 €**	-22	32.777 €

(Anmerkung: Die Addition der einzelnen Renditezahlen für *Sie* und *Ihn* ergibt die Zahl 40, unabhängig vom Vorzeichen [5+6+4+7 … usw.] – somit kann man den Vergleich fair erachten.)

3.
Jetzt wird investiert – haben Sie einen Plan?

Sie kennen nun Ihre Risikobereitschaft, wissen, welches Ziel Sie erreichen möchten, und haben eine Ertragserwartung. Nun geht es an die Umsetzung. Die Frage ist schlicht: Wie?

Im Wirtschaftsteil der Zeitung lesen Sie, dass der Automobilbauer A seinen Absatz in China um 20 Prozent steigern konnte. Für das kommende Jahr rechnet man mit einer Verdoppelung des Umsatzes. Sie kaufen die Aktie, denn bei dieser Nachricht wird sicher der Kurs steigen. Das Industrieunternehmen B braucht dringend Geld und gibt eine Unternehmensanleihe heraus. Sie greifen zu – schließlich werden sechs Prozent Zinsen bezahlt. Bank C hat Probleme im Immobilienbereich – der Vorstand kündigt Abschreibungen an. Sie haben die Aktie erst seit kurzer Zeit im Depot. Sie ärgern sich, lassen aber alles, wie es ist: »Die kommt wieder!«

Gehen Sie so vor, wenn Sie Ihr Geld anlegen möchten? Bestimmt nicht. Denn ein solches Vorgehen grenzt an Glücksspiel – eine Anlagestrategie ist das nicht. Denn Sie würden ja aufgrund *einer* Information eine schwerwiegende Entscheidung treffen. Die Kurse werden aber von einer Vielzahl von Faktoren beeinflusst. Das Beispiel macht dennoch klar, worauf es bei der Vermögensanlage ankommt: Mit den richtigen Titeln zum richtigen Zeitpunkt das Richtige tun!

Analysekriterien für Aktien

Wie ist die Bewertung des Unternehmens?
Die auf Fundamentaldaten basierenden Aktienkennziffern, zum Beispiel das Kurs-Gewinn-Verhältnis (KGV), Kurs-Buchwert-Verhältnis (KBV) oder Kurs-Cash-Flow-Verhältnis (KCV) geben an, ob eine Aktie noch günstig zu haben ist oder ob der Kurs schon recht hoch ist und damit ein größeres Risiko besteht, dass er wieder fällt.

Gibt es Wettbewerbsvorteile?
Denn diese führen zu einer deutlichen Verbesserung der Ertragskraft des Unternehmens. Kann ein Pharmaunternehmen beispielsweise ein einzigartiges Medikament bis zur Marktreife entwickeln, winken hohe Gewinne. Umgekehrt drohen Verluste, wenn von Nebenwirkungen berichtet wird.

Wie ist das Gewinnwachstum?
Es gibt Branchen, die stärker von der Konjunktur betroffen sind. In schwächeren Perioden halten die Menschen ihr Geld zusammen. Der private Konsum geht zurück, was beispielsweise die Automobilbranche spürt. Auch die Bauwirtschaft etwa reagiert stark auf Boom und Baisse, Lebensmittelunternehmen dagegen laufen stabiler.

*Fließen die gesellschaftlichen Mega-Trends in
das Unternehmen ein?*
Neue Technologien in Medizin und Gesundheit, der weltweite
Bedarf an Energie und Nahrung, eine wachsende Mittelschicht
in den Schwellenländern, alternde Gesellschaften in den In-
dustrieländern – schauen Sie sich an, ob ein Unternehmen
nicht nur auf diese Trends setzt, sondern damit auch Geld verdient.

3a
Streuung allein reicht nicht fürs Depot
Ein Klassiker unter den Anlageregeln ist: Streuen (Diversifizie-
ren). Wer sein Vermögen breit streut, heißt es, nutzt Chancen
überall und gleicht Risiken aus. Im Wesentlichen ist das die Kern-
aussage der modernen Portfoliotheorie, deren Urheber dafür sogar den Nobelpreis im Bereich Wirtschaftswissenschaften erhielt.
Was spricht also dagegen, sein Vermögen zu gleichen Teilen in ein
paar Standardaktien, Pfandbriefen, Unternehmensanleihen und
vielleicht ein paar Rohstoff-Zertifikaten anzulegen?

Erinnern wir uns: Die moderne Portfoliotheorie wurde in
den 1950er-Jahren entwickelt. Inzwischen ist eine Menge passiert, die Welt ist wesentlich komplexer geworden, die Finanz-
märkte sind global vernetzt – ein paar wesentliche Grundlagen
für den wissenschaftlichen Ansatz der Portfoliotheorie haben
sich maßgeblich geändert. Welche Folgen die Entwicklungen in
einem Land oder Wirtschaftsbereich haben können, haben wir
gerade erlebt. Die verschiedenen Aktien- und Anleihemärkte
laufen zunehmend parallel. Die Dotcom-Blase und die Finanzkrise haben das eindrucksvoll bestätigt. Wenn aber zwei in die
gleiche Richtung rennen – positive Korrelation nennt man das
in der Finanzwelt – gibt es keinen Ausgleich. Besser ist eine ne-
gative Korrelation.

Die Folge daraus: Streuung an sich ist gut, denn Anleihen versprechen grundsätzlich mehr Sicherheit, Aktien mehr Wachstum, Rohstoffe hohe Gewinne und Gold ein Stück Inflationsschutz. Aber: Streuung *allein* schützt nicht vor Verlusten.

3b
Handlungs- und Anpassungsfähigkeit – das ist das A und O

Hartnäckig hält sich der Glaube, dass »Buy and hold«, also »Kaufen, Halten und dann sehn wir schon«, die beste Vorgehensweise sei. In früheren Jahren traf das gewiss zu. Die 1970er- und 80er-Jahre waren Wachstumsjahre für Deutschlands Unternehmen. Man konnte nicht viel falsch machen, wenn man sich ein Depot aus ein paar Standardaktien zusammenstellte, etwa BASF, Münchner Rück und VW, und sie einfach liegen ließ. Doch dieses Konzept funktioniert nicht mehr. Wer im Jahr 2000 die Aktien des Dax erwarb, musste nach zehn Jahren feststellen, dass er nichts verdient hatte.

Auch wenn man das zunächst nicht erwartet: Bei Anleihen besteht mitunter ebenso Handlungsbedarf. Warum? Die Sache scheint doch simpel: Anleihe kaufen, Zinsen kassieren, und nach x Jahren gibt es das Geld aufs Konto zurück. So soll es sein. Aber nehmen wir an, das Unternehmen oder der Staat, der die Anleihe ausgegeben hat, bekommt Probleme und den Ruf eines unsicheren Schuldners. Brauchen Sie dann das Geld vor Ende der Laufzeit, können Sie das Papier nur zu einem schlechteren Kurs verkaufen. Genauso geht es Ihnen, wenn die Zinsen steigen: Haben Sie einen Pfandbrief mit einer Verzinsung von drei Prozent, liegt der marktübliche Zins aber inzwischen bei fünf Prozent und läuft das Papier noch sieben Jahre, dann fällt der Kurs temporär um den zu erwartenden Zinsverlust – also um gut und gerne zehn Prozent – das ist eine Menge!

»Buy and hold« hat also versagt. Deshalb ist es für mich absolut unverzichtbar, Anlageentscheidungen immer wieder zu hinterfragen – und falls nötig, zu korrigieren. In bestimmten Phasen sind kleinere Unternehmen interessanter als die großen Standardaktien. In anderen Phasen sollte man lieber Titel aus dem

Segment »Medien« haben und besser keine Bauaktien. Plötzlich sind türkische Aktien gefragt. Und manchmal ist es besser, überhaupt nicht investiert zu haben. Das Risiko muss zur aktuellen Marktsituation passen! Aktives Handeln ist das A und O.

Aktiv oder passiv? Der alte Konflikt zwischen starren ETFs und aktiv gemanagten Fondsstrategien

ETFs (= Exchange Traded Funds) sollen einen Markt 1:1 abbilden. Meist handelt es sich dabei um einen Index. Wer also ein ETF auf den Dax kauft, geht davon aus, dass in die 30 größten deutschen Aktienunternehmen investiert wird.

Steigt der Dax, steigt der ETF. Umgekehrt genauso. Das heißt im Klartext: Man lässt den Dingen ihren Lauf. Niemand greift ein, um Verluste zu begrenzen. Und damit hätten wir auch die Erklärung, warum man hier von »passiven« Fonds spricht. ETFs sind kostengünstig, weil der Management-Aufwand gering ist. Außerdem scheinen die Produkte transparent zu sein. Warum also nicht einfach in ETFs anlegen und den Aktien- und Rentenmarkt sowie die wichtigsten Rohstoffe passiv abbilden? Schließlich schneiden sie oft ebenso gut ab wie etliche Fonds, die sich »aktiv« nennen.

Für Privatanleger sind ETFs, zumal auf Aktienindizes, erfahrungsgemäß nicht unproblematisch. Denn sie *versprachen* einst Transparenz und Kostenvorteile. Seit einiger Zeit stehen sie aber in der Kritik, weil viele von ihnen Indizes nachbilden, die es so gar nicht gibt, zum Beispiel Aktien eines eigens zusammengewürfelten Segments.

Manche Anbieter bilden auch gar nicht mehr den Index mit all seinen Einzeltiteln 1:1 ab. Sie nehmen nur die aus ihrer Sicht wichtigsten Aktien des Index und hoffen, dass diese Auswahl wie der Index läuft. Oder sie wählen eine kleine Auswahl von Aktien und der Rest des Portfolios wird mit Derivaten

(Swaps) abgedeckt. Transparent im Sinne des Erfinders ist das nicht.

Ein Indexinvestment ist unter normalen Umständen ein Bündel aus allem: aus erfolgreichen Unternehmen, Mittelmaß und Verlierern. Die Qualität des einzelnen Unternehmens wird völlig außer Acht gelassen. Passiv investieren geht so lange gut, wie der Markt steigt. Dann schlagen die Indexpapiere die meisten gemanagten Anlagestrategien. Groß wird der Katzenjammer in fallenden Marktphasen, denn passive Strategien folgen der Herde – auch wenn sie in den Abgrund rast. In Baissephasen, also in Zeiten fallender Aktienkurse, sind ernsthaft aktiv gemanagte Strategien überlegen. Denn nur wer frühzeitig aus dem Aktienmarkt ausgestiegen ist, konnte schmerzhafte Verluste vermeiden.

3c
Systematisch statt emotional
Eine Korrektur des Wertpapier-Portfolios ist dann notwendig und sinnvoll, wenn sich bestimmte Signale verändern. Und davon gibt es sehr viele, die sich alle gegenseitig unterschiedlich stark beeinflussen. Nur einige, bekanntere Beispiele: der konjunkturelle Ausblick, die Inflationserwartung, die Zahl der Arbeitslosen, das Verbrauchervertrauen, die Stimmung in der Wirtschaft, Gewinnschätzungen der Unternehmen. Diese Fakten berücksichtigen aber die wenigsten Anleger in ihren Entscheidungen.

Untersuchungen haben gezeigt, dass Anleger eher bereit sind, Aktien zu kaufen, als sich von ihnen zu trennen. Das hat viele Ursachen: eine besondere Verbundenheit, die Hoffnung, dass sich ein Verlust doch wieder gutmachen lässt, oder – wenn die Aktie im Plus ist – die Erwartung noch höherer Gewinne.

Die Emotionen spielen hier den meisten Anlegern einen Streich. Genau deshalb braucht man feste klare Regeln, also eine Systematik, wann man wie genau aktiv werden soll. Das fällt dem einzelnen Menschen allerdings meist sehr schwer. Gefühle sind für die Liebe gut – für die Anlagepolitik eher nicht.

Fazit: Der entscheidende Faktor für den Anlageerfolg ist die Asset Allocation, also die Verteilung auf die Anlageklassen wie Aktien, Anleihen, Rohstoffe oder Festgeld, das belegen zahlreiche wissenschaftliche Studien. Dabei zählt das richtige Timing: Wann lohnt es sich, Risiken einzugehen, wann sollte man sich auf sichere Anlagen zurückziehen? Eine Schlüsselfunktion hat deshalb die Steuerung der Aktienquote. Erst dann folgt die Auswahl der einzelnen Titel. Eine anspruchsvolle Aufgabe.

Gemanagte Vermögensanlage sichert Gewinne und begrenzt Risiken

(Depotentwicklung verschiedener Risikoprofile seit 01.01.2001 bis Dezember 2010 (obere Linie: Depot; untere Linie: Tagesgeld)

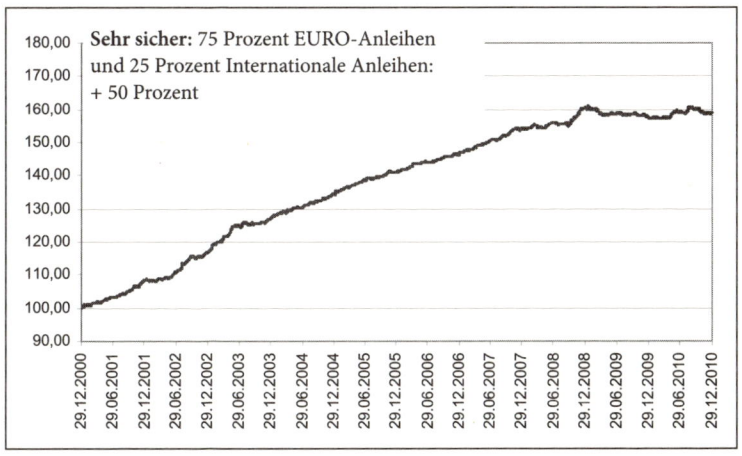

Quelle: PEH Wertpapier AG

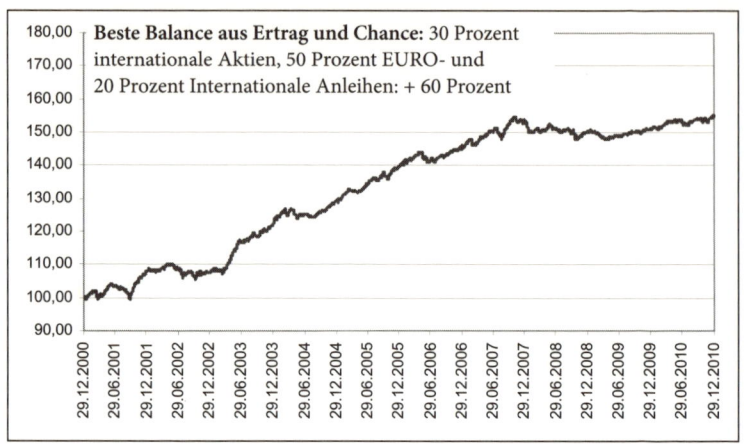

Quelle: PEH Wertpapier AG

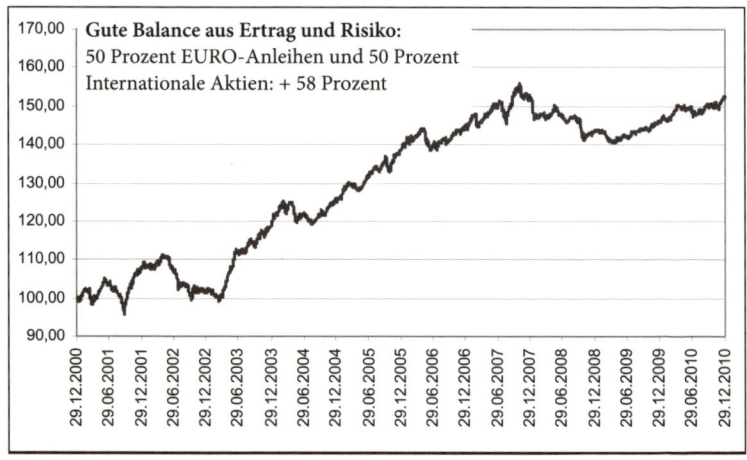

Quelle: PEH Wertpapier AG

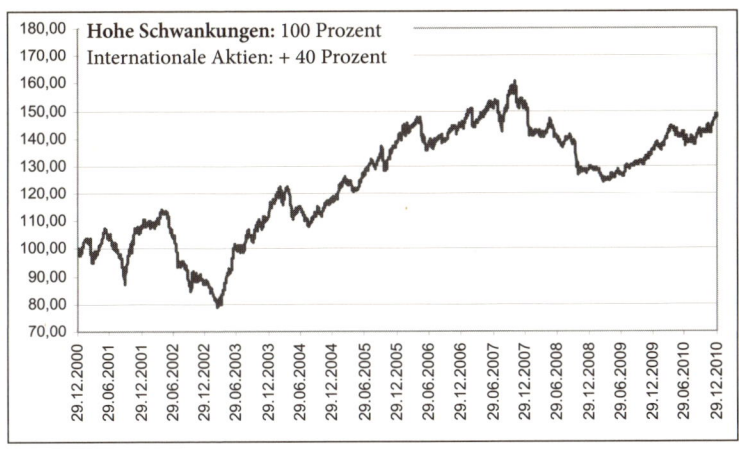

Quelle: PEH Wertpapier AG

4.
Die konkrete Umsetzung: Do it yourself, die Bank oder Investmentfonds?

Also zurück zum Ausgangspunkt: Wohin mit dem Geld? Ich fasse zusammen: Börsenhandel findet rund um die Uhr überall auf der Welt statt und der Risikokatalog von Aktien & Co. füllt Bibliotheken. Um sinnvolle Entscheidungen für sein Vermögen zu treffen, muss man a) seine Emotionen beherrschen und b) eine Unmenge von Informationen verarbeiten. Dabei darf man c) auch keine Zeit verlieren, denn manchmal erfordert die Situation ein rasches Eingreifen. Wer schafft es, neben Job und Privatleben die notwendigen Daten zu erheben und sie auszuwerten? Es liegt also nahe, diese Aufgabe in kompetente Hände zu geben.

Einige Privatbanken bieten eine Vermögensverwaltung im alten Stil an – übrigens meist erst ab der Anlagesumme von 500.000 Euro oder einer Million. Sie kaufen und verkaufen Einzelaktien und berichten alle drei Monate: tolle Grafiken und Tabellen und jede Menge Fachbegriffe. Kauf- und Verkaufsabrechnungen, Depotübersichten, Ausschüttungsanzeigen, Aktionärseinladungen zu Hauptversammlungen, und am Ende des Jahres ist die Steuerbescheinigung eine Herausforderung. Viel Papier, wenig Klarheit. Der Anleger fühlt sich höchst individuell behandelt, doch das ist Unsinn. Denn natürlich liegt jeder Vermögensverwaltung eine Strategie zugrunde – und die gilt für alle Anleger mit der gleichen Risikoeinstufung.

Mal abgesehen davon, dass nicht jeder über die Mindestanlagesumme verfügt – diese Art der Vermögensanlage ist ein Auslaufmodell. Es wurde abgelöst durch die Investmentfonds.

5.
Der Mantel für eine Vermögensverwaltung heißt Investmentfonds

Das wird oft übersehen: Ein Investmentfonds ist zunächst nichts anderes als eine klassische Vermögensverwaltung in einem anderen rechtlichen Gewand. Dieses ermöglicht mehr Varianten, zeitgemäße Absicherungs- und umfangreichere Anlagemöglichkeiten. Nun gibt es viele Vorbehalte gegen Investmentfonds: hohe Kosten, enttäuschende Entwicklung und sowieso nur für »Kleinsparer«. Sehen wir uns die Sache mal genauer an:

Immer mehr Unternehmen, Stiftungen, ja sogar Ultrareiche investieren in Fonds oder lassen sich sogar einen eigenen Fonds auflegen. Warum tun sie das? Sie haben gute Gründe: Keine andere gemanagte Anlageform ist so transparent und unterliegt derart strenger Überwachung – strukturierte Produkte, etwa Zertifikate, bieten diese Sicherheit nicht.

Bei Fonds gibt es keine Geheimnisse – die detaillierte Zusammensetzung des Portfolios, alle Risikokennziffern, Kostenfaktoren und die Performancezahlen sind öffentlich.

Jede Entscheidung des Fondsmanagements wirkt sich am nächsten Tag im Kurs aus und stellt damit dem Fondsmanager Tag für Tag ein Zeugnis aus. Stellen Sie sich nur vor, Ihre berufliche

Leistung steht derart öffentlich auf dem Prüfstand. Diese Frauen und Männer leiden wirklich, wenn der Fonds ins Minus rutscht. Fondsvergleiche in den Medien heizen jedoch den Wettbewerb an. Davon können die Anleger profitieren – wenn vernünftige Kriterien angelegt werden und nicht nur die kurzfristige Entwicklung medienwirksam gekürt wird. Denn: Einige Fondsmanager verleitet das dazu, zu hohe Risiken einzugehen, um beim Rennen ganz vorn zu liegen. Schließlich bedeutet ein Spitzenplatz, dass mehr Anleger in den Fonds investieren. Was in steigenden Phasen aufgeht – und möglicherweise eine Zeit lang funktioniert – kann mit einem Absturz enden. Wenn die Börse einbricht, stellt sich heraus, dass die Artisten ohne Netz durch die Zirkuskuppel turnten … Bei den langjährig erfolgreichen Anlagekonzepten erleben Sie »Gute Zeiten, schlechte Zeiten«.

Grundsätzlich sollten Sie eines wissen: Auf den Märkten herrscht ein stetes Auf und Ab. Selbst der brillanteste Fondsverwalter ist kein Hellseher. Ein risikobewusstes Management erzielt in guten Phasen oft nicht die Spitzenergebnisse, weil es nicht jede angebliche »Chance« ergreift. Dafür übersteht der Fonds schlechte Phasen besser – und das langfristige Ergebnis überzeugt.

5a
Welcher Fonds ist der richtige?
Die Zahl der Investmentfonds, die Privatanlegern offenstehen, wächst kontinuierlich – gut 8000 Fonds zählt man zurzeit, was die Entscheidung nicht einfacher macht. Wie finden Sie die Fondslösung, die ihren Vorstellungen entspricht? Hier erfahren Sie einige Kriterien, nach denen Sie das Angebot sondieren können:

Verlässliche Auswahlkriterien für Investmentfonds

1. Kennen und verstehen Sie die Anlagepolitik des Fonds, und wissen Sie, welche Strategien und Analyseverfahren eingesetzt werden?

! Bei manchen Fonds hat der Name wenig mit dem Inhalt zu tun. Wenn Sie wissen, wie Ihr Fonds arbeitet, werden Sie nicht negativ überrascht, wenn das Konzept temporär im Verlust liegt.

2. Wissen Sie, wo das Geld der Anleger investiert wird?

! Lassen Sie sich die Fondsportraits, monatliche Factsheets, Rechenschafts- und Verkaufsprospekte geben oder rufen Sie sie auf den Internetseiten der Kapitalanlagegesellschaften ab.

3. Hat das Fondsmanagement schon bewiesen, dass es gute Ergebnisse erzielt? Wie sieht die Entwicklung in der Vergangenheit aus?

! Auch wenn zurückliegende Erfolge kein Garant dafür sind, dass es künftig so weitergeht, kann man dennoch ableiten: Hier wird solide gearbeitet.

4. Mit welchem Risiko werden gute Ergebnisse erzielt?

! Bei einem hohen Plus und einer ebenso hohen Volatilität wurde die Rendite mit viel Risiko erwirtschaftet. Das kann in fallenden Marktphasen zu hohen Verlusten führen.

5. Wie teuer ist der Fonds?

! Neben dem Ausgabeaufschlag, der eventuell beim Kauf anfällt, sind dies vor allem die Management- und Depotbankvergütung. Die sogenannte Gesamtkostenquote (Total Expense Ratio, TER) beinhaltet alle Kosten. Aktienfonds sind mit einer TER zwischen 1,5 und 2,6 Prozent teurer als Rentenfonds mit circa 0,8 Prozent im Durchschnitt. Wichtig: In der veröffentlichten Rendite sind alle Kosten, mit Ausnahme des Ausgabeaufschlags, schon berücksichtigt! Fazit: Gute Fonds kosten Geld und wenn die Rendite nach Kosten überzeugt, ist das Geld gut angelegt.

Investmentfonds werden von Tochterfirmen von Banken und Versicherungen, von ausländischen Fondsgesellschaften und von Vermögensverwaltern angeboten. Die Größe des Fondsmanagements sagt nichts über die Qualität und die Wertentwicklung. Gute wie schlechte Fonds gibt es hier und da.

Glossar Investmentfonds

Eine Kapitalanlagegesellschaft (KAG) sammelt das Geld vieler Anleger in einem Investmentfonds an, das darin nach vorher festgelegten Anlagezielen in unterschiedlichen Anlagebereichen angelegt wird. Die Anleger erhalten dafür Anteilscheine am Fondsvermögen, die in einem Bankdepot verbucht werden und die sie börsentäglich verkaufen können, damit sie schnell an ihr Geld kommen. Investmentfonds sind Sondervermögen, die getrennt vom Vermögen der KAG gehalten werden und damit auch bei dessen Insolvenz geschützt sind. Dadurch, dass viele verschiedene Wertpapiere gekauft werden, wird das mit einem einzelnen Wertpapier verbundene Risiko vermindert. Wie grenzen sich die wichtigsten Fondsarten ab? Aktienfonds investieren in Aktien und aktienähnliche Instrumente, wie Wandelanleihen. Es gibt weltweit anlegende Länder- und Regionenfonds (zum Beispiel Schwellenländer). Manche beschränken sich auf einzelne Branchen (Technologie), Themen (Ökologie) oder Größe der Unternehmen (small/mid/large caps). Rentenfonds investieren in Staats-, Länder- und Unternehmensanleihen, Pfandbriefe, Bankschuldverschreibungen und andere Zinspapiere. Weitere Differenzierungskriterien sind Währungen, Laufzeiten der Anleihen und die Regionen. Geldmarktfonds kaufen vor allem variabel verzinste, sehr kurz laufende Anleihen. Mischfonds investieren sowohl in Aktien als auch in Anleihen. Werden diese Fonds aktiv gemanagt und können die Aktien-/Anleihenquoten variieren, spricht man von vermögensverwaltenden Fonds. Dachfonds kaufen andere Investmentfonds, und Rohstofffonds legen in Industriemetallen, Edelmetallen und Agrarrohstoffen an. Auch Minenaktien fallen in diese Kategorie. Hedge-Fonds können je nach Strategie in Anleihen, Aktien, Rohstoffe, Devisen, Optionen oder Futures investieren und mittels Einsatz dieser Finanzinstrumente sowohl von steigenden als auch von fallenden Märkten profitieren. Besonders die Möglichkeit von Leerverkäufen (Short-Selling) und Fremdfinanzierung (Leverage) macht diese Fondsart risikoreicher.

Checkliste für Ihre Vermögensanlage

Sie wissen nun, worauf es ankommt, wenn Sie Geld anlegen möchten. Eine Depotstruktur aus globalen und aktiv gemanagten Aktien- und Rentenstrategien ist nach meiner Erfahrung für die meisten Anleger ideal.

Anlageziel
- Anlagedauer/Zielerreichung (Laufzeit)
- Ausschüttungen oder Wiederanlage der Erträge?
- Besonderer Anlagewunsch (zum Beispiel ökologisch-ethisch, Schwellenländer, nur EURO)

Risikobereitschaft
- Wie hoch dürfen Wert-/Kursschwankungen sein?
- Wie hoch ist Ihre Ertragserwartung?
- Soll jederzeit über die Geldanlage verfügt werden können?

Anlageprodukte und Anlagestruktur
- Passt die Geldanlage zu den anderen Geldanlagen? Gibt es Überschneidungen?
- Ist ein aktives Management gewährleistet?
- Kann der Fonds über einen langen Zeitraum erfolgreiche Anlageergebnisse vorweisen?

Nutzen Sie diese Checkliste für Ihr Beratungsgespräch! So sehen Sie gleich, ob der Berater einen guten und aktuellen Zugang zu den Informationen hat. Er oder sie sollte die empfohlenen Fonds kennen und Ihnen erklären können, wie die Anlagestrategie, die Risiken und die Chancen ausschauen.

Beliebte Anlegerweisheiten im Test

100 minus Ihr Alter = Ihre persönliche Aktienquote?

STIMMT NICHT! Aktienquoten haben wenig mit dem Alter zu tun. Bei der Frage, wie viele Aktien Sie in Ihrem Depot haben sollten, geht es allein um Ihre Risikobereitschaft. Und die hängt unter anderem davon ab, über wie viel Vermögen Sie verfügen, wie lange die Anlage laufen soll und welche Erwartungen Sie haben. Außerdem wird sie von Ihren Erfahrungen und Ihrer Persönlichkeit bestimmt: Es gibt ganz vorsichtige junge und sehr unternehmungslustige ältere Frauen!

Der frühe Vogel fängt den Wurm?

STIMMT. Je früher Sie beginnen, desto größer sind die Chancen, dass aus einem kleinen Basisinvestment ein großes Vermögen wird. Es lohnt sich wirklich: Wer schon mit 22 Jahren beginnt, monatlich 150 Euro zu sparen, kommt mit 67, also nach 45 Jahren, auf ein Vermögen von rund 255.500 Euro. Dem Zinseszinseffekt sei Dank. Ich habe eine Rendite von 4,5 Prozent nach Kapitalertragssteuern und Kosten angenommen. Startet unsere Sparerin aber erst mit 35, muss sie ihre Sparrate gleich verdoppeln. Sie muss 300 Euro auf die Seite legen, um das gleiche Sparziel zu erreichen.

Wer gut schlafen will, legt in Anleihen an – wer gut leben will, legt in Aktien an?

STIMMT NICHT. Langfristig sehr gute Renditen brachten sowohl Anleihen als auch Aktien (siehe oben). Und schlaflose

Nächte hatten auch zahlreiche Anleihe-Investoren. Erinnern wir uns: Die Lehman-Geschädigten in Deutschland haben nicht etwa mit den Aktien des Unternehmens große Summen verloren, sondern mit strukturierten Wertpapieren – und die waren anleihenähnlich. Die Anleihe des Modehauses Escada, 2005 mit einem Zins von 7,50 Prozent herausgegeben, liegt im Herbst 2010 bei einem Fünftel des Emissionspreises (Erstausgabepreis). Ich bezweifle, ob es sich für sicherheitsorientierte Anlegerinnen mit einem Verlust von 80 Prozent gut schlafen lässt. Faustregel: je höher der Zins, desto größer das Ausfallrisiko. Die sogenannte Credit Default-Rate zeigt die ausfallgefährdeten Anleihen an. Die Quote ist in der Finanzkrise stetig gestiegen.

!   *»To big to fail« – Größe und Markenname als Garantie?*
STIMMT NICHT. Karstadt-Quelle, Opel, Märklin. Das sind für sich betrachtet »gute Namen«, die aber eines eint: Sie haben sich nicht weiterentwickelt und sind gnadenlos gescheitert. Die Führung des Kauf- und Versandhauses etwa hat zu spät verstanden, dass sie das Geschäftsmodell im Zeitalter von Amazon und Co. erneuern musste. Schweizer Banken, bis vor Kurzem Inbegriff von Stärke und Solidität, waren zeitweise auf die Hilfe des Schweizer Staates angewiesen.

!   *Buy and hold: Aktien erholen sich immer – man muss sie nur lange genug liegen lassen?*
STIMMT NICHT IMMER. Beispiel Japan. Der Aktienindex der drittgrößten Volkswirtschaft, der Nikkei, notierte Dezember 1989 bei knapp 39.000 Punkten. Heute, nach mehr als 20 Jahren, steht der Nikkei bei 9.200 Punkten. Das sind 76 Prozent unter dem damaligen Börsenhoch. Die japanischen Aktienkurse müssten sich mehr als vervierfachen, damit Anleger auch bloß ihr Startgeld von damals zurückbekämen! Das traut der japanischen Börse niemand zu …

Immobilien steigen immer nur im Wert?
STIMMT NICHT. Der Markt für Büro- und Gewerbeimmobi- **!**
lien leidet noch immer unter den Folgen der Finanzkrise. So
sind beispielsweise in München die Mieten für gute Büroflächen
gegenüber 2005 um bis zu 40 Prozent eingebrochen. In den USA
sind die Immobilienpreise seit dem Höhepunkt der Preisent-
wicklung um rund ein Drittel zurückgegangen. Davon sind auch
die (offenen) Immobilienfonds betroffen. Bei einigen Fonds
kam es 2010 zu umfangreichen Wertberichtigungen. Für die
Anleger bedeutete das Verluste von bis zu 50 Prozent. Bei der
privaten Anschaffung einer Immobilie sind übrigens ganz andere Punkte wichtig.

Offene Immobilienfonds in der Kritik

Offene Immobilienfonds investieren vor allem in Büro- und
Gewerbeimmobilien. Seit 2008 stehen die Konzepte heftig in
der Kritik. Warum? Obwohl Immobilien einen langfristigen
Anlagehorizont haben, können die Anteile der offenen Im-
mo-Fonds täglich verkauft werden. Das ging so lange gut, wie
mehr angelegt als verkauft wurde. Doch nach dem Platzen
der Immobilienblase in den USA drehte sich das und Anleger
wollten ihre Anteile verkaufen. Dieser Verkaufswelle konnten
die Fonds nicht Herr werden, ohne gleich den Bestand der im
Fonds enthaltenen Immobilien notgedrungen verkaufen zu
müssen. Um das zu vermeiden, wurden die Fonds für Rück-
gaben geschlossen. Konsequenz: Die Anleger kamen nicht
mehr an ihr Geld! Nach einigen Neubewertungen der im
Fonds enthaltenen Immobilien kam es zu Preisrückgängen
und teilweise zu Zwangsauflösungen des Fonds. Anleger
mussten Einbußen von bis zu 25 Prozent verkraften! Aus der
einst sicheren Geldanlage ist ein Risiko-Papier geworden.

! *Anlageprodukte können sich völlig losgelöst vom Kapitalmarktgeschehen entwickeln?*
GIBT ES NICHT. Das ist Humbug. Wenn ich Anlagekonzepte sehe, die immer an der Spitze stehen, ganz vorn liegen und gleichbleibend hohe Erträge erwirtschaften, werde ich hellhörig. Das ist ein Merkmal von Schneeballsystemen. Ich erinnere nur an den amerikanischen Hedgefondsmanager Maddoff, der seinen Investoren jedes Jahr einen hohen Wertzuwachs bescherte und sich vor neuen Anlegern nicht retten konnte. Das Geld wurde veruntreut, der Betrüger sitzt in Haft.

! *The trend is your friend?*
STIMMT, aber ist wenig praxistauglich. Wenn die Kurse steigen, steigt für gewöhnlich auch die positive Stimmung unter den Anlegern, und es fließt mehr Geld an die Börse, was wiederum steigende Kurse zur Folge hat. Doch irgendwann kommt der Moment, in dem sich der Trend dreht und es besser ist, auszusteigen. Fragt sich bloß: wann. Gute vermögensverwaltende Strategien analysieren laufend eine Vielzahl von Fundamentaldaten, um die weitere Entwicklung zu prognostizieren, damit das Management zum geeigneten Zeitpunkt handeln kann. Als klassische Frühindikatoren gelten unter anderem die Stimmung der Unternehmer, eingefangen im ifo-Geschäftsklima-Index, die Zinsentscheidungen der EZB und die Inflationsraten.

Die Regel gibt's übrigens auch umgekehrt: *Never catch a falling knife*. Auch wenn fallende Kurse zum Einstieg locken (»so billig gibt es die Deutsche-Bank-Aktie nie wieder«) – es kann immer noch mal um 20 Prozentpunkte runtergehen. Versuchen Sie sich nicht selbst am Market-Timing, sondern investieren Sie lieber strategisch – in einen aktiv gemanagten Investmentfonds.

Exkurs: Inflationsschutz hat Priorität

Inflationsangst ist etwas typisch Deutsches. Obwohl wir die Hyperinflation der 20er-Jahre nur aus den Erzählungen unserer Großeltern kennen und nur die wenigsten noch die Geldentwertung nach dem letzten Krieg wirklich miterlebt haben, sind wir durch diese gesellschaftliche Erfahrung geprägt. Verstärkt wurden die Sorgen nun durch die ausufernden Staatsschulden, die die Staaten zur Bewältigung der Finanzkrise aufgenommen haben. Die Notenbanken haben viel Geld in die Märkte gepumpt, um die Wirtschaft zu stabilisieren. Nach der hergebrachten volkswirtschaftlichen Lehrmeinung führt ein solches Wachstum der Geldmenge zwangsläufig in die Inflation. Konsequenz: Das Geld verliert auf Dauer seine Kaufkraft. Die Sorge ist also nicht ganz unbegründet.

Zunächst: Ein gewisses Maß an Inflation ist nicht per se schlecht, sondern ein normaler Vorgang in einer gesunden Volkswirtschaft. Das Gegenbeispiel ist Japan. Das Land rutscht seit zwei Jahrzehnten immer wieder in die Deflation. Das ist weitaus bedrohlicher – denn das heißt: Es wird weniger konsumiert, kaum noch investiert, die Wirtschaft lahmt. Steigen Löhne und Preise, steigt die Kauflust, und Investitionsentscheidungen werden nicht aufgeschoben, denn morgen ist es teurer …

Inflation heißt aber auch: Der Wert meines Vermögens sinkt – nur mit einer Rendite über dem Inflationssatz kann ich mich dagegen wappnen. Also müssen wir das in unserer Anlagestrategie berücksichtigen.

Seit 1999 lag die jährliche Inflationsrate in Deutschland im Durchschnitt bei rund 1,5 Prozent. In den 1970er-Jahren betrug sie circa fünf Prozent, damals stiegen Preise infolge der Ölkrise.

Die Europäische Zentralbank geht aktuell auf mittlere Sicht von einer Inflation von gut zwei Prozent aus. Für die EZB bedeutet das Preisniveaustabilität, für den Einzelnen gewiss nicht, wie die folgende Rechnung beweist. Wenn wir mit einer Inflation von zwei Prozent in den kommenden 35 Jahren rechnen und über 100.000 Euro (Kaufkraft!) verfügen möchten, muss das Anlageziel heißen: 200.000 Euro. Niemand kann die Preis- und Zinsentwicklung wirklich langfristig voraussagen. Es kommt deshalb darauf an, auf Veränderungen vorbereitet zu sein und handlungsfähig zu bleiben. Die Geldanlagestrategie sollte hierauf ausgerichtet sein.

Altersvorsorge mit privaten Rentenversicherungen – von wegen langweilig!

Es gibt 91,5 Millionen Lebens- und Rentenversicherungsverträge in Deutschland – mehr, als unser Land Einwohner hat. Sie sind damit das Vorsorgeprodukt schlechthin. Und doch gibt es viel Kritik:

- »Das bringt doch keine Rendite!«
- »Das ist viel zu teuer! - Da wird doch nur die Versicherung reich!«
- »Wer weiß, ob ich jemals so lange lebe, dass sich das für mich rechnet!«

Ich kenne natürlich diese Zweifel, die viele, viele Menschen haben – vielleicht auch Sie.

Sie werden zusätzlich durch die mediale Berichterstattung genährt, und sehr wahrscheinlich weiß auch eine Kollegin von Policen zu erzählen, bei denen »nichts rauskommt«. Ich finde es auch unsinnig, ja geradezu fahrlässig, wenn in Testberichten dazu geraten wird, »eine Police ganz zu kündigen«. Wie so oft, kommt es auf den Einzelfall an.

Für mich ist die private Rentenversicherung neben der Vermögensanlage *die* Basis der Altersvorsorge schlechthin. Nur mit einer Rentenpolice können Sie wirklich das lange Leben absichern. Denn Sparkonten nützen wenig als Altersvorsorge, wenn das Kapital mit 75 Jahren verbraucht ist, aber noch viel schönes Leben vor einem liegt.

Rentenversicherung oder Lebensversicherung?

Im Grunde handelt es sich um das gleiche Vorsorgeprodukt, das angelegte Geld wird nämlich identisch verwaltet. Der große Unterschied: Mit einer *Rentenversicherung* sichern Sie das »biometrische Risiko der Langlebigkeit« ab. Die Absicherung der Hinterbliebenen steht nicht an erster Stelle. Stirbt der Versicherungsnehmer bzw. die versicherte Person während der Ansparphase, bekommt der Begünstigte in aller Regel nur das, was im Vertrag angespart wurde. Überschüsse und Kosten werden natürlich verrechnet. Bei Ablauf einer Rentenversicherung haben Sie die Wahl: entweder die Rente oder eine Kapitalauszahlung. *Lebensversicherungen* kommen bei Ablauf komplett zur Auszahlung – eine Verrentung ist nicht vorgesehen. Der wichtigste Unterschied: Lebensversicherungen sind zusätzlich mit einer Todesfall-Absicherung verknüpft. Stirbt die versicherte Person, bekommen die Bezugsberechtigten (meist die Angehörigen) die vertraglich vereinbarte Todesfallsumme. Dabei spielt es keine Rolle, ob der Todesfall gleich zu Beginn oder erst am Ende der Laufzeit eintritt. Die klassische Lebensversicherung ist auf dem Rückzug, denn inzwischen ist es gang und gäbe, die Absicherung von »Tod« und »Langlebigkeit« zu trennen. So kann man sich für jedes Anlageziel den besten Anbieter heraussuchen.

Wie Versicherungen Geld anlegen

Das Wichtigste zuerst: Die deutschen Lebensversicherungen sind gut durch die Finanzkrise gekommen, nicht zuletzt, weil sie zu einer sicheren und konservativen Anlagepolitik verpflichtet sind. Aktuare (Versicherungsmathematiker) und das Bundesamt für Finanzdienstleistungsaufsicht (Bafin) kontrollieren die Einhaltung der Anlagegrundsätze. Mit Belastungstests wird regelmäßig untersucht, ob bei einem Kapitalmarkt-Crash die finanziellen Verpflichtungen erfüllt werden könnten. Wie auch im Bankensektor gibt es ein Sicherungssystem. Dort wie hier kann allerdings die Frage nicht beantwortet werden, wie viel Geld denn im Ernstfall zur Verfügung steht, wenn die Rettung einer Versicherungsgesellschaft erforderlich wäre. Umso wichtiger ist es, auf die Rücklagen und die Kapitalstärke zu schauen, als schönen Versprechen und teurem Marketing zu folgen.

Versicherungen und Fondsgesellschaften, Pensionskassen, Versorgungseinrichtungen, Beteiligungsgesellschaften und Privatanleger »fischen im selben Meer«: den Aktienbörsen und Rentenmärkten. Es ist dieselbe Zinslandschaft, es sind dieselben ökonomischen Einflüsse und oftmals sind es auch dieselben handelnden Personen. Was bedeutet: Versicherungen sind nicht per se besser und Fonds nicht per se schlechter. Vielmehr kommt es auf die Anlagestrategie an. Die Ergebnisse, die ein Produkt bisher erzielt hat, sind zwar keine Garantie für die Zukunft, aber ein guter Hinweis darauf, wie gut oder schlecht das Geld verwaltet wird.

Mehr als 700 Milliarden Euro haben die deutschen Lebensversicherer Ende 2009 verwaltet.

Der größte Teil wird seit jeher in Staatsanleihen, Kommunalobligationen und immobiliengesicherten Pfandbriefen angelegt. Doch auch diese Papiere sind nicht ohne Risiko, wie uns die Entwicklung der griechischen Staatsanleihen gezeigt hat. Bislang gibt es aber keine Anzeichen dafür, dass deutsche Versicherungen mit nennenswerten Ausfällen und Abschreibungen zu rechnen haben. Nur ein kleiner Teil des Deckungsstocks wird in Immobilien und Aktien angelegt. Ende 2009 betrug die Aktienquote aller Versicherer zusammen nur fünf Prozent, maximal dürfen 35 Prozent in Aktien und aktienähnlichen Wertpapieren angelegt werden.

Senkung der Garantiezinsen mehr als wahrscheinlich

Allen Marktteilnehmern, deren Anlagemaxime »Sicherheit vor Renditemaximierung« lautet, macht der derzeit extrem niedrige Zins zu schaffen. Mitte September 2010 brachte eine Bundesanleihe eine Rendite von gerade einmal 1,8 Prozent – und das bei einer Laufzeit von zehn Jahren! Mit diesen Zinssätzen sind jedoch die langfristigen Zahlungsverpflichtungen, die die Versicherer und andere Versorgungseinrichtungen gegenüber ihren Kunden ausgesprochen haben, kaum zu bewältigen. Denn klassische Lebens- und Rentenversicherungen garantieren dem Anleger eine Mindestverzinsung. Rechnet man alle 91,5 Millionen Verträge bei den Unternehmen zusammen, liegt die durchschnittliche Garantieverzinsung bei 3,4 Prozent.

Der Garantiezins gilt für die gesamte Versicherungsbranche und ist für die gesamte Laufzeit jedes einzelnen Vertrags fest vereinbart. Seit dem 01.01.2007 beträgt er 2,25 Prozent, in den Hochzinsphasen galten sogar vier Prozent. Neuverträge ab 01.01.2012 werden nur noch mit 1,75 Prozent fest verzinst.

Garantiezinsentwicklung seit 1942	
1,75 Prozent	ab 01.01.2012
2,25 Prozent	01.01.2007 bis Dezember 2011
2,75 Prozent	Januar 2004 bis Dezember 2006
3,25 Prozent	Juli 2000 bis Dezember 2003
4,00 Prozent	Juli 1994 bis Juni 2000
3,50 Prozent	Januar 1987 bis Juni 1994
3,00 Prozent	Januar 1942 bis Dezember 1986

Trotz der niedrigen Zinsen können gute Versicherungen dank komfortabler Reserven und einer Anpassung ihrer Anlagestrategie weiterhin ordentliche Erträge in Aussicht stellen: Festverzinsliche Wertpapiere mit sehr langen Laufzeiten erwirtschaften die erforderlichen Garantiezinsen und Papiere mit sehr kurzen Laufzeiten lassen die Freiheit, auf die sicher zu erwartenden Zinssteigerungen zu reagieren. Zudem kann mit diesen kurzfristig verfügbaren Mitteln auf einen Boom an der Börse reagiert werden, da die Aktienquoten der Versicherer bei Weitem noch nicht zu hoch sind.

Was ist die Gesamtverzinsung?

Das Geld für die Garantien erwirtschaften die Lebensversicherer mit ihren Kapitalanlagen. Üblicherweise erzielen sie mehr Erträge, als sie dafür brauchen. Von dieser zusätzlichen Rendite geben die Gesellschaften einen Teil an ihre Kunden weiter. Das ist die laufende Überschussbeteiligung. Sie wird jährlich vorab vom Versicherungsunternehmen festgelegt und jedem Vertrag zugerechnet. Damit erhöhen sich dann die garantierten Werte schon während der Laufzeit. Darüber hinaus gibt es einen Schlussüberschuss, den Kunden bei Vertragsende ausbezahlt bekommen. Alles zusammen bezeichnet man als Gesamtverzinsung. Seit der Reform des Versicherungsvertragsgesetzes zum 01.01.2008 haben Versicherte außerdem einen Anspruch auf einen Teil der Bewertungsreserven der Unternehmen. Diese ergeben sich aus dem Unterschied zwischen Zeitwert und Buchwert der Kapitalanlagen. Wichtig ist die Realverzinsung, also die Gesamtverzinsung nach Inflation. In den letzten Jahren lag sie deutlich über der Preissteigerungsrate, langfristig können aber sehr hohe Inflationsraten kaum ausgeglichen werden. 2010 wurden im Branchenschnitt stolze 4,28 Prozent erzielt.

Zusammengefasst: Gesamtverzinsung = Garantiezins + laufende Zinsüberschüsse + Schlussüberschuss + Beteiligung an den Bewertungsreserven

2005 ist das Steuerprivileg (siehe S. 86) für Lebens-/Rentenversicherungen weggefallen. Gleichzeitig drücken sich immer mehr Menschen vor einer langfristigen Finanzplanung, ohne die Folgen zu bedenken. Es werden auch immer weniger neue Versicherungsverträge abgeschlossen. Auf sehr lange Sicht kann das zu Auszehrungen im Deckungsstock führen, die den Spielraum der Versicherer für Langfristanlagen erheblich einschränken. Wie überall trennt sich auch hier die Spreu vom Weizen. Gute Versicherungen wachsen nach wie vor mit neuen Verträgen und Kunden.

Was bringen Versicherungen zukünftig? Wie verlässlich sind die Prognosen?

Bei Abschluss einer klassischen Rentenversicherung finden Sie in den Angebotsunterlagen die Garantierente sowie die Gesamt- oder auch Überschussrente. Einzig verlässlich für jede Altersvorsorgeplanung sind die Garantierenten, die das Versicherungsunternehmen angibt. Jedem Vertrag liegt eine individuelle Garantierentenberechnung zugrunde, die sich auf Basis der eingezahlten Beiträge, dem garantierten Zins, den Kosten, der Laufzeit, dem Alter des Versicherten und der Sterbetafel ergibt. Die meisten Versicherer arbeiten mit der Sterbetafel DAV 2004 R der Deutschen Aktuarsvereinigung. Sie prognostiziert die zukünftige Lebenserwartung der Menschen.

Die Gesamtrenten bzw. das Gesamtkapital werden bei Vertragsabschluss hochgerechnet. Damit wird Ihnen die eigene Altersvorsorgeplanung erleichtert. Dennoch sollten Sie die Prognosen nur mit Vorsicht genießen. Hier gibt es von Versicherung zu Versicherung große Unterschiede. Vertrauenswürdige Anbieter orientieren sich an den tatsächlichen Überschüssen des Vorjahres und geben auch an, wie sich Ihr Vertrag entwickeln kann, wenn die Überschüsse um ein Prozent steigen oder gar fallen.

Weniger seriöse Anbieter arbeiten mit willkürlich angenommenen Werten – irgendwas zwischen 2,5 und sechs Prozent. Ich bin bei Renditen über fünf Prozent skeptisch. Noch wilder geht es bei der Hochrechnung von Fondspolicen zu. Mir haben schon Kundinnen Angebote vorgelegt, die von einer künftigen Renditeerwartung von neun Prozent jährlich und mehr ausgehen. Das ist schlichtweg unseriös.

Die besten Versicherungen erkennt man an einer ordentlichen Gesamtverzinsung und einer vernünftigen Kostenquote. Unabhängige Analysehäuser veröffentlichen regelmäßig ihre Untersuchungen. Die Daten der Vergangenheit sind keine Garantie, dass es auch künftig so weitergeht, aber sie sind ein guter Indikator dafür, wie verantwortungsbewusst und kompetent mit Ihrem Geld gearbeitet wird. Gut verständliche Produktbedingungen, ansprechende Kundenunterlagen und ein reibungsloser Service spielen ebenfalls eine wichtige Rolle. Das Wichtigste ist aber eine solide und starke Kapitaldecke, denn es geht ja um eine sehr langfristige Zahlungsverpflichtung: um Ihre Rente. **!**

Warum mir private Rentenversicherungen gefallen

Es sind drei Dinge: erstens die Tatsache, dass sich private Rentenversicherungen praktisch für *jeden* eignen. Für Frauen und Männer jeden Alters, auch Minderjährige und Senioren, unabhängig vom Berufsstand. Zweitens sind es die steuerlichen Vorteile, von denen ebenfalls jeder profitieren kann. Sie wirken in jedem Fall in der Rentenphase – und unter bestimmten Bedingungen auch, wenn das Kapitalwahlrecht ausgeübt wird. Der dritte Grund ist die unvorstellbar große Vielfalt, die die Modelle bieten. Sie können die einzelnen Elemente so zusammenstellen, dass das Ergebnis genau Ihren Vorstellungen entspricht.

Zahlungsweise: Sie können eine monatliche, vierteljährliche oder jährliche Zahlungsweise vereinbaren. Wer jährlich einzahlt, kann mit einem ca. dreiprozentigen Rabatt rechnen. Auch ein einmal gezahlter, hoher Betrag ist möglich.

Tipp: Vereinbaren Sie lieber eine geringere Rate, wenn Sie sich nicht sicher sind, ob Sie die Beitragszahlung auch konsequent durchhalten. Stocken Sie Ihren Vertrag stattdessen mit variablen Sonder-Einzahlungen auf. Die sind freiwillig, und Sie können entscheiden, ob, wann und wie viel.

Zahlungsmittel: Üblich ist es natürlich, das Vorsorgeziel mit Geld anzusparen. Bei individuellen Verträgen mit Einmalbeitrag, vor allem von Liechtensteiner Versicherungsunternehmen, können Sie aber auch Wertpapiere einsetzen.

Tipp: Ein Übertrag ist meist kostengünstiger als ein Verkauf und Überweisung.

Achtung: Der Wertpapierübertrag wird steuerlich als Verkauf gesehen. Das spielt bei Wertpapieren, die vor dem 31.12.2008 erworben wurden, aber keine Rolle, denn eventuelle Kursgewinne sind steuerfrei.

Laufzeit: Empfehlenswert ist eine Laufzeit bis zum Alter 67, denn der Vertrag dient ja der Ruhestandsfinanzierung. Da die neuen Modelle flexible Abruffristen haben, können Sie die Laufzeit verlängern oder auch die Rente früher abrufen, je nachdem, wann Sie das Geld brauchen.

Achtung: Wer überlegt, zu Rentenbeginn das Kapital in einem Betrag zu entnehmen, muss auf eine mindestens zwölfjährige Laufzeit und einen Ablauf nicht vor dem 60. Geburtstag achten. Sonst gehen die steuerlichen Vorteile verloren.

Hinterbliebene: Bei der privaten Rentenversicherung gibt es keine Beschränkung, wen Sie als Begünstigten im Todes- oder Erlebensfall einsetzen. Wählen Sie die Absicherungsoption »Rentengarantiezeit«, bekommt der Hinterbliebene bis zum Ende dieser Frist die vollen Renten. Bei der Option »Beitragsrückgewähr« wird das nicht verbrauchte Kapital abzüglich bereits gezahlter Renten in einer Summe ausbezahlt. Wird auf die Todesfallschutzregelung verzichtet, ist die Rente am höchsten. Sie können auch eine extra Witwen-/Witwerrente vereinbaren, die dann lebenslang dem Hinterbliebenen bezahlt wird. Grundsätzlich gilt: Je mehr für die Hinterbliebenen getan wird, desto niedriger ist die eigene Rente.
Tipp: Die Benennung des widerruflich Begünstigten ist nicht bindend. Wenn sich Ihr persönliches Verhältnis zu dieser Person abkühlt, können Sie sie jederzeit streichen oder einen anderen Begünstigten benennen.

Rentenphase: Wie auch in der Beitragszahlungsphase können Sie einen anderen als den üblichen monatlichen Zahlungsrhythmus festlegen. Auch nach Rentenbeginn ist es bei einigen Tarifen möglich, noch vorhandenes Kapital auf einmal auszahlen zu lassen.
Tipp: Manche Anbieter stocken die Rente auf, wenn eine schwere Krankheit diagnostiziert wurde. Fragen Sie Ihre Finanzberaterin bzw. Ihren -berater nach solchen Modellen.

Notfall: Auch wenn es nicht der Sinn der Sache ist: Private Rentenversicherungen können Sie als Kreditsicherheit einsetzen (Beleihen/Verpfänden) und vorzeitig auflösen. Übertragungen (Schenkungen) an eine andere Person spielen in der Nachlassplanung eine wichtige Rolle.

Bei den privaten Rentenmodellen können Sie unter einer großen Vielfalt von Vermögensstrategien wählen. Im Folgenden stelle ich Ihnen meine Favoriten kurz vor.

Die Vielfalt privater Rentenversicherungen

1. Klassische Rentenversicherung: Sie ist das sicherste und verlässlichste Modell. Das Geld wird im Deckungsstock der Versicherung angelegt. Für den Sparanteil gibt es eine Garantieverzinsung. Rente und Kapital sind von Anfang an garantiert. Während der Vertragslaufzeit entstandene und gutgeschriebene Überschüsse erhöhen die Garantiewerte. Die Ertragsperspektive ist aber eher gering.

2. Klassische Rentenversicherungen mit Fonds für die Überschüsse: Modell wie oben, nur dass die Überschüsse, die laufend entstehen, in Investmentfonds angelegt werden. Die Fonds stellen also lediglich eine Beimischung dar. Das Risiko ist also noch gering, dafür steigen die Renditechancen etwas.

3. Fondspolicen ohne Garantien auf Rente und Kapital: Das Geld fließt in Investmentfonds einer oder mehrerer Gesellschaften. Oft können Sie sich die Fonds aussuchen und so Ihr persönliches Versicherungsportfolio zusammenstellen. Wer mehr Sicherheit möchte, wählt Rentenfonds, wer sich für ökologische, ethische Themen stark macht, findet entsprechende Geldanlagen. Sie können auch gemanagte Fondspolicen wählen. Bei Fondspolicen generell stehen die Wachstumschancen im Vordergrund. Auf lange Sicht können sich steuerliche Vorteile ergeben, weil während der Laufzeit und auch am Ende keine Abgeltungssteuer anfällt. Die Ertragsaussichten können hoch sein, je nach Anlagestrategie und Marktlage.

4. Fondspolicen mit (garantiertem) Rentenfaktor: Die Geldanlage ist wie bei Nummer 3, nur dass die Rente über einen »garantierten Rentenfaktor« berechnet wird. Dieser gibt an, wie viel Rente es pro 10.000 Euro Fondsguthaben mindestens gibt. Konsequenz: Die Leistung aus dem Vertrag hängt in Wirklichkeit von der Qualität der gewählten Fonds ab.

5. Fondspolicen mit Garantien: Anders als bei den herkömmlichen Modellen gibt es eine Garantie auf das einbezahlte Kapital und/oder die zu erreichende Rente. Am Markt werden unterschiedliche Modelle angeboten: Die meisten garantieren das einbezahlte Kapital – frei wählbar von null bis zu 100 Prozent. Je größer die Absicherung, desto geringer fallen die Überschussrenten aus, da Garantien kosten und weniger für die chancenreichen Investments übrig bleibt. Wichtig: Die Garantie gilt nur zum Ende der Laufzeit. Wer unter der Laufzeit die Police auflöst, muss mit Verlusten rechnen.

Garantie ist nicht gleich Garantie

Der Rentengarantiefaktor ist eine Rechengröße und gibt lediglich eine Orientierung – aber keine planbare Sicherheit. Die meisten Rentenfaktoren sind recht knapp bemessen und leisten damit keinen hilfreichen Beitrag für die eigene Ruhestandsplanung. Man unterscheidet drei Typen von Rentenfaktoren.

- Ein garantierter Rentenfaktor kann vom Versicherer nicht geändert werden.
- Ein nicht garantierter Rentenfaktor kann geändert werden. Die Versicherer machen von diesem Recht Gebrauch, wenn die Zinsen stark fallen oder mit einer unerwartet höheren Lebenserwartung gerechnet werden muss.
- Beim garantierten Rentenfaktor mit Änderungsvorbehalten gelten prinzipiell die gleichen Anlässe. Der Unterschied ist, dass Änderungen nur mit Zustimmung eines unabhängigen Treuhänders geschehen können. Dieser wird von der Versicherung beauftragt.
- Zudem gibt es Rentenfaktoren, die zwar grundsätzlich garantiert sind, die aber nach oben begrenzt sind. Beispiels-

weise auf 85 Prozent des Rentenfaktors oder 150 Prozent der Prämiensumme. Das erschwert dem Laien, die einzelnen Angebote zu vergleichen.

6. Angelsächsische Rentenversicherung: Die Klassiker (With Profit-Policen) sind bei Vertragsablauf mit einer Garantie auf die lebenslange Rente und das Kapital ausgestattet. Das Kapital erhöht sich um die jährlich zugewiesenen (schwankenden) Boni. Anders als deutsche Versicherungen können britische Lebensversicherungen bis zu 80 Prozent in Aktien anlegen, sodass die Renditechancen sehr viel höher sind. Ein spezielles Verfahren (Smoothing) gleicht während der Laufzeiten die Kursschwankungen für jeden einzelnen Vertrag aus. Das System hat sich über viele Jahrzehnte bewährt. Jedes Jahr wird dem Vertrag ein Bonus garantiert.

Achtung: Britische Versicherungsgesellschaften sind keine Mitglieder des deutschen Sicherungsfonds für Lebensversicherungen. Achten Sie deshalb darauf, ob der Anbieter durch das britische Sicherungssystem geschützt ist.

Weniger Steuern im Alter

Unverändert ist: Private Lebens- und Rentenversicherungen haben steuerliche Vorteile, die für jeden Vorsorgesparer gleichermaßen gelten. Während die gesetzlichen und die staatlich geförderten Altersvorsorgemodelle in der Sparphase steuerliche Vorteile haben, kommt das Steuerprivileg der privaten Modelle erst zum Ablauf richtig zur Geltung. Die Einzahlung in eine private Rentenversicherung erfolgt aus versteuertem Einkommen, weshalb man auch von der »vorgelagerten Versteuerung« spricht.

Während der Laufzeit
Ertragssteuern, wie die Abgeltungssteuer, fallen nicht an.

Kapitalauszahlung zum Ende der Laufzeit

Wenn der Vertrag bereits zwölf Jahre gelaufen ist und das 60. Lebensjahr vollendet wurde, ist die Kapitalauszahlung steuerbegünstigt. Dabei gilt das sogenannte Halbeinkünfteverfahren. Der Policengewinn, berechnet aus der Kapitalauszahlung abzüglich der eingezahlten Beträge, wird zur Hälfte mit dem persönlichen Einkommensteuersatz versteuert.

Komplett steuerpflichtig (Abgeltungssteuer) sind Kapitalauszahlungen bei Verträgen, die weniger als zwölf Jahre laufen und/oder bei denen die Auszahlung vor dem 60. Lebensjahr erfolgt. Auch Teilentnahmen aus laufenden Verträgen oder Policenverkäufe fallen unter diese Regelung.

Komplett steuerfrei sind die Gewinne aus Verträgen, die vor dem 31.12.2004 abgeschlossen wurden. Voraussetzung: laufende Beitragszahlung über mindestens fünf Jahre und Mindestlaufzeit von zwölf Jahren.

Komplett steuerfrei sind auch die gezahlten Todesfall-Leistungen. Zu beachten sind aber erb- und schenkungssteuerliche Freibeträge.

Rentenzahlungen

Lebenslange Renten aus den privaten Modellen werden nur mit dem sogenannten Ertragsanteil versteuert. Er richtet sich nach dem Alter zu Rentenbeginn und bleibt dann über die gesamte Zeit konstant. Wer beispielsweise ab dem 60. Lebensjahr eine private Rente bezieht, die lebenslang läuft, dessen Besteuerungsgrundlage (Ertragsanteil) beträgt 22 Prozent. Anders ausgedrückt: 78 Prozent jeder Rente sind steuerfrei. Bis 2004 war die Steuerpflicht auf private Renten sehr viel höher. Mit dem Alterseinkünftegesetz wurden aber auch diese bereits laufenden Rentenverträge auf die neuen, vorteilhafteren Steuerregeln umgestellt.

Nicht empfehlenswert sind Zeitrenten aus privaten Rentenversicherungsverträgen. Diese sind zwar höher als lebenslange Renten, aber enden nach einer von vornherein befristeten Zeit. Sie sind in voller Höhe steuerpflichtig.

Bei Beginn der Rente vollendetes Lebensjahr	Ertragsanteil bis 31.12.2004	Ertragsanteil ab 01.01.2005	Entspricht einem steuerfreien Teil der Rentenzahlung ab 01.01.2005
50	43	30	70
51–52	42/41	29	71
53	40	28	72
54	59	27	73
55–56	38/37	26	74
57	36	25	75
58	35	24	76
59	34	23	77
60–61	32–31	22	78
62	30	21	79
63	29	20	80
64	28	19	81
65–66	27/26	18	82
67	25	17	83
68	23	16	84
69–70	22/21	15	85

Übrigens: Auch Betriebsrenten fallen unter diese Regelung, soweit sie aus versteuertem Einkommen aufgebaut wurden. Beispiel: Pauschal versteuerte Direktversicherungen, die vor dem 31.12.2004 abgeschlossen wurden.

Vermögensaufbau beginnt vor dem Geldverdienen – mit der Absicherung

Um wen geht es?	Berufseinsteigerin
Themenschwerpunkt	Berufsunfähigkeitsvorsorge Versicherungsbedingungen
Zusatzinfos	Einnahmen- und Ausgabenrechnung

Tanja liebt den Luxus. Denn als Marketingassistentin bei einem internationalen Immobilienmakler kennt sie sich mit spanischen Fincas und toskanischen Landsitzen gut aus. Ob es daran liegt, dass ihr das Geld nur so durch die Finger rinnt? Die 25-Jährige verdient rund 1.800 Euro netto und hat bislang noch rein gar nichts gespart. Das will sie nun ändern und kommt mit dem Vorsatz,»etwas für die Altersvorsorge zu tun«, zu mir in die Beratung. Ihre Mutter ist seit vielen Jahren meine Kundin und hat ihr geraten, sich an mich zu wenden.

Viele junge Frauen schieben noch immer ihre Vermögensbildung auf die lange Bank. Doch das ist fatal, denn ein früher Start ist das Beste. Da ist zunächst der Zinseszinseffekt, den viele Menschen unterschätzen. Er wird erst mit der Zeit so richtig wirksam. Wenn Sie beispielsweise 500 Euro monatlich mit einem Zins von vier Prozent sparen und dabei die Zinsen immer wieder anlegen – man nennt das Thesaurierung – haben Sie nach 15 Jahren schon mehr als 122.000 Euro in Ihrer Vermögensrücklage. Direkt angespart haben Sie aber nur 90.000 Euro.

Ein früher Start begünstigt zudem alle Absicherungen, bei denen Gesundheitsfragen eine Rolle spielen. Die meisten jungen Frauen sind kerngesund, gesundheitliche Beschwerden stellen sich erst später ein. Dann allerdings werden manche Versicherungen nahezu unbezahlbar.

Tanja weiß das alles, doch irgendwie schafft sie es nicht, diszipliniert etwas auf die Seite zu legen. Im Gegenteil. Zum Ende des Monats, kurz bevor das Gehalt auf ihr Konto geht, wird es immer etwas knapp. »Ich verstehe das eigentlich gar nicht. Große Ausgaben habe ich an sich keine«, stellt sie fest.

So wie Tanja geht es vielen Menschen. Sie wissen zwar, wie hoch die Fixkosten für Miete, Telefon und Versicherungen sind, haben aber keinen Überblick über das, was sie am Geldautomaten abheben oder was sie über Kreditkarten, Scheckkarten und online-Banking verbrauchen. Unzufriedenheit und ein sorgenvoller Blick in die Zukunft sind die Folgen.

Ich ordne einen Kassensturz an. Die Ausgabenliste, die Tanja akribisch aufstellt und mit mir nach ein paar Wochen bespricht, bestätigt: Es sind nicht die großen Ausgaben, die sie am Vermögensaufbau hindern, sondern die vielen kleinen. Ich nenne sie die »Ich gönn mir was«-Ausgaben: zahlreiche Verabredungen, Kino, Restaurantrechnungen, teure Kosmetik. Dazu ein Wochenendtrip nach Basel, und beim Sale von »Strenesse« hat sie richtig zugeschlagen. Tanja reagiert betroffen, als sie so zum ersten Mal einen vollständigen Überblick über ihre Ausgaben hat. Nicht wenige Frauen tappen in die Sale-Falle und geben ihr Geld für Dinge aus, die sie nicht wirklich brauchen.

Dieses Verhalten kann sich rasch verselbstständigen und man mündet schließlich in der Schulden-Falle. Viele Menschen unterliegen den Versuchungen der Konsumwelt: iPods, Markenklamotten, Auto … Besonders die Schulden, die durch den Versandhandel entstehen, nehmen zu. Vermögensaufbau ist unter diesen Voraussetzungen nicht zu schaffen. Laut dem Schulden-Kompass der SCHUFA haben rund ein Fünftel aller jungen Erwachsenen Kreditverpflichtungen. Sieben Prozent gelten als überschuldet, das heißt: Sie geben mehr Geld aus, als sie einnehmen. Bevor der Schuldenberg immer größer wird, ist der Weg zu den Schuldnerberatungsstellen der Städte und Gemeinden oder der freien Wohlfahrtsverbände anzuraten.

Budgets decken Sparpotenzial auf

Glücklicherweise ist es bei Tanja nicht so weit gekommen. Sie hat keine Schulden. Um aber ihren unkontrollierten Ausgaben entgegenzusteuern, rate ich ihr, vier Budgettöpfe zu führen. In den ersten kommen alle fixen Ausgaben, die sie zwingend hat. Zum Beispiel ihre Miete, die Nebenkosten und die private Haftpflichtversicherung. Dann kommt der Topf für die variablen Ausgaben. Dank ihrer Buchführung der letzten Wochen kann sie abschätzen, wie viel sie tatsächlich zum Leben braucht. Und klar, da sind auch mal »Wohlfühl-Ausgaben« drin. Der dritte Topf ist der Spartopf für das kurzfristig verfügbare Polster. Nicht nur für die plötzlichen Ausgaben, sondern auch für den geplanten Urlaub. Alles, was sie langfristig für ihre Altersvorsorge spart, reserviert sie im vierten Topf.

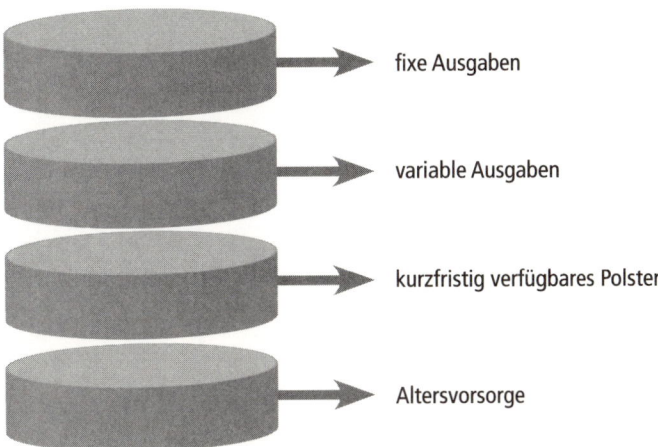

fixe Ausgaben

variable Ausgaben

kurzfristig verfügbares Polster

Altersvorsorge

»Dann lege ich 350 Euro an. Das schaffe ich!«, begeistert sie mein Vorschlag. Denn mit dem Aufstellen und Einhalten von Budgets hat sie ja auch beruflich viel Erfahrung. Doch nun bremse ich. Denn der erste Schritt für den Vermögensaufbau und die Existenzsicherung ist nicht das Sparen, sondern die Absicherung des eigenen Arbeitseinkommens. Es ist für die meisten Menschen die wichtigste Quelle für die Vermögensbildung und die Altersvorsorge. Konkret geht es um eine Berufsunfähigkeits-Versicherung (BU). Obwohl sie gerade für junge Menschen, die nicht auf ein großes Vermögen zurückgreifen können, unverzichtbar ist, hat sie einen schweren Stand in Deutschland. »Zu teuer, es wird nichts angespart und im Ernstfall zahlt die Versicherung ohnehin nicht«, lauten die gängigen Vorurteile. »Und überhaupt: Was soll schon passieren ...« Doch diese Einstellung teile ich nicht. Die Faktenlage spricht für die private Absicherung. Laut einer Untersuchung der Allianz AG wird jeder fünfte Arbeitnehmer vor dem Rentenalter berufsunfähig.

Verschiedene Modelle für BU-Verträge: Nicht jede Absicherung liefert den nötigen Schutz

Die Tarifwelt der Versicherungen bietet ein breites Spektrum, wie man sich gegen das Risiko Berufsunfähigkeit finanziell absichert. Angebote, die auf den ersten Blick günstig erscheinen, sind aber nicht immer optimal. Ich rate Tanja zu einer Vorsorge, die bis 67 läuft. Das kostet sie 49 Euro (ohne Überschüsse 73 Euro). Um die Inflation auszugleichen, suche ich einen Tarif, bei dem ihre BU-Rente um drei Prozent pro Jahr steigt. Natürlich steigt dann auch die Versicherungsprämie. Regelmäßige Gesundheitsprüfungen sind nicht erforderlich. Eine andere Überlegung ist eine Laufzeitbegrenzung bis zum Alter von 60 Jahren. Dann würde sie nur 29 Euro Prämie im ersten Jahr zahlen. Das ist zwar günstiger, aber auch risikoreicher. Die meisten BU-Fälle ereignen sich in den letzten zehn Jahren vor dem gesetzlichen Renteneintritt. Wenn dann aber nur BU-Rente bis 60 gezahlt wird, ist die finanzielle Lücke groß. Für Berufseinsteigerinnen gibt es auch sogenannte Start-Policen, die mit einem geringeren Beitrag starten, der dann aber nach einigen Jahren steigt.

Versicherungen erwirtschaften Überschüsse. Diese können wahlweise dazu verwendet werden, die Beitragszahlung zu reduzieren. Man spricht dann vom Nettobeitrag. Eine andere Möglichkeit ist es, diese Überschüsse anzulegen. Statt des günstigeren Nettobeitrags zahlt Tanja dann den höheren Bruttobeitrag von 73 Euro. Bei einer angenommenen Rendite von 4,50 Prozent würde Tanja mit 67 ein steuerfreies Kapital von 38.700 Euro zur freien Verfügung haben.

Tanja ist nach einigem Zögern von der Notwendigkeit einer BU-Vorsorge überzeugt. Sie wählt eine erste Absicherung über 1.000 Euro bis zum 67. Lebensjahr. Da diese auf Dauer nicht ausreichen wird, wählt sie ein Modell, bei dem die BU-Vorsorge von Beginn an jedes Jahr um drei Prozent steigt. Nach Überschussverrechnung muss sie im ersten Jahr nur 49 Euro bezahlen. Mit weiteren 200 Euro baut sie Rücklagen auf dem Tagesgeldkonto auf und 120 Euro gehen monatlich in einen Riester-Vertrag, der ihr mit 67 eine lebenslange Rente von knapp 900 Euro bringt (Gesamtrente mit Überschüssen).

Das reicht fürs Erste. In zwei, drei Jahren werden wir den nächsten Schritt besprechen, denn ausreichend für Tanjas Vorsorge ist das noch nicht. Nun wird Tanja beweisen können, wie diszipliniert und erfolgreich sie ihren Finanzplan in die Tat umsetzt.

Das Risiko Berufsunfähigkeit wird unterschätzt

Viele verbinden mit einer Berufsunfähigkeit (BU), dass vor allem körperlich hart arbeitende Menschen von ihr betroffen sind, und ignorieren dieses Risiko.

Oder aber sie vertrauen auf die deutsche Sozialversicherung. Doch mit beiden Annahmen liegen sie falsch.

Zu den Hauptursachen für eine Berufsunfähigkeit (BU) zählen bei den Frauen psychische Leiden und Krebs. Bei den Männern dominieren Erkrankungen des Bewegungsapparats und der Wirbelsäule (Quelle: Alte Leipziger Versicherungsgesellschaft, 2005 bis 2008). Gerade der Anteil von psychischen Erkrankungen, zu denen auch Burn-out und Depressionen zählen, steigt unvermindert an. Jede vierte Rente wird nicht aus Altersgründen beantragt, sondern weil die Arbeitskraft erschöpft ist!

Dennoch besitzen laut einer Allensbach-Umfrage aus dem Jahr 2009 nur ein Viertel aller Berufstätigen einen privaten BU-Schutz. Das ist umso dramatischer, als dass 2001 die Leistungen aus der gesetzlichen Rentenversicherung für die Berufsunfähigkeit erheblich gekürzt wurden. Frauen und Männer, die nach dem 01.01.1961 geboren wurden, bekommen nun keine gesetzliche Berufsunfähigkeitsrente mehr. Stattdessen können sie eine Erwerbsminderungsrente beantragen, die aber sehr viel geringer ist als der frühere volle BU-Schutz. Im Schnitt beträgt diese 30 Prozent des letzten Bruttogehalts. Zudem schützt die Erwerbsminderungsrente nicht, wenn man nur den Beruf nicht mehr ausüben kann – sie tritt erst ein, wenn man so gut wie gar nicht mehr arbeiten kann. Wer immerhin sechs Stunden am Tag irgendeiner Beschäftigung nachgehen kann, geht leer aus. Eine Diplomkauffrau muss dann beispielsweise auch Regale auffüllen. Nur eine private BU-Vorsorge bietet den nötigen Schutz, wenn man eines Tages nicht mehr in seinem Beruf arbeiten kann.

Eine Absicherung ist kein Sparkonto

Die Berufsunfähigkeits-Versicherung ist eine reine Risikopolice. Das macht sie eben nicht gerade attraktiv, da sie vergleichsweise viel kostet, aber kein Vermögen aufhäuft. Doch die Überlegung mancher Kundinnen, dann stattdessen in einen Fondssparplan oder auf dem Sparkonto das Geld anzusparen, birgt die Gefahr, dass im Ernstfall das Geld fehlt. Während bei einer BU-Versicherung eine Rente bis zum Ende der vereinbarten Vertragslaufzeit zuverlässig gezahlt wird, kann aus dem Fondsvermögen nur so viel entnommen werden, wie zuvor angespart wurde. Meist reicht das Geld nur wenige Jahre.

Die Versicherung zahlt die Rente, wenn der zuletzt ausgeübte Beruf wegen anhaltender gesundheitlicher Störungen zu 50 Prozent nicht mehr ausgeübt werden kann. Die Dauer der Berufsunfähigkeit muss mindestens sechs Monate betragen und sie muss ärztlich nachgewiesen werden. Wie wertvoll eine BU-Police ist, zeigt sich also erst im Leistungsfall.

Mit dem Versicherungsvertragsgesetz (VVG) wurden 2008 die Bedingungen kundenfreundlicher und klarer formuliert. Es gibt allerdings auch heute keine Garantie, dass jeder Antrag auf eine BU-Versicherung auch angenommen wird. Deshalb ist es wichtig, dass Sie einen guten Versicherer wählen und nicht der Preis das ausschlaggebende Kriterium ist. Ein guter Versicherer kann eine lange Erfahrung in der Zahlung von BU-Policen, eine rasche Antragsbearbeitung und eine geringe Prozessquote vorweisen. Letztere gibt an, wie viele Fälle im Rechtsstreit enden. Denn die Versicherer haben ihre Leistungsprüfung verschärft. Schließlich sind die finanziellen Verpflichtungen groß. Immerhin: Nur ein Drittel der BU-Prozesse geht aus Kundensicht verloren. Die Mehrzahl der Kunden gewinnt oder man einigt sich auf einen Vergleich. Doch der Rechtsstreit ist immer nur der letzte Ausweg.

Was ist, wenn Sie wieder arbeiten können?

Das sollte zunächst ein Grund zur Freude sein, denn Sie sind wieder gesund und fit! Sinkt der Grad der Berufsunfähigkeit unter den Mindestgrad von 50 Prozent und Sie arbeiten wieder voll in Ihrem alten Job, erlischt natürlich der Anspruch auf die Rente. Führen Sie aber unbedingt die Versicherung fort! Denn wer weiß, wie belastbar Sie sind. Der alte BU-Schutz lebt nämlich auch wieder auf. Der Beitrag bleibt üblicherweise gleich. Ein Blick in die jeweiligen Versicherungsbedingungen ist zwingend.

Sie möchten nach einer überstandenen Krankheit wieder zaghaft ins Berufsleben einsteigen?
Klasse – und machen Sie sich keine Sorgen wegen Ihres Einkommens. Wer beispielsweise vorher Umweltingenieurin war und nach einem Krebsleiden zunächst nur ein wenig im Sekretariat stundenweise mithilft, hat nichts zu befürchten. Weder die Tätigkeit noch das Einkommen, das erheblich (in aller Regel mehr als 20 Prozent) unter dem Bruttoeinkommen im zuletzt ausgeübten Beruf liegt, führen zu einer Kürzung der BU-Rente.

Übrigens, die meisten Versicherer zahlen die BU-Rente auch, wenn Sie nach dem Abschluss arbeitslos und dann berufsunfähig werden. Die Prüfung richtet sich nach dem zuletzt ausgeübten Beruf.

Die Versicherungsbedingungen sind kundenfreundlicher geworden. Dennoch gibt es Abweichungen zwischen den Versicherern. Sie sollten darauf achten, dass Ihre Police vor allem diese Merkmale aufweist:

- Verzicht auf die sogenannte abstrakte Verweisung in allen Berufsgruppen auch bei dauerhaftem Ausscheiden aus dem Berufsleben: Sie können nicht vom Versicherer auf eine andere berufliche Tätigkeit verwiesen werden, die Ihrer lediglich nahe kommt und einen Abstieg in puncto Status und Einkommen bedeutet.
- Freie Arztwahl

- 100% Leistung auch bei einem Pflegepunkt und kein Leistungsausschluss bei Verkehrsfolgen. Es gibt nur sehr wenige Versicherer, die nicht zwischen Verursacher und Betroffenem unterscheiden.
- Verzicht auf die gesetzlich vorgesehenen Beitragserhöhungsmöglichkeiten durch Ausschluss von § 163 VVG. Es kann also nicht zu einer Erhöhung des Beitrags kommen, wenn zum Beispiel die Risiken im Versicherungsbestand zunehmen.
- Die Prognose des Arztes, dass die BU »voraussichtlich sechs Monate« andauert, reicht für den Leistungsfall. Die Rente sollte dann ab Eintritt der Berufsunfähigkeit – also auch rückwirkend – gezahlt werden.
- Gibt es Nachversicherungs- und Ausbaugarantien? Dann kann der Versicherungsschutz ohne erneute Risikoprüfung unter bestimmten Voraussetzungen erhöht werden.

Die meisten Fehler kann man beim Abschluss machen. Geben Sie alle Erkrankungen an, auch wenn Sie sie nicht für bedeutend halten. Wer hier nicht die Gesundheitsfragen exakt beantwortet, macht sich später angreifbar. Es kann Ihnen dann passieren, dass die bis dahin gezahlten Prämien verloren sind und Sie den Versicherungsschutz komplett verlieren. Die Folge ist das Abrutschen auf Armutsniveau, da kein ausreichendes Einkommen fließt.

Deshalb nehmen sich gute Beraterinnen und Berater ausreichend Zeit, wenn es um den Abschluss einer BU-Vorsorge geht. Sie prüfen schon im Vorfeld, ob eine Annahme ohne Einschränkungen überhaupt möglich ist. Diese Vorab-Prüfung ist wertvoll, damit Sie nicht als »abgelehnte Risikoperson« bei den Versicherern gespeichert sind. In einem solchen Fall verschlechtern sich Ihre Chancen auf den erfolgreichen Abschluss zusätzlich – oder sie wird unbezahlbar. Seien Sie deshalb besser vorsichtig mit Online-Schnäppchen. Es nützt wenig, zehn Euro Beitrag zu sparen, wenn der BU-Schutz auf wackeligen Beinen steht.

»Wer soll denn eine BU-Vorsorge haben?«
… werde ich auf Vortragsveranstaltungen immer wieder gefragt. Grundsätzlich jeder Berufstätige, um existenzielle Risiken abzufedern. Denn der Vermögensaufbau versiegt, wenn kein Einkommen fließt. Vor allem diesen Frauen und Männern rate ich vorzusorgen:

- Berufstätige mit Geburtsdatum ab dem 01.01.1961, denn sie haben keinen gesetzlichen BU-Schutz mehr.
- Mediziner, denn im Versorgungswerk ist keine ausreichende Berufsunfähigkeitsrente mitversichert. Es handelt sich lediglich um eine Invaliditätsrente, die nur gezahlt wird, wenn die Zulassung zurückgegeben wird. Eine Ärztin kann also nicht »ein bisschen« als Ärztin praktizieren, sondern es heißt: ganz oder gar nicht.
- Selbstständige, denn sie haben meist gar keine Absicherung. Weder eine BU- noch eine Erwerbsminderungsrente.
- Risikoreiche Berufe, denen häufig die Frühverrentung droht. Lehrer oder Arbeiter in der Industrieproduktion gelten als solche. Nicht von ungefähr sind ihre Policen in aller Regel doppelt so teuer wie Policen für Akademiker, die zu den risikolosesten Berufsgruppen zählen.
- Studenten, auch wenn sie sich noch auf keinen Beruf festgelegt haben. Die Kosten sind dank des Alters sehr gering.

Sieben Tipps für die Absicherung Ihrer Berufsunfähigkeit, basierend auf den Erfahrungen aus meiner Beratungspraxis

1. Schließen Sie eine ausreichende Vorsorge ab, die mindestens Ihre laufenden Kosten deckt. Als Faustregel gelten übrigens 70 Prozent des aktuellen Nettoeinkommens.
2. Manche Makler verbinden die BU-Absicherung mit einem Ansparprodukt. Damit wird dem Kunden vorgegaukelt, dass mit der BU ein Vermögensaufbau einhergeht. Doch das ist Quatsch. Jeder Bestandteil dieser Koppelprodukte hat eine eigene Kalkulationsbasis. Besser ist die Trennung von Sparen und Absichern. Kann man nämlich die gesamte Monatsprämie nicht mehr aufbringen, verliert man gleich den BU-Schutz. Bei getrennten Verträgen bleiben Sie flexibel und pausieren eher mit dem Sparen.
3. Je länger Sie die sogenannte Karenzfrist festlegen, desto günstiger wird ihr zu zahlender Monatsbeitrag. Die Karenzfrist ist der Zeitraum zwischen Beginn der Berufsunfähigkeit und der Zahlung der ersten BU-Rente. Aber Achtung: Für diese Zeit sollten Sie dann eine ausreichende Reserve haben, damit es finanziell nicht eng wird.
4. Für Berufseinsteiger gibt es günstige start-up-Tarife, bei denen man mit einem geringeren Beitrag bei vollem Versicherungsstart einsteigt.
5. Passen Sie ihre BU-Vorsorge regelmäßig an. Wenn Sie automatische Steigerungen gleich bei Abschluss vereinbaren, umgehen Sie Gesundheitsprüfungen und passen Ihre Vorsorge an Ihre Einkommensentwicklung an.
6. Gute Policen kennen auch Nachversicherungsgarantien, bei denen man ohne erneute Gesundheitsprüfung eine höhere Rente vereinbaren kann. Meist sind sie mit Ereignissen wie Heirat, Immobilienkauf oder der Geburt eines Kindes verbunden.

7. Die letzten fünf bis zehn Jahre vor dem Ausstieg aus dem Berufsleben gelten als die risikoreichsten – zumindest aus BU-Sicht. In dieser Phase werden die meisten Rentenanträge gestellt. Schließen Sie deshalb die Vorsorge besser bis zum gesetzlichen Renteneintrittsalter ab, auch wenn damit der Monatsbeitrag teurer wird.

Manche Menschen können sich nicht mit einer BU-Police absichern. Entweder weil sie beruflichen Tätigkeiten nachgehen, die nur schwer einzuordnen sind, oder weil sie so schwere Vorerkrankungen haben, dass sie bei keiner Versicherung unterkommen. Als Alternativen werden dann Policen zur Vorsorge gegen schwere Krankheiten (Dread Disease Policen, siehe Kapitel »Familie gibt's auch ohne Goldreif«), Erwerbsminderungspolicen, Unfall- und Grundfähigkeiten-Versicherungen genannt. Diese Absicherungen leisten aber bei Weitem nicht den wertvollen Schutz einer BU und sind daher nur Notlösungen.

Mitte 30 – Kind oder Karriere?
Am besten beides!

Um wen geht es?	Gut verdienende Angestellte in Lebens-gemeinschaft
Themenschwerpunkt	Betriebliche Altersvorsorge
Zusatzinfos	Fondspolicen mit Beitragsgarantie Der Effekt von Zinsen und Zinseszinsen

Sagt Ihnen die »Generation CEO« etwas? Das sind jene Frauen, die top ausgebildet sind, ein globales Netzwerk pflegen und ihre berufliche Karriere mit Leidenschaft verfolgen. Frauen, die auf die »Frauenquote« pfeifen, weil sie auch ohne an die Spitze kommen. Erfreulicherweise werden es immer mehr. Susanne gehört ohne Zweifel zu ihnen. Die 33-jährige Masterabsolventin arbeitet bei einer internationalen Anwaltskanzlei und es wird »höchste Zeit«, stellt sie fest, »dass ich mich mal richtig um meine Altersvorsorge kümmere«. Ihre Betonung liegt auf »richtig«. Wir treffen uns am späten Abend …

Sie lebt mit ihrem Lebensgefährten Alexander nahe Frankfurt. Nicht bald, aber in den nächsten Jahren planen die beiden eine Familie und die Heirat. Sie haben keine Eile, zumal sie derzeit von ihren Jobs äußerst erfüllt sind. Es ist für die beiden völlig klar, dass sich Susanne keine lange Babypause nehmen und die Familienarbeit zwischen Alexander und ihr fair verteilt wird. Dieser Lebensentwurf ist ihr aus der eigenen Familie nicht fremd. Finanzielle Unabhängigkeit ist für sie selbstverständlich. Bis auf das gemeinsame Haushaltskonto, von dem alle gemeinschaftlichen Kosten bezahlt werden, haben beide getrennte Finanzstrukturen.

Susanne hat ein gutes Einkommen, das sich aus einem festen Gehalt und einer Tantieme zusammensetzt. Im letzten Jahr hat sie dank der Erfolgsbeteiligung sehr gut verdient, aber zuverlässig kann sie nur mit rund 84.000 Euro rechnen. Ihr Vermögen besteht aus einem Tagesgeldkonto von 10.000 Euro und einem Aktienfonds, den sie monatlich mit 350 Euro anspart. Das Fondsvermögen ist auf 17.000 Euro angewachsen.»Ich weiß, das ist nicht viel«, kommentiert sie gleich meine Verwunderung, denn angesichts ihres guten Einkommens müsste sie schon weit mehr Rücklagen geschaffen haben. Die Erklärung hierfür ist simpel: Susanne und Alexander lieben das Leben. Und das bedeutet für die beiden: gutes Essen, weite Reisen und ausgesuchte Designermode. Das geht natürlich ins Geld und der dringend notwendige Vermögensaufbau wird verschoben. Dabei zählt jeder Monat. Hätte Susanne gleich nach dem Studium monatlich 250 Euro auf die Seite gelegt, wäre ihr Vermögen heute um weitere 40.000 Euro größer. Bei dieser Rechnung ist eine Rendite von sechs Prozent zugrunde gelegt, denn so viel brachten gute Aktienfonds-Sparpläne durchschnittlich in den letzten zehn Jahren. Gespräche dieser Art gehören zu den weniger schönen, die ich in meinem Büro führe.»Oberlehrerhaft« komme ich mir vor, auch wenn mir die Zahlen-Gemengelage Recht gibt. Es hilft aber nichts, verpassten Gelegenheiten nachzutrauern. Viel wichtiger ist es jetzt für Susanne, den Vermögensaufbau zu beschleunigen und systematisch einen nennenswerten Betrag auf die Seite zu legen.

Je früher das Sparen beginnt, desto geringer kann die Sparrate sein. 100.000 Euro ist Ihr Sparziel.

Hier können Sie sehen, wie viel Sie monatlich sparen müssen, um in einer bestimmten Zeit das Ziel zu erreichen. Ich habe eine Rendite von fünf Prozent nach Kosten zugrunde gelegt. Steuern sind nicht berücksichtigt.

Monatliche Sparrate	Verbleibende Zeit, um 100.000 Euro zu erreichen	Erforderlicher Einmalbetrag, um 100.000 Euro im genannten Anlagezeitraum zu erreichen
1.471 Euro	5 Jahre	78.400 Euro
646 Euro	10 Jahre	61.400 Euro
246 Euro	20 Jahre	37.700 Euro
122 Euro	30 Jahre	23.100 Euro
67 Euro	40 Jahre	14.200 Euro

Ich ermittle die Summe, die sie von heute an ansparen muss, um ihren Lebensstandard auch im Alter zu halten. In 34 Jahren ist sie 67, genügend Zeit für ihre Altersvorsorge. Da Susanne keine Juristin ist, ist sie nicht in der Versorgungskammer der Anwälte, sondern in der Deutschen Rentenversicherung versichert. Die letzte Renteninformation prognostiziert eine Altersrente von über 2.100 Euro. Doch mit dieser Summe kann man schlichtweg nicht rechnen. Reduzierend wirken die steuerlichen Belastungen, die auch im Alter nicht ausbleiben werden, und die Inflation, die an der Kaufkraft zehrt. Ich rechne und komme auf eine ernst zu nehmende Rentenschätzung von knapp 800 Euro.»Ich glaube, mir wird schlecht!« ist ihr spontaner Kommentar, um sogleich auf die Politik, die Rentenkassen und Gott und die Welt zu schimpfen. Auch das gehört zur Finanzberatung dazu. Aber die Emotionen helfen nur im ersten Moment, in der Realität hilft nur Sparen. Möchte Susanne nämlich auch mit 67 über eine Kaufkraft von 3.700 Euro verfügen, denn das ist ihr derzeitiges Nettogehalt, muss sie ab sofort 1.125 Euro in ihre Rücklagen geben. Ich habe eine Rendite von vier Prozent zugrunde gelegt und die Kosten gleich berücksichtigt. Da sie aufgrund einiger Vorerkrankungen und Allergien vor einigen Jahren keine Berufsunfähigkeitsvorsorge bekommen hat, ist es doppelt wichtig, Vermögen und Altersvorsorge zu stärken.

Der springende Punkt ist aber ihre steuerliche Belastung, die sie dank ihres hohen Einkommens und der Steuerklasse 1 hat. Bei einer durchschnittlichen Einkommensteuerbelastung von 36 Prozent und einem Grenzsteuersatz von 48 Prozent fällt es schwer, viel Geld in die Rücklagen zu stecken. Hier setze ich an.

Altersvorsorge betreibt man idealerweise über drei Wege: gesetzlich, privat und über das Unternehmen. Da Susanne bislang noch keine betriebliche Altersvorsorge (BAV) in Anspruch genommen hat, kann sie nun aus dem Vollen schöpfen. Die BAV ist das beste Modell, vorzusorgen und Steuern zu sparen.

Vorsorgen und Steuern sparen – am besten mit einer Direktversicherung

Susannes Arbeitgeber bietet keine eigenen betrieblichen Modelle an. Das macht aber nichts, denn sie hat, wie jede Arbeitnehmerin und jeder Arbeitnehmer, einen Rechtsanspruch auf die sogenannte Entgeltumwandlung. Die Betriebe weisen in aller Regel auf diese Möglichkeit hin.

Dabei verzichtet sie auf die *Barauszahlung eines Teils ihres Gehaltes* und führt diesen Teil der Altersvorsorge zu. Der Effekt ergibt sich dadurch, dass die Sparleistung vom Bruttogehalt und damit von ihrem Einkommen vor der Belastung mit Steuern und Sozialabgaben abgezogen wird. Private Rentenvorsorge funktioniert ja anders: Bei ihr wird der Sparbetrag vom Konto und damit »nach Steuern« abgezogen. Ich rate ihr, den höchstmöglichen Betrag, den sie steuerfrei ansparen kann, auszuschöpfen. Das sind 370 Euro im Monat (Stand 2011). Sie ist überzeugt, begeistert ist sie aber erst, als ich ihr ihre Gehaltsabrechnung mit dem »Vorher-Nachher-Effekt« simuliere. Dabei wird deutlich: Ihre Steuerersparnis beträgt 178 Euro im Monat. Anders ausgedrückt: Sie spart 370 Euro für ihr Alter. Ihr tatsächlicher Aufwand kommt aber nur auf 192 Euro.

Susannes Gehaltsabrechnung	vor BAV	nach BAV
Gehalt	7.000 Euro	7.000 Euro
BAV-Beitrag	0	- 370 Euro
Zu versteuern	7.000 Euro	6.630 Euro
Steuern	- 2.269 Euro	- 2.091 Euro
Sozialversicherung	- 980 Euro	- 980 Euro
Auszahlung/netto	3.750 Euro	3.558 Euro

Quelle: Eigene Berechnungen auf Basis des Steuertarifs 2011,
Werte gerundet

Der nächste Schritt ist die Festlegung, wie das Geld angelegt wird, denn eine Direktversicherung wird im Grundsatz wie eine private Rentenversicherung verwaltet. Man kann also zwischen einer klassischen Rentenversicherung und Fondspolicen mit Garantien wählen. Auch angelsächsische Versicherungen sind möglich. Susanne entscheidet sich für ein Mischmodell: eine Fondspolice mit Beitragsgarantie. Einerseits will sie bei diesem wichtigen Schritt keine großen Risiken eingehen, andererseits hat sie aber noch viele Jahre Zeit, Vermögen aufzubauen. Da versprechen Aktienfonds einen höheren Ertrag. Die Beitragsgarantie gibt ihr dennoch die nötige Sicherheit. Bei dem Betrag von 370 Euro erreicht sie zu Rentenbeginn eine mögliche Rente von 1.440 Euro. 38 Prozent davon sind garantiert. Die anderen 62 Prozent sind die Überschüsse der Versicherung, die nicht garantiert werden. Übrigens: Wenn die Beitragsbemessungsgrenze (siehe S. 107) angehoben wird, kann auch der monatliche Sparbetrag angepasst werden.

Wie sicher sind Fondspolicen mit Beitragsgarantien?

Anders als bei den klassischen Rentenversicherungen gibt es bei klassischen Fondspolicen keine Garantiewerte. Mit welchen Leistungen man im Ruhestand rechnen kann, sind also Planwerte. Auch hier rate ich zur Vorsicht. Planen Sie lieber nur mit einer Gesamtrendite zwischen vier und fünf Prozent. Eine Besonderheit, die es seit einigen Jahren gibt, sind *Fondspolicen mit Beitragsgarantie.* Man kann sogar wählen, ob man alle einbezahlten Beiträge garantiert haben möchte oder nur einen Teil. Diese Modelle laufen unter den verschiedensten Namen und sind erst auf den zweiten Blick als Mischmodell erkennbar. Die Garantiewerte liegen meist unter denen der Klassiker. Dafür werden höhere Gewinne in Aussicht gestellt.

Die meisten Policen sind so aufgebaut, dass das Geld der Sparer in drei verschiedene Anlagetöpfe fließt: Deckungsstock, Wertsicherungsfonds und Investmentfonds. Den Investmentfonds kann der Anleger selbst wählen. Je nach Kapitalmarktsituation werden die Sparbeiträge zwischen diesen Töpfen unterschiedlich verteilt. Je größer der Wunsch nach Sicherheit, desto weniger Geld fließt in die Risikotöpfe. Das schmälert die Gewinnchancen.

Achtung! Während der Laufzeit können diese Hybridmodelle, wie sie auch genannt werden, stark ins Minus rutschen. Erst zum Ende der Laufzeit greift die Garantie. Wie bei allen verwalteten Geldanlagen gilt auch hier: Es ist viel Erfahrung seitens des Anlagemanagements erforderlich, denn die Entscheidung, in welchem Topf gerade wie viel angelegt wird, entscheidet im hohem Maß über den Anlageerfolg.

Um ihrem Ziel, der Stärkung ihrer Altersvorsorge, noch einen maßgeblichen Schritt näherzukommen, spart Susanne weitere 200 Euro in einer privaten Rentenversicherung und 350 Euro in einem Aktienfonds an. Sie fühlt sich mit dieser Finanzplanung gut beraten – nicht nur wegen des Steuer-Kicks bei der Direktversicherung. Überzeugt hat sie bei dieser Mischung vor allem die Flexibilität, denn ihre Lebens- und Karriereplanung kann sicher noch einige Wendungen erleben. Arbeitgeberwechsel, berufliche Auszeiten, Sonderzahlungen – das alles können die Geldanlagen dank ihrer vielfältigen Änderungsmöglichkeiten »mitmachen«.

Wer kann, sollte sie nutzen: Betriebliche Altersvorsorge (BAV)

Für mich gilt die betriebliche Altersvorsorge als das beste Modell, um Vorsorge fürs Alter aufzubauen und gleichzeitig Steuern zu sparen. Das Prinzip ist einfach geschildert: Teile des Gehalts werden nicht ausbezahlt, sondern fließen direkt in eine Altersvorsorge. Der besondere Effekt ist, dass das Ansparen vom Bruttogehalt, also vor der Steuerbelastung, erfolgt. Alle Zahlungen sind zusätzlich sozialabgabenfrei, wenn das Einkommen unter der Beitragsbemessungsgrenze (BBG) liegt. Der Sparvorgang startet also, bevor der Staat zugeschlagen hat. Die Sozialabgaben- und Steuerfreiheit ist ein Renditetreiber für alle Einkommensgrößen.

Im Alter können Sie zwischen einer lebenslangen Rente oder einer Kapitalabfindung wählen.

Es gibt fünf Wege, die zu einer BAV führen. Die Direktversicherung ist mit 60 Prozent das beliebteste Modell. Dann folgen Unterstützungskasse, Pensionskasse und die Direktzusage. Weit abgeschlagen mit drei Prozent Anteil an allen BAV-Verträgen ist der Pensionsfonds. In einigen Betrieben zahlt der Arbeitgeber für seine Mitarbeiterinnen und Mitarbeiter die Beiträge (= arbeitgeberfinanzierte BAV). Diese Zahlungen sind für den Arbeitgeber

Betriebsausgaben und reduzieren den steuerpflichtigen Unternehmensgewinn. Als Chefin oder Chef haben Sie es also in der Hand, Mitarbeitermotivation und betriebswirtschaftliche Ökonomie zu verbinden.

Aber auch wenn dieses Zuckerl nicht gegeben ist, ist kein Angestellter von den Vorzügen ausgeschlossen, denn jede Arbeitnehmerin und jeder Arbeitnehmer hat seit dem 01.01.2002 einen gesetzlichen Anspruch auf die sogenannte Entgeltumwandlung. Dann wird auf die Gehaltsauszahlung zugunsten der BAV verzichtet.

- *Direktversicherungen* sind Lebens- bzw. Rentenversicherungen. Versicherungsnehmer ist der Arbeitgeber. Der Arbeitnehmer ist versicherte Person und für die Leistungen aus dem Vertrag unwiderruflich bezugsberechtigt, denn ihm steht die Altersvorsorge zu. Bei arbeitgeberfinanzierten Verträgen aber erst nach fünf Jahren.
- *Unterstützungskassen* sind rechtlich selbstständige Versorgungseinrichtungen. Sie werden von einem oder mehreren Unternehmen getragen. Der Arbeitgeber richtet seine Versorgungszusage über die Unterstützungskasse an den Arbeitnehmer. Die meisten Unterstützungskassen sind rückgedeckt, das heißt, sie sichern die erteilten Versorgungszusagen über eine Lebensversicherung auf den Arbeitnehmer ab.
- *Direktzusagen* sind Verpflichtungen des Arbeitgebers, dem Arbeitnehmer aus eigenen Mitteln eine Altersvorsorge zu zahlen. Eine Direktzusage wird in aller Regel durch eine Rückdeckungsversicherung auf das Leben des Arbeitnehmers abgesichert. Üblicherweise sichern sich Gesellschafter-Geschäftsführer auf diesem Weg ab. Direktzusagen können sehr individuell ausgestaltet werden.
- *Pensionskassen* sind ebenfalls rechtlich selbstständige Versorgungseinrichtungen, die der Versicherungsaufsicht unterliegen. Sie legen folglich das Geld wie Lebensversicherungen an.

■ Für *Pensionsfonds* gelten liberalere Anlagevorschriften als
für Lebensversicherungen. Es handelt sich um rechtlich
selbstständige Altersvorsorgeeinrichtungen.

Mitunter hört man im Zusammenhang mit der BAV von *Zeit-*
oder auch *Wertkonten*. Dieses Modell wird gar als der »sechste
Weg« der BAV bezeichnet, obwohl das nicht ganz richtig ist. Denn
Zeit-/Wertkonten sind nicht im Betriebsrentengesetz, sondern im
Flexi-Gesetz geregelt. Auf einem Zeitkonto kann ein Arbeit-
nehmer Tantiemen, Sonderzahlungen und auch unbezahlte
Überstunden ansammeln, die er dann später in eine bezahlte
Freistellung ummünzen kann, zum Beispiel für den vorgezoge-
nen Ruhestand.

Der »Lebenslauf« einer betrieblichen Altersvorsorge

1. Phase: Die Einzahlungen

Natürlich kann nicht unbegrenzt steuerfrei und ohne Sozial-
abgabenpflicht angespart werden. Es gibt ein paar Grenzen zu
beachten. Bei der Direktversicherung beispielsweise können Sie
pro Jahr bis zu vier Prozent der Beitragsbemessungsgrenze
(BBG) der gesetzlichen Rentenversicherung steuerfrei und sozialabgabenfrei einzahlen. Die BBG liegt 2011 bei 66.000 Euro,
angespart werden kann also 2.640 Euro pro Jahr. Wer keinen alten BAV-Vertrag hat (Abschluss bis 31.12.2004), dessen Einzahlungen pauschal (20 Prozent Einkommensteuersatz) versteuert
werden, kann mit einem neuen Vertrag weitere 1.800 Euro steuerfrei ansparen. Diese sind aber nicht mehr sozialabgabenfrei.

2. Phase: Während Ihres Berufslebens

■ Sie wechseln den Arbeitgeber? Kein Problem. Direktversicherungen und Pensionskasse können zum neuen Arbeitgeber mitgenommen werden.

- Sie planen eine Familienzeit ein? Kein Problem. Bei einer Direktversicherung und einer Pensionskasse können Sie die Beiträge selbst weiterzahlen.
- Sie scheiden aus dem Betrieb aus und wechseln in die Selbstständigkeit? Arbeitgeberfinanzierte Zusagen nach dem 31.12.2008 sind unverfallbar, wenn Sie 25 Jahre alt sind und die Zusage mindestens fünf Jahre bestand. Bei der Entgeltumwandlung besteht diese Zusage schon am ersten Tag. Klar – ist schließlich Ihr eigenes Geld, das Sie angespart haben.
- Sie werden arbeitslos? Das angesparte Geld ist Hartz-IV-geschützt, das heißt, es muss nicht angegriffen werden.
- Sie wollen Ihre Direktversicherung beleihen, weil Sie sich eine Immobilie kaufen möchten? Das geht nicht. Eine BAV darf nicht beliehen oder abgetreten werden. Das widerspräche dem Grundgedanken der Altersvorsorge.
- Ihrem Arbeitgeber droht die Insolvenz? Schlimm genug, aber die BAV hat ihre Sicherungen eingebaut. Direktversicherungen und Pensionskassen sind an eine Versicherung ausgelagert und damit außerhalb des Betriebs. Bei den anderen drei Durchführungswegen übernimmt der Pensionssicherungsverein (PSV) bis zu einer Höchstgrenze von 7.665 Euro (Deutschland West, Stand 2010) die Verpflichtungen.

3. Phase: Die Auszahlungen

Die Steuervorteile in der Sparphase sind zunächst ein großzügiges Geschenk des Staates, wie es auf den ersten Blick erscheint. Fiskus und Sozialkassen holen sich ihren Anteil in der Auszahlungsphase. Alle Leistungen, seien es Rente oder Kapital, sind komplett steuerpflichtig. Im Rentenalter haben aber die meisten von uns niedrigere Steuersätze. So ist die BAV trotz der nachgelagerten Besteuerung für die Mehrzahl der Frauen und Männer richtig rentabel. Bei den Direktversicherungen, die bis zum 31.12.2004 abgeschlossen wurden, ist die Kapitalauszahlung steuerfrei.

Überblick zu den verbreitetsten BAV-Modellen

BAV-Modell	Wie viel kann man pro Jahr einzahlen?	Steuervorteile in der Sparphase	Sozialabgaben in der Sparphase	Steuern im Alter: Rente	Steuern im Alter: Kapital	Gesetzliche Grundlage
Altvertrag bis 31.12.2004 (Direktversicherung)	1.752 Euro	Pauschalversteuert mit 20 Prozent	Sozialabgabenfrei	Ertragsanteil	Steuerfrei, wenn Laufzeit mindestens zwölf Jahre	§ 40 b EStG
Neuabschluss ab 01.01.2005 (Direktversicherung, Pensionskasse)	2.640 Euro + 1.800 Euro, wenn kein Altvertrag vorhanden ist	Steuerfrei	Sozialversicherungsfrei	Volle Steuerpflicht (Kohortenprinzip)	Volle Steuerpflicht	§ 3 Nr. 63 EStG
Neuabschluss ab 01.01.2005 (Unterstützungskasse)	Keine Begrenzung	Steuerfrei	Sozialversicherungsfrei nur bei Arbeitgeberfinanzierung, sonst bis vier Prozent der BBG	100% Steuerpflicht, evtl. um Versorgungsfreibetrag gekürzt	Volle Steuerpflicht, Erleichterung durch Fünftelregelung möglich	§ 19 EStG

Da Renten im Alter wie Einkommen gelten, sind sie auch mit Beiträgen zur Kranken- und Pflegeversicherung belastet. Das gilt nur für gesetzlich Versicherte. Auch die Kapitalzahlung wird für die Berechnung der Krankenversicherungsbeiträge (KV) herangezogen. Dazu wird das ausgezahlte Kapital durch 120 geteilt. Auf diese Summe ist dann zehn Jahre lang der monatliche KV-Beitrag zu zahlen. Hier spielt es keine Rolle, ob es sich um alte oder neue Verträge handelt.

In der Tabelle zuvor habe ich für Sie die wichtigsten Merkmale von Alt- und Neuverträgen zusammengefasst.

Frauen holen in der BAV auf

Nur jede zehnte Rentnerin bezieht heute eine Betriebsrente, bei den Männern ist es immerhin jeder vierte. Die Ursache für dieses Missverhältnis liegt vor allem an den alten Unverfallbarkeitsvorschriften. Diese sahen vor, dass nur derjenige eine Leistung aus einer BAV erhielt, der mindestens 35 Jahre alt war und eine zehnjährige Betriebszugehörigkeit hatte. Das war für viele Frauen kaum zu erreichen, da die Familienplanung oft mit einer beruflichen Auszeit verbunden war. Glücklicherweise wurde dieser Missstand mit dem Gesetz zur Förderung der BAV abgeschafft. Für arbeitgeberfinanzierte Verträge, immerhin 40 Prozent aller Verträge, die nach dem 01.01.2009 abgeschlossen wurden, genügen eine fünfjährige Betriebszugehörigkeit und das Alter 30. Dank der gestiegenen Berufstätigkeit von Frauen und den Möglichkeiten der Entgeltumwandlung hat nun rund die Hälfte aller Arbeitnehmerinnen Anwartschaften auf Betriebsrenten aufgebaut.

Überlegen Sie, wie Sie noch mehr aus Ihrer BAV machen können

Tipp 1: Sie haben einen »Altvertrag«, der vor dem 31.12.2004 abgeschlossen wurde und noch der Pauschalversteuerung unterliegt? Wunderbar – führen Sie ihn fort. Aber nutzen Sie auch die zusätzlichen Möglichkeiten. Denn Sie dürfen beides nebeneinander:

- Sparerinnen, die noch keine BAV haben, sparen 2.640 Euro + 1.800 Euro = 4.440 Euro pro Jahr. Das sind 370 Euro im Monat.
- Sparerinnen, die einen pauschalversteuerten Alt-Vertrag haben, schließen einen weiteren Vertrag ab. Und zwar über monatlich 220 Euro.

Tipp 2: Manche Unternehmen zahlen vermögenswirksame Leistungen (VWL). Sie kennen das sicher, Sie erhalten sie bis zu 40 Euro monatlich zusätzlich zum Bruttogehalt. Das ist zwar nett, aber dank der niedrigen Einkommensgrenzen kommt die staatliche Förderung in Form der »Arbeitnehmersparzulage« für die meisten Frauen gar nicht in Betracht. 2010 lag sie für Singles bei 17.900 Euro. Außerdem werden die VWL zum Bruttogehalt dazugerechnet und sind damit steuer- und sozialabgabenpflichtig. Viel sinnvoller ist es daher, diese VWL ebenfalls über den Weg der BAV in eine Direktversicherung einzuzahlen.

Tipp 3: Erfolgreiche Unternehmerinnen sind mit einer Unterstützungskasse in aller Regel am besten beraten. Denn gerade bei ihnen sind die Rentenlücken im Alter groß, weil auch oftmals keine gesetzlichen Renten fließen. Die enormen Steuervorteile und die unbegrenzten Beiträge in der Sparphase sollten daher ausgenutzt werden. Außerdem können Berufsunfähigkeitsrenten mitfinanziert werden.

Frauen gründen besonnen

Um wen geht es?	Angestellte macht sich selbstständig
Themenschwerpunkte	Existenzgründungskredite
Zusatzinfos	Acht Schritte zum eigenen Unternehmen
	Finanzielle Engpässe bei Versicherungsverträgen

Manchmal ist es Pioniergeist, manchmal der Drang nach Freiheit und manchmal der Wunsch, Familie und Beruf unter einen Hut zu bringen: die Gründung des eigenen Unternehmens. Die Motive, warum jemand ein eigenes Unternehmen gründet, sind ganz unterschiedlich. Bei Svea Kuschel war es vor allem die Lust, etwas zu verändern. Sie erkannte die Lücke in der Finanzwelt und hat vor 25 Jahren das Unternehmen *Svea Kuschel + Kolleginnen Finanzdienstleistungen für Frauen* gegründet, das ich nun fortführe.

Für Britta spielten andere Gründe eine Rolle: Das Biotech-Unternehmen, für das sie schon seit einiger Zeit tätig war, verlegte seinen Sitz nach Frankreich. Sie hatte nur wenige Wochen Zeit, sich zu entscheiden: mitgehen oder kündigen, um in München bleiben zu können.

Oft braucht es diese Wendepunkte. Für die erfahrene Biologin war rasch klar: jetzt oder nie in die Selbstständigkeit. Schon lange dachte sie darüber nach. Die 36-Jährige hat sich in ihrer Branche einen Namen gemacht und kennt den Markt gut. Nur 60 Prozent aller Gründer können das von sich behaupten, so eine Studie der Fachhochschule Trier. Dabei ist das eine der Grundvoraussetzungen für den Erfolg. Zum Start ihres Unternehmens gewann sie gleich zwei weitere Kolleginnen dazu. Es geht um eine Technologie, mit der sich besser prüfen lässt, wie lange unterschiedlichste

Lebensmittel in optimaler Qualität haltbar sind – etwa Tiefkühlprodukte.

Von der Gründungsidee zur Finanzierung

Eine Idee und Erfahrung reichen nicht aus, um erfolgreich zu gründen. Den meisten Gründern mangelt es an Geld. Bei Britta ist es nicht anders. Sie braucht ein Labor, technisches Equipment, Materialien und ein hochwertiges IT-System. Außerdem sollte sie genau darüber nachdenken, was sie sich von ihrem Projekt verspricht und wie sie sich absichern kann.

Frauen gründen anders als Männer

Während die meisten Männer mit Selbstständigkeit Rendite und Vermögen verbinden, steht für viele Frauen die Lebensstrategie im Vordergrund. Ein weiterer Grund ist die Chance, einer drohenden Arbeitslosigkeit zu entgehen. Die Aussicht auf ein höheres Einkommen und mehr Vermögen spielt bislang bei Frauen eine untergeordnete Rolle. Das ändert sich allerdings gerade, wie die steigenden Vermögenszahlen von Frauen belegen.

Die meisten Neugründungen von Frauen finden im Gesundheitssektor, in kreativ-künstlerischen Branchen und im pädagogischen Bereich statt. Weniger in den wissenschaftlich-technischen Berufen, obwohl gerade hier die Gewinnaussichten weitaus höher sind. 40 Prozent aller Neugründungen gehen auf das Konto von Frauen (KfW-Gründungsmonitor, 2009) und dieser Anteil steigt seit vielen Jahren kontinuierlich an. Zwei von drei Frauen brauchen für den Start eine Anschubfinanzierung. Diese zahlen sie schneller und zuverlässiger zurück als männliche Gründer. Die messbare Konsequenz: Neugründungen von Frauen gehen weniger oft pleite.

Frauen sind eher bereit, sich Rat zu suchen – und sie profitieren oft von Netzwerken. Viele Existenzgründerinnen und Unternehmerinnen nutzen den Erfahrungsaustausch mit Frauen in der gleichen Situation. Im Internet finden Sie übrigens unter www.gruenderinnenagentur.de eine bundesweite Übersicht regionaler und überregionaler Netzwerke.

Britta bespricht mit mir ihre Pläne. Ihre Finanzlage sieht so aus: Sie hat ein finanzielles Polster von rund 170.000 Euro, das in Aktienfonds und Festgeld angelegt ist. Ihre Altersvorsorge ruht auf der gesetzlichen Rentenversicherung, einer Lebensversicherung und einem Riester-Fondssparplan. Als sie 1995 in den Beruf einstieg, hat sie eine Berufsunfähigkeitsvorsorge über 1.800 Euro monatliche BU-Rente abgeschlossen. Sie ist derzeit gesetzlich krankenversichert.

Wir besprechen die Finanzierung des konkreten Vorhabens und der nächsten Monate, denn die Gehaltszahlungen enden in ein paar Wochen. »Wie komme ich an einen günstigen Kredit? Und: Wo kann ich vielleicht etwas sparen, wenn die Aufträge nicht wie geplant kommen?« Vorsicht: Manche Berater setzen Existenzgründer unter Druck: Sie vermitteln Kredite nur dann, wenn gleichzeitig umfangreiche Versicherungspakete mit unterschrieben werden. Ich finde diese Verkaufspraxis ohnehin schon sehr bedenklich. Außerdem führen diese Verträge von vornherein zu kaum tragbaren monatlichen Belastungen. Ein Neustart steht so unter denkbar schlechten Voraussetzungen!

Der Businessplan fürs Unternehmen

Ohne Businessplan ist keine Bank bereit, ein Darlehen zu geben. Britta wusste das und hat sich Rat von einer Branchenkollegin geholt, die den Schritt in die Selbstständigkeit schon hinter sich hat. Diese empfahl ihr, einen Existenzgründungsberater hinzuzuziehen, der sie bei Bedarf auch noch nach der Gründung coachen wird. Gemeinsam ermitteln sie einen Finanzierungsbedarf von rund 200.000 Euro.

Junge Unternehmerinnen und Unternehmer können auf eine Vielzahl von Fördermitteln zugreifen. Schlau machen kann man sich bei der Förderdatenbank des Bundesministeriums für Wirtschaft. Die Internetseite (www.foerderdatenbank.de) liefert einen passablen Überblick. Dort erfährt Britta unter anderem vom Startgeld der Kreditanstalt für Wiederaufbau und vom Gründungszuschuss der Bundesagentur für Arbeit. Wer für seine Gründungspläne deutlich weniger Geld benötigt, kann sich an sogenannte Mikrofinanzierer wenden. Es handelt sich dabei um Gründungszentren oder andere Beratungsorganisationen, die vom Deutschen Mikrofinanz Institut (DMI) geprüft werden. Diese Art der Gründungsfinanzierung ist noch recht jung in Deutschland.

Die Förderprogramme werden in aller Regel bei der Hausbank beantragt, die die Kreditmittel aus den öffentlichen Fördertöpfen refinanziert. Scheitert der Existenzgründer, muss die Bank im schlimmsten Fall ihre Forderung abschreiben. Seit der Finanzkrise ist die Bereitschaft der Banken, dieses Risiko mitzutragen, noch weiter gesunken. Darlehen bekommt nur der, der über ausreichend Sicherheiten verfügt. Als solche gelten Immobilien, Wertpapiere und Lebensversicherungen – Riester-, Rürup- und Direktversicherung hingegen nicht. Dem hat der Gesetzgeber einen Riegel vorgeschoben und sich dabei etwas sehr Vernünftiges gedacht. Denn im worst case, wenn das Unternehmenskonzept nicht aufgeht und der Kredit zu platzen droht, würde die Bank die Sicherheiten verwerten, und der Gründer hätte alles verloren: seine Firma, sein privates Vermögen, seine Altersvorsorge. Und hätte obendrein noch Schulden. Die Firmeninsolvenz würde ohne Umwege in die Privatinsolvenz führen.

! Das oberste Gebot für Unternehmerinnen und Unternehmer ist daher die Trennung von privater Altersvorsorge und Firmenvermögen: nie alles für den Kredit hergeben.

Gründungsschritte in die berufliche Selbstständigkeit: Nur wer eine klare Planung hat, weiß, was zu tun ist und wo man steht

- *Ihre Geschäftsidee:* Wie schaut der Markt aus – wer sind Ihre Kunden? Was unterscheidet Ihr Angebot von dem Ihrer Wettbewerber?

- *Information, Beratung und Erfahrungsaustausch:* Gründungsseminare der örtlichen Industrie- und Handelskammern, Handwerkskammern oder des Berufsverbandes helfen weiter.

- *Businessplan:* Darin muss enthalten sein: die Geschäftsidee, Produkte/Dienstleistungen, Personalplanung, Marketingmaßnahmen, Umsatzplanung, Kostenkalkulation, Investitionsplan. Der Businessplan ist das A und O für das Bankgespräch und muss vor allem eines: verständlich sein und begeistern!

- *Gründungskapital:* Was soll angeschafft werden, und wie viel Geld brauchen Sie dafür?

- *Ein Gehalt für Sie:* Berücksichtigen Sie bei der Planung nicht nur die Kosten des Betriebes, sondern auch Ihre privaten Ausgaben.

- *Finanzquellen:* Eigenmittel und Fremdmittel. Haben Sie private Geldgeber? Beantragen Sie Bankkredite? Nutzen Sie öffentliche Förderprogramme?

- *Persönliche Absicherung:* Selbstständige brauchen eine Berufs- und Betriebshaftpflichtversicherung sowie Rechtsschutz. Absicherung gegen Krankheit, Berufsunfähigkeit und die Altersvorsorge sind ein Muss.
- *Betriebliche Absicherung:* Betriebsversicherungen sind Pflicht. Sie schützen das Firmenvermögen und bieten bei betriebsbedingten Schäden einen finanziellen Schutz vor Ansprüchen Dritter.
- *Beratung:* Man kann allein nicht alles wissen und bedenken. Informieren Sie sich zu Gründungs-, Finanz-, Steuer- und Rechtsfragen bei erfahrenen Expertinnen und Experten.

Brittas Finanzierung steht nach ein paar Wochen: Von ihrem Ersparten setzt sie einen großen Teil als Eigenmittel ein. Für die GmbH-Gründung ist zunächst ein Stammkapital von 25.000 Euro erforderlich. Ihre Eltern steuern mit einer Schenkung von 50.000 Euro, die ihr später auf den Erbteil angerechnet wird, ebenfalls zum Gelingen bei. Aus den öffentlichen Fördertöpfen der KfW sowie des Bundesministeriums für Wirtschaft und Technologie erhält sie Zuschüsse. Den Rest finanziert sie über einen Kredit: das sogenannte KfW-Startgeld. Sicherheiten hierfür bekommt sie von den öffentlichen Bürgschaftsbanken, die sie mit ihrer Unternehmensidee überzeugt.

Die Vorsorge der Jung-Unternehmerin

Bei Britta geht es nun um *ihre* weitere Absicherung und die Altersvorsorge. Keine andere Berufsgruppe in unserem Land ist so sehr von der Altersarmut betroffen wie die Gruppe der Selbstständigen. Denn die meisten sind weder Mitglied in einem der öffentlich-rechtlichen Pflichtsysteme, noch gehören sie den

Kammerberufen (Ärzte, Apotheker, Juristen) an. Der Vorteil ist aber auch: Ihnen stehen fast alle privaten Vorsorgemöglichkeiten offen.

! ***Das Wichtigste ist die Absicherung für den Fall der Krankheit und der Berufsunfähigkeit (BU).***
Britta ist der Motor des Unternehmens – fällt sie aus, droht auch das Unternehmen zu scheitern. Hier darf auf keinen Fall gespart werden – im Gegenteil. Sie hat glücklicherweise bereits eine BU-Vorsorge, die sie nun auf 3.000 Euro erhöht. In der Krankenversicherung entscheidet sie sich zunächst für die freiwillige gesetzliche Mitgliedschaft bei ihrer Krankenkasse.

Freiwillig krankenversichert? Oder doch lieber privat?

Existenzgründer können sich privat oder als freiwillig Versicherte bei der gesetzlichen Krankenkasse versichern, wenn sie zuvor in der GKV waren. Wer den Gründungszuschuss bekommt, zahlt zunächst nur einen geringeren Krankenversicherungsbeitrag. Ein Wechsel von der GKV in die PKV kann sinnvoll sein, besonders wenn Sie jung und gesund sind. Manchmal ist es aber günstiger, in der GKV zu bleiben. Zum Beispiel dann, wenn der erwerbslose Ehepartner kostenlos mitversichert ist. Zusätzliche medizinische Leistungen können mit einer privaten Zusatzversicherung abgedeckt werden.

Das zuvor abgeschaffte Krankentagegeld für freiwillig versicherte Selbstständige in der GKV wurde zum 01.01.2009 wieder eingeführt: Es wird ab der siebten Kalenderwoche bezahlt. Wer jung und gesund ist, sollte aber einen Wechsel in die PKV durchaus überlegen. Die Prämien sind meist niedriger und die Leistungen besser. Man kann beispielsweise einen Tarif aussu-

chen, der auch die Kosten von Heilpraktikerbehandlungen ab-
deckt. Aus meiner Beratung weiß ich, dass das der Wunsch
vieler Frauen ist.
Lassen Sie sich in jedem Fall beraten.

Bei ihrer Geldanlage stehen Sicherheit und Verfügbarkeit   **!**
im Vordergrund.
Da Britta nun selbst unternehmerisch tätig ist und mit ihrem Unternehmen die Konjunkturzyklen spüren wird, sollte sie bei ihrem
Privatvermögen weniger Risiko eingehen und ihre Aktienquote
reduzieren.
   Sie parkt sofort das Geld, das sie für die Gründungsphase und
als dauerhafte Liquiditätsreserve brauchen wird, auf einem Tagesgeldkonto. Insgesamt sind das 150.000 Euro. Im Depot bleiben
70.000 Euro, die je zur Hälfte in Aktien und Anleihen angelegt
sind. Sie wählt gemanagte Geldanlagen: Investmentfonds. Das hat
den Vorteil, dass ihr Vermögen dort aktiv betreut wird, denn Britta wird ihre Zeit, vor allem in der Aufbauphase, mit Sicherheit
voll und ganz ihrem Unternehmen widmen.

Für ihr Alter muss Britta privat zusätzlich vorsorgen, da sie als   **!**
Gesellschafter-Geschäftsführerin nun keine Beiträge mehr in die
gesetzliche Rentenversicherung zahlt.
   Ihre Lebensversicherung sollte sie in jedem Fall fortführen,
auch wenn es vielleicht einmal eng wird auf dem Konto. Im Notfall werden ihr die Beiträge für die Police gestundet. Die Police
aus 2001 hat noch einen hohen Garantiezins von 3,25 Prozent.
Das bekommt sie derzeit bei neuen Verträgen nicht. Außerdem
kann sie im Alter mit einer steuerfreien Kapitalauszahlung von
220.000 Euro rechnen. So lautet zumindest die letzte unverbindliche Hochrechnung.

Ihren Riester-Vertrag stellt sie beitragsfrei, denn Selbstständige können bis auf wenige Ausnahmen nicht »riestern«. Beitragsfreistellungen sind bei den Riester-Verträgen grundsätzlich möglich, denn die Wahrscheinlichkeit, innerhalb eines Erwerbslebens mal angestellt und mal selbstständig zu arbeiten, ist hoch. Sollte sie einmal wieder als Angestellte arbeiten, könnte sie den Vertrag wieder aktivieren.

»Ein ruhender Riester, eine alte Lebensversicherung und die bisher aufgehäuften Rentenansprüche der gesetzlichen Rente« … es ist offenkundig, dass das für ihr Alter nicht reicht. Vor allem für Selbstständige ist die Basis-(Rürup-)Rente gedacht. Gut sind auch die Möglichkeiten, die die betriebliche Altersvorsorge für Unternehmer ermöglicht. Direktversicherung, Unterstützungskasse oder eine Pensionszusage mit Rückdeckungsversicherung sind sehr effektive Vorsorgemodelle. Doch das alles kommt zum jetzigen Zeitpunkt einfach zu früh: Ihre Einnahmensituation ist nicht zuverlässig gesichert und alles muss sich erst einspielen. Viel vernünftiger ist es deshalb, dass sie monatlich einen festen Betrag in ihrem Depot anspart. Denn auch das Wertpapierdepot ist Teil ihrer Altersvorsorge.

»In einem Jahr ist erster Bilanztag«. Ebenso wie Britta das in Bezug auf ihr Unternehmen tun wird, werden wir regelmäßig Bilanz ziehen, die Vermögenssstrategie und die Altersvorsorge überprüfen und gegebenenfalls anpassen.

»Es wird knapp«: Ich brauche Geld oder kann meine Beiträge für die Versicherung nicht mehr zahlen. Was nun?

■ *Stundung:* Sie setzen die Beitragszahlung für einen kurzen Zeitraum aus. Wie lange das möglich ist, hängt vom Versicherungsmodell und der Laufzeit ab. Das Versorgungsziel bleibt erhalten, da die Beiträge mit dem Stundungszins nachgeholt werden müssen. Neue Modelle bieten sogenannte Beitragsferien an, bei denen keine Rückzahlungsverpflichtung besteht.

■ *Beitragsreduzierung:* Das geht üblicherweise erst, wenn der Vertrag einige Zeit besteht. Es führt aber dazu, dass die Ablaufleistung geringer wird.

■ *Beitragsfreistellung/Beitragsferien:* Sie beenden den Sparvorgang, und Ihr Versorgungsziel wird nicht erreicht. Innerhalb eines begrenzten Zeitraums, je nach Versicherung sind das zwei oder drei Jahre, kann die Beitragszahlung zu gleichen Konditionen wieder aufgenommen werden. Die Beitragsfreistellung ist erst möglich, wenn eine Mindestsumme in der Police angespart ist.

■ *Teilentnahmen:* Einige neue Rentenmodelle bieten die Möglichkeit von Teilentnahmen an, wenn ein Sockelbetrag in der Police bleibt. Teilentnahmen können nicht wieder einbezahlt werden.

■ *Policendarlehen:* Hier wird eine Vorauszahlung auf die mögliche Ablaufleistung ausbezahlt. Diese kann jederzeit zurückbezahlt werden. Policendarlehen werden relativ hoch verzinst.

■ *Beleihung bei der Bank:* Kreditgeber ist im Unterschied zum Policendarlehen nicht die Versicherungsgesellschaft, sondern die Bank. Beliehen wird bis zur Höhe des Rückkaufswerts. Die Bank verlangt Kreditzinsen, und nicht jede Police ist als Sicherheit geeignet.

- *Verkauf am Zweitmarkt:* Policenmakler kaufen bereits bestehende Versicherungen an. Die Auszahlung ist meist etwas höher als bei einer Kündigung. Nicht alle Versicherungsmodelle werden zum Verkauf zugelassen.
- *Kündigung:* Die denkbar schlechteste Alternative. Ein Teil der Altersvorsorge verschwindet, und die Auszahlung ist angesichts der Versicherungskosten in aller Regel geringer als beim Verkauf.

Rürup ist der Klassiker (nicht nur) für die Selbstständigen

Um wen geht es?	Selbstständige Frauen: eine Kauffrau mit 59 und eine Ingenieurin mit 36 Jahren
Themenschwerpunkt	Altersvorsorge mit der Basis-(Rürup-)Rente
Zusatzinfos	Rendite und Steuern bei Rürup Geschlossene Fonds sind unternehmerische Beteiligungen Pflegetagegeld – ein kleiner Hinweis

Eigenverantwortung. Sobald in Deutschland über Altersvorsorge und die soziale Sicherung gesprochen wird, fällt dieser Begriff. Für die einen ist das der Schwarze Peter. Andere sehen darin den Joker – für sie bedeutet das: mehr Freiheit. Mehr als andere müssen sich Selbstständige um ihre Altersvorsorge eigenverantwortlich kümmern. Das beginnt bei der Existenzgründung und geht bis hin zur Unternehmensnachfolgeregelung. Gestandene, gut verdienende Selbstständige bewegt vor allem, wie sie Altersvorsorge und Steuersparen verbinden können.

Johanna ist 59. Die Kunsthändlerin hat in den letzten Jahren sehr gut verdient, und ihr Vermögen ist ordentlich angewachsen. Sie hat früh angefangen, sich eine Basis für ihr Alter anzulegen, weiß aber auch: »Das reicht noch nicht.«

Wir zählen zusammen: Ihre Altersvorsorge setzt sich aus der gesetzlichen Rente und zwei Lebensversicherungen zusammen. Es sind alte Verträge, die steuerfrei mit 65 ausbezahlt werden. In dem einen Vertrag spart sie monatlich 450 Euro an. Der Betrag steigt dank der Dynamik jedes Jahr um fünf Prozent, was für einen Inflationsausgleich sorgt. Der zweite Vertrag ist mittlerweile beitragsfrei. Sie hatte darin seinerzeit 60.000 Euro einbezahlt. Als sich die Alleinerziehende vor fünfzehn Jahren selbstständig gemacht hat, schloss sie zusätzlich noch eine Risikolebensversicherung ab, damit ihre Tochter abgesichert ist, falls sie stirbt. Die Police läuft noch sechs Jahre.

Ihr Wertpapierdepot unterstreicht ihren Wunsch nach Sicherheit: Sie hat in Bundesschatzbriefen, Renten- und Mischfonds angelegt. So gar nicht zu Johanna passt die Beteiligung an einem Medienfonds: »Das war mein Ausflug in Steuersparmodelle! Ich glaube, das Geld sehe ich nicht wieder!« Ich widerspreche nicht. Der Markt für Medienfonds versprach Ende der 1990er-Jahre hohe Renditen und noch höhere Steuervorteile. Weil die Kosten von Filmproduktionen im ersten Jahr als immaterielle Wirtschaftsgüter gleich komplett abgeschrieben wurden, bekamen die Anleger hohe Verluste zugewiesen, die sie von ihrer Steuer absetzen konnten. Bei der höchsten Steuerprogression floss schon im ersten Jahr die Hälfte des Geldes zurück. Doch das Ganze hat sich für manche Anleger zur echten Katastrophe entwickelt. Nachdem die Finanzbehörden rückwirkend die meisten Steuervorteile gestrichen haben, sehen sich viele Anleger mit immensen Steuernachzahlungen konfrontiert. Mittlerweile gibt es diese Art von Beteiligungen nicht mehr.

Was sind geschlossene Fonds?

Es handelt sich um unternehmerische Beteiligungen, meist in Form einer Kommanditgesellschaft, mit allen Chancen und Risiken. Anleger kaufen Anteile am Gesellschaftskapital, und das Geld fließt in Immobilien, erneuerbare Energien, Containerschiffe und und und. Pro Fonds kann sich nur eine begrenzte Anzahl von Investoren beteiligen. Ist genügend Geld eingesammelt worden, wird der Fonds geschlossen. Läuft das Projekt plangemäß, erhält der Anleger in dieser Zeit in aller Regel laufende Ausschüttungen. Nach einer Frist von üblicherweise zwischen zehn und 20 Jahren wird der Fonds aufgelöst, indem beispielsweise die darin enthaltenen Sachwerte verkauft werden, und das Geld fließt an alle Anleger zurück. Entwickelt sich das Projekt anders als geplant, bleiben nicht nur die Erträge aus, sondern es können, je nach Konstruktion der Beteiligung, sogar Rückzahlungen auf die Anleger zukommen (Nachschusspflichten). Vor allem dann, wenn Ausschüttungen nicht erwirtschaftet werden konnten und die Kapitalbasis angegriffen wurde.

Mit Beteiligungen verbindet man eine hohe Rendite und steuerliche Vorteile. Vor allem in den Anfangsjahren, als geschlossene Fonds auf den Markt kamen, schielten viele Privatanleger mehr auf die Steuervorteile in Form der Sonderabschreibungen als auf den eigentlichen Investitionszweck. Mittlerweile sind die Möglichkeiten, mit geschlossenen Fonds Steuern zu sparen, beschränkt worden. Viele Beteiligungen konnten die Erwartungen, die an sie gestellt wurden, bislang leider nicht erfüllen. Aus folgenden Gründen:

■ Immobilienfonds leiden teilweise noch immer unter der weltweiten Krise der Immobilienmärkte. Viele Fonds haben in Boomzeiten Immobilien zu überhöhten Preisen gekauft, die nun weder verkauft noch lukrativ vermietet sind.

■ Medienfonds wurden nachträglich viele Steuervorteile aberkannt. Anleger müssen nun nach vielen Jahren Nachzahlungen an die Staatskasse leisten. Und nicht jeder produzierte Film war ein Kassenschlager.

■ Logistikbeteiligungen (Schiffe, Flugzeuge, Container) spürten die Nachbeben der Finanzkrise, als der Welthandel zurückging. In der Schifffahrt hängt der Erfolg auch von der Währungsentwicklung ab.

■ Erneuerbare-Energie-Fonds sprach man das größte Potenzial zu. Windflauten, Widerstände gegen den Bau von

Windparks, Änderungen in der Solarförderung und die hohen Kosten für den Unterhalt der Anlagen kippten viele Prognosen.

- Private-Equity-Fonds legen in jungen Unternehmen mit vielversprechenden Geschäftsmodellen an. Diese haben die unternehmerischste Ausprägung. Es gibt darunter Flops – und Tops, die mit Renditen um die 20 Prozent glänzen.

- Zeitmarktbeteiligungen kaufen die oben genannten Beteiligungen an, wenn sie bereits eine Weile am Markt sind und können sich so die Rosinen herauspicken.

Wer sich an geschlossenen Fonds beteiligen möchte, muss von der Idee des Projekts zu 100 Prozent überzeugt sein und sich im Vorfeld über die Risiken eingehend informieren und beraten lassen. Die Lektüre des Beteiligungsprospekts ist Pflicht. Das Geld sollte wirklich übrig sein, denn eine Beteiligung kann nicht wie eine Aktie eben mal schnell verkauft werden. Ich möchte aber nicht unerwähnt lassen, dass es auch zahlreiche Beteiligungen gab und gibt, die solide kalkuliert sind und den Anlegern viel Freude bereiten.

Ich schlage Johanna eine Basis-Rente vor, die auch Rürup-Rente genannt wird. Sie ist ideal für Selbstständige, denn der Staat fördert dieses Altersvorsorge-Modell mit steuerlichen Vorteilen in der Ansparphase. Für rentennahe Jahrgänge – und zu denen zählt Johanna –, ist die Rürup-Rente auch deshalb interessant, weil die Renten, die in wenigen Jahren starten, noch einen vergleichsweise niedrigeren steuerpflichtigen Anteil haben.

Insolvenzschutz und viel Flexibilität runden das Modell, von dem ich sehr überzeugt bin, ab. »Wenn ich sterbe, ist aber das Geld weg und meine Tochter hat nichts davon«, gibt Johanna zu bedenken, die schon von der Rürup-Rente gelesen hat. Doch von dieser Überlegung sollten sich Selbstständige nicht leiten lassen. Die Versorgung des Versicherten steht im Vordergrund, nicht die Geldanlage oder die Absicherung der Familie. Hierin gleicht die Rürup-Rente der gesetzlichen Rente. Kein Mensch käme auf die Idee, damit die Versorgung der Kinder zu verbinden.

Selbstständig oder angestellt? Eine Gegenüberstellung

Bei einem steuerpflichtigen Jahresgewinn bzw. Einkommen von 120.000 Euro …

... hat die *Selbstständige* dank Rürup hohe Steuervorteile.	
2011: Die selbstständige Kauffrau zahlt 20.000 Euro in die Basis-(Rürup-) Rente ein.	
Als Altersvorsorgeaufwendungen absetzbar:	14.400 Euro = 72 Prozent
Steuerersparnis:	6.925 Euro
Das entspricht einer Förderquote von:	**34,6 Prozent**
2017: Der steuerpflichtige Anteil an der Rente beträgt:	74 Prozent
... hat die *Angestellte* etwas weniger Vorteile, da ihre Sonderabzugsmöglichkeiten bereits durch die Beiträge zur gesetzlichen Rentenversicherung geschmälert sind.	
2011: Die Angestellte zahlt 20.000 Euro in die Basis-(Rürup-) Rente ein.	
Als Altersvorsorgeaufwendungen absetzbar:	4.943 Euro = 24,7 Prozent
Steuerersparnis:	2.377 Euro
Das entspricht einer Förderquote von	**11,9 Prozent**
2017: Der steuerpflichtige Anteil an der Rente beträgt:	74 Prozent

... erreicht die Angestellte dann die beste Förderquote, wenn sie weniger einzahlt.

2011: Die Angestellte zahlt nur 6.866 Euro in die Basis-(Rürup-) Rente ein. (Berechnung: 20.000 Euro – Höchstbetrag zur Rentenversicherung von 13.134 Euro = 6.866 Euro)

Als Altersvorsorgeaufwendungen absetzbar:	4.943 Euro = 72 Prozent
Steuerersparnis:	2.377 Euro
Das entspricht einer Förderquote von:	34,6 Prozent
2017: Der steuerpflichtige Anteil an der Rente beträgt:	74 Prozent

Steuervorteil laut Grundtabelle inklusive Soli und Kirchensteuer; Vorsorgeaufwendungen bei der Selbstständigen: 6.000 Euro pro Jahr. Eigene Berechnung.

Johanna plant, jedes Jahr den Höchstbeitrag von 20.000 Euro einzuzahlen, wenn ihr Einkommen auch in den kommenden Jahren so hoch sein wird. Sie möchte das im Einzelfall jährlich neu entscheiden und sich jetzt nicht festlegen. Da es nicht mehr lange bis zum Rentenbeginn ist, wählt sie eine Rentenversicherung mit Garantieverzinsung. Das entspricht voll und ganz ihrem Wunsch nach Sicherheit.

Die Rürup-Rente für jüngere und ältere Selbstständige

Nicht jedes Altersvorsorgeprodukt eignet sich gleichermaßen für jede Frau, doch in diesem Fall ist die Rürup-Rente für die 36-jährige Bauingenieurin genauso ideal wie für die 59-jährige Kauffrau.

Jutta (36) ist selbstständig. Im Gegensatz zu Johanna hat sie bis dato viel weniger Rücklagen anhäufen können und konzentriert sich erst jetzt ganz intensiv um ihre Altersvorsorge. Sparraten von 20.000 Euro pro Jahr kann sie sich nicht leisten, obwohl ihre Auftragslage in diesem Jahr ganz vielversprechend ist. An ihre Risikovorsorge hat sie schon gedacht: mit einer kleinen Berufsunfähigkeitspolice und sogar mit einem Pflegetagegeld. »Da hatte ich mal wieder Panik vor Altersarmut. Sie zahlt monatlich 25 Euro für ein Pflegetagegeld von 1.000 Euro in der Pflegestufe 2 bzw. von 1.500 Euro in der Pflegestufe 3. Sie hadert – ich finde es klasse! Jutta ist eine Ausnahme, viel häufiger erlebe ich, dass viele Frauen und Männer das »Projekt Pflegevorsorge« viel zu spät erkennen und in Angriff nehmen. Doch je älter man wird, desto schwieriger wird es, und oftmals ist gar keine Absicherung mehr möglich. Entweder weil man schlichtweg zu alt, gesundheitlich angeschlagen oder die Police unbezahlbar ist. Doch leider sind nur wenige junge Frauen für die Pflegevorsorge zu begeistern. »Unbedingt weiterführen!«, lautet meine Empfehlung, und »eher noch aufstocken«. Ich rechne vor: Wird sie mit 70 pflegebedürftig, hat sie bis dahin Beiträge von insgesamt 10.200 Euro (ohne Berücksichtigung notwendiger Beitragserhöhungen) einbezahlt und kann auf das private Tagegeld vertrauen. Bleibt sie gesund, »… dann ist das noch viel besser!«. Bei Risikoabsicherungen geht es um die Absicherung und nicht um den Kapitalaufbau.

Ihre Altersvorsorge geht Jutta mit einer Basis-(Rürup-)Rente an und legt sich auf eine monatliche Zahlung von 200 Euro fest. Sie könnte zwar jetzt sogar 500 Euro zahlen, doch ob sie das dauerhaft durchhält, ist fraglich. »Legen Sie sich besser nur auf die Summe fest, die realistisch ist.« Es ist Quatsch, in eine Versicherung zu zahlen, wenn gleichzeitig das Konto ins Minus rutscht.

Regelmäßig sparen und unregelmäßig aufstocken

Jutta spart monatlich 200 Euro bis zum Alter von 67 an. Ihr Vertrag sieht eine flexible Rentenabrufphase vor, sie muss sich also nicht heute mit 36 auf einen Termin für den Ruhestand festlegen. Gleichzeitig nehmen wir noch eine Berufsunfähigkeits-Zusatzversicherung mit auf. Zusammen mit ihrer bereits bestehenden

Police ist dann der Schutz sinnvoll an ihr jetziges Einkommen angepasst. Was die neuen Rentenmodelle, zu denen ja auch die Rürup-Rente gehört, besonders für Selbstständige so interessant macht, ist die Möglichkeit von freiwilligen, flexiblen Zuzahlungen. Ich erinnere meine Kundinnen und Kunden einmal jährlich im Herbst daran. Dann wissen die meisten Selbstständigen, ob sie Geld anlegen können und ob ihr Einkommen hoch genug sein wird, sodass auch der steuerliche Effekt zum Tragen kommt. Jutta entschließt sich für eine Rürup-Rentenversicherung auf Aktienfondsbasis mit Garantie.

So könnte sich Juttas Basis-(Rürup)-Rente in den nächsten drei Jahren entwickeln:

	2012	2013	2014
Regelsparbetrag	2.400 Euro	2.400 Euro	2.400 Euro
Sonderzahlung	5.000 Euro	keine	15.000 Euro
Steuerlich absetzbar	74 Prozent	76 Prozent	78 Prozent
Steuerpflichtiges Einkommen	60.000 Euro	60.000 Euro	80.000 Euro
Steuerersparnis*	2.610 Euro	880 Euro	6.530 Euro
Förderquote**	35 Prozent	36 Prozent	37 Prozent

* Grundtabelle, sonstige Vorsorgeaufwendungen 4.800 Euro, Steuervorteil inklusive Soli und Kirchensteuer; eigene Berechnung, gerundet
** Steuerersparnis bezogen auf den Sparbetrag

Ihre Rürup-Rente ist bei der Auszahlung mit 67 im Jahr 2042 zu 100 Prozent steuerpflichtig. Wenn sie ab 2015 jedes Jahr zum laufenden Beitrag 5.000 Euro dazuzahlt, kann sie eine lebenslange Rente von 2.140 Euro erreichen (Renditeannahme: 4,5 Prozent; Garantierente: 880 Euro).

Fondspolice mit Indexbeteiligung

Die Wertentwicklung dieser Rürup-Rente hängt von der Entwicklung des europäischen Aktienindex EURO STOXX 50 und der Überschussbeteiligung ab. Die Zusage, dass die eingezahlten Beiträge komplett gegen Kursverluste geschützt sind, gilt wie bei allen Garantieaussagen zum Ende der Laufzeit. Diese Garantiezusage bezahlt die Kundin insofern, als die Versicherung die Indexgewinne nur bis zu einem bestimmten Prozentsatz (dem »Cap«) der Police gutschreibt. Der Rest verbleibt bei der Versicherung, die damit die Kursverluste der schlechten Aktienjahre ausgleicht. Den vereinbarten Rentenbeginn kann sie auf das Jahr 2035, den frühestmöglichen Rentenbeginn für ihre Rürup-Rente, vorziehen. Sie wäre dann 60 Jahre alt.

Fakten zur Basis-(Rürup)-Rente

Was ist eine Rürup-Rente?
Sie wurde nach ihrem Erfinder, dem Wirtschaftswissenschaftler Dr. Bert Rürup, benannt. Sie ist das Gegenstück zur gesetzlichen Rentenversicherung der Angestellten und für mich *die* Absicherung für alle Selbstständigen, für Unternehmer und für den einen oder anderen gesetzlich Rentenversicherten. Auch wenn das Modell nicht pauschal für jeden ideal ist, kann man aber durchaus festhalten: Selbstständig + hohe Steuerbelastung = Rürup!

Rürup hat viele Vorteile, aber auch Einschränkungen
Ein gewisses Manko ist der Hinterbliebenenschutz, auch wenn die Bedingungen 2007 nachgebessert wurden. Grundsätzlich ist die Rürup-Rente eine Rente für den Versicherungsnehmer und damit nicht vererbbar. Stirbt er, fällt das Vermögen in den gesamten Topf der Versicherungsgemeinschaft, von dem alle Rürup-Sparer profitieren. Das ist vorteilhaft für alle, denen es ausschließlich um die

eigene Vorsorge geht. Es kann auch ein Hinterbliebenenschutz vereinbart werden, der allerdings nur für den Ehepartner oder (kindergeldberechtigte) Kinder greift. Stirbt der Rürup-Sparer vor Rentenbeginn, kann eine Rentenzahlung – errechnet aus der Summe der bis dahin eingezahlten Beiträge – vereinbart werden. Stirbt der Rürup-Sparer nach Rentenbeginn, wird ebenfalls eine Rente bezahlt. Je nachdem, ob beim Abschluss des Vertrags eine Rentengarantiezeit oder eine Kapitalgarantie gewählt wurde, wird die Witwen-/Witwerrente lebenslang oder nur bis zum Ablauf der Garantiezeit bezahlt.

Rürup-Renten können nicht als Kreditsicherheit an die Bank verpfändet werden, um beispielsweise eine Existenzgründung zu erleichtern. Ich sehe darin keinen Nachteil, sondern eher einen Vorteil. Es erhöht die Sicherheit für den Sparer. Alle anderen gesetzlichen Absicherungen für Angestellte sind ebenfalls seit jeher nicht beleihbar. Das Gleiche gilt für das Kapitalwahlrecht: Ebenso wie die gesetzliche Rente kann auch Rürup nur als lebenslange Rentenzahlung an den Versicherten zurückfließen.

! *Der große Vorteil: Die steuerliche Absetzbarkeit der Rürup-Beiträge*

Die Anlagebeträge für die Rürup-Rente sind vom ersten Euro an steuerlich als Altersvorsorgeaufwendungen absetzbar. Maximal können 20.000 Euro für Ledige bzw. 40.000 Euro für Verheiratete angesetzt werden. Angestellte müssen die Beiträge, die sie und ihr Arbeitgeber zur gesetzlichen Rentenversicherung zahlen, dabei berücksichtigen. Auch Versicherte der Versorgungskammern (Mediziner, Juristen etc.) ziehen diese Summen ab.

Die Begrenzung auf 20.000 Euro liegt nebenbei bemerkt ganz bewusst über dem Höchstbeitrag zur gesetzlichen Rentenversicherung von 13.134 Euro (in 2010), damit auch Besserverdiener, die ja nur bis zum Höchstbeitrag der Rentenversicherung Beiträge zahlen, die Möglichkeit zum Aufbau einer zusätzlichen steuerlich begünstigten privaten Altersvorsorge haben.

Die Beiträge können aber nicht komplett abgesetzt werden,

sondern nur bis zu einem bestimmten Prozentsatz. Beim Start 2005 konnten 60 Prozent berücksichtigt werden, 2025 ist dann das Ziel – die volle Absetzbarkeit – erreicht. Hier die einzelnen Jahre im Überblick:

Jahr	So viel kann steuerlich maximal abgesetzt werden (Prozentangabe):	Jahr	So viel kann steuerlich maximal abgesetzt werden (Prozentangabe):
2011	72	2018	86
2012	74	2019	88
2013	76	2020	90
2014	78	2021	92
2015	80	2022	94
2016	82	2023	96
2017	84	2024	98

Ab 2025 können die Beiträge bis zu der Maximalgrenze von 100 Prozent voll abgesetzt werden.

Die steuerlichen Vorteile gelten auch, wenn Rürup-Policen mit einer Berufsunfähigkeitsversicherung (BU) kombiniert werden. Der Anteil, den die BU kostet, darf aber nur maximal 50 Prozent des Gesamtbeitrags ausmachen. Wird dieser Wert überschritten, ist der BU-Anteil der Rürup-Rente lediglich unter »andere Vorsorgeaufwendungen« als Sonderausgaben absetzbar, die aber meist schon mit den Krankenversicherungsbeiträgen steuerlich ausgereizt sind. Doch geben Sie bei diesen kombinierten Angeboten acht, und schauen Sie sich die Vertragsbedingungen genau an. Denn wenn Sie bei Zahlungsengpässen die Beiträge reduzieren oder gar aussetzen müssen, gilt das oftmals für beide Elemente. Im schlimmsten Fall verlieren Sie den wichtigen BU-Schutz.

Rürup-Verträge sind im Fall einer Insolvenz oder bei Arbeitslosigkeit (Stichwort Hartz-IV) vor dem Zugriff der Gläubiger geschützt. Achtung: Dieser Insolvenzschutz ist eingeschränkt. In der Einzahlungsphase gelten je nach Alter des Sparers Höchstgrenzen und in der Auszahlungsphase sind Rürup-Renten wie Arbeitseinkommen pfändbar, das bedeutet: Renten, die über das Existenzminimum hinausgehen, können gepfändet werden (§ 851 der Zivilprozessordnung).

Wie wird Rürup angelegt?

Seit dem Start 2005 war es nur Versicherungsgesellschaften möglich, Rürup-Policen aufzulegen. Seit 2007 können dies auch Fondsgesellschaften. Ich favorisiere die Modelle der Versicherer, denn diese haben bewiesen, dass sie Erfahrungen mit lebenslangen Rentenzahlungen haben. Dort können Sie – je nach Risikobereitschaft – das für Sie geeignete Modell auswählen:

- eine klassische private Rentenversicherung mit Garantieverzinsung
- Rentenversicherungen mit Wertsicherung, auch Hybridmodell genannt: Was über die garantierten Werte hinaus erwirtschaftet wird, wird in Fonds angelegt
- Fondspolicen – mit und ohne Garantie: Man kann zwischen Einzelfonds und gemanagten Policen mit unterschiedlicher Risikoklasse wählen

Für wen ist Rürup eine gute Sache?

In erster Linie für alle Selbstständigen sowie sozialversicherungsbefreite Gesellschafter/Geschäftsführer und Vorstände einer AG oder GmbH. Aber auch für ältere Sparer, wenn der Rentenbeginn in Sichtweite ist, ist dieses Modell äußerst interessant. Ein Einmalbeitrag reduziert dann die Steuer des jeweiligen Jahres und die kommende Rentenzahlung ist steuerlich privilegiert – ein Vorteil, den junge Rürup-Sparer in dieser Kombination nicht haben. Dies sei an einem Beispiel erläutert:

2011 können 72 Prozent der Einzahlung steuerlich abgesetzt werden. 2048 gehen die 30-Jährigen (des Jahres 2011) in den Ruhestand: Die Rente ist voll steuerpflichtig. 2024 gehen die 53-Jährigen (des Jahres 2011) in den Ruhestand: Die Rente ist nur teilweise (80 Prozent) steuerpflichtig.

Wo ist besondere Aufmerksamkeit geboten?

Angestellte und Mitglieder der berufsständischen Versorgungseinrichtungen profitieren ebenfalls von den Steuervorteilen, sollten aber berücksichtigen, dass ihre gezahlten Pflichtbeiträge zur Versorgungskammer auf den Basis-Rentenbeitrag angerechnet werden. Für alle gilt: Lassen Sie sich nicht von der Steuerersparnis dazu verführen, sehr hohe laufende Beiträge zu vereinbaren. Erstens ist es besser, einen Beitrag zu wählen, der auch in Jahren, in denen es nicht ganz so gut läuft, gezahlt werden kann. Aufstocken können Sie Ihre Altersvorsorge immer mit freiwilligen Zuzahlungen. Zweitens: Bauen Sie nicht Ihre gesamte Altersvorsorge auf Rürup, dazu hat das Modell zu viele Einschränkungen.

Und wie ist die Rendite?

Diese Frage kommt unweigerlich, und sie ist – das können Sie sich denken – nicht ohne Weiteres zu beantworten. Denn die Rendite hängt gleich von mehreren, unplanbaren Parametern ab: vom Einkommen, dem Familienstand, der Steuertabelle, der Steuerersparnis in der Sparphase, der Belastung in der Rentenphase, den Gewinnen der Versicherungen und schließlich der Frage, wie lange »Sie die Rente beziehen können«. Vor diesem Hintergrund wage ich eine beispielhafte Berechnung:

Die 50-jährige Unternehmerin (Jahresgewinn 90.000 Euro) zahlt 2011 einmalig 20.000 Euro in eine klassische Rürup-Police ein. Der echte Aufwand durch die steuerliche Berücksichtigung liegt aber nur bei 13.075 Euro, denn die Steuerersparnis lässt sich mit rund 6.925 Euro errechnen (inkl. Soli und Kirchensteuer). Hier der Überblick:

Bruttoanlagesumme:	20.000 Euro
Nettoanlagesumme:	13.075 Euro
Garantiekapital mit 65:	25.900 Euro
Überschusskapital* mit 65	38.600 Euro
Garantierente mit 65:	98 Euro
Überschussrente* mit 65:	183 Euro

Berechnung des Versicherers; Überschüsse bei Vertragsabschluss nicht garantiert

Bei einer angenommenen Bezugsdauer von 25 Jahren (bis Alter 90) ergeben sich diese Renditen auf das effektiv eingesetzte Kapital von 13.075 Euro:

- Wenn nur die Garantierente von 98 Euro bezahlt wird: + 3,0 Prozent
- Wenn die Überschussrente von 183 Euro bezahlt wird: + 5,4 Prozent

Da die Rente voll versteuert werden muss, gehört auch dies mit in die Renditebetrachtung. Der Einfachheit halber habe ich einen Steuersatz von 20 Prozent zugrunde gelegt.

- Wenn nur die Garantierente bezahlt wird: + 2,1 Prozent nach Steuern
- Wenn die Überschussrente bezahlt wird: + 4,3 Prozent nach Steuern

Fazit: Meine Berechnung kann nur einen Anhaltspunkt liefern. Es ist aber festzustellen, dass unter Berücksichtigung aller Steuervor- und -nachteile die Rendite sehr gut ist. Wie bei allen Rentenversicherungen gilt auch hier: Je länger Sie leben, desto höher ist die Rendite. Vor dem Abschluss einer Rürup-Rentenvorsorge rate ich jedem, eine fachkundige steuerliche Beratung hinzuziehen.

Worin unterscheiden sich die Sparmodelle?

	Private Rentenversicherung	Riester-Rente	Basis-(Rürup-) Rente
Förderung in der Ansparphase	Nein	Ja, mit Zulagen und Steuervorteilen	Ja, mit Steuervorteilen
Höchstbetrag, den man sparen kann	Keine Begrenzung	Bis 2.100 Euro pro Jahr, mehr sollte man nicht einzahlen.	Bis 20.000 Euro für Singles, 40.000 Euro bei Verheirateten (abzüglich DRV- bzw. Versorgungskammer-Beiträge)
Insolvenz-/ Hartz-IV-geschützt	Nur sehr begrenzt	Ja	Ja
Verfügbarkeit in der Ansparphase	Bei einigen Modellen sind Teilentnahmen möglich. Vertrag ist jederzeit kündbar.	Kündigungen/ Verfügungen führen zum Verlust der Zulagen und der Steuervorteile.	Nicht möglich
Garantiezusagen	Je nach gewähltem Modell und Anlageform	Der eigene Sparbeitrag und die Zulagen sind	Je nach gewähltem Modell und Anlageform

	unterschiedlich: volle (Garantiezins) bis keine Garantie (bei einigen Fondspolicen)	garantiert. Sie stehen zu Rentenbeginn als Kapital in jedem Fall zur Verfügung.	unterschiedlich: volle (Garantiezins) bis keine Garantie (bei einigen Fondspolicen)
Vererbbarkeit/ Hinterbliebenenschutz	Volle Vererbbarkeit, beliebige Begünstigte	Das aus Eigenmittel angesparte Vermögen zzgl. deren Erträge sind beliebig vererbbar; die Rente aus Zulagen/Steuerersparnis werden nur an den förderberechtigten Ehegatten und Kinder bezahlt.	Im Todesfall können nur Renten an den Ehepartner oder die Kinder gezahlt werden.
Steuern in der Rentenphase	Die Rente muss nur teilweise versteuert werden (Ertragsanteil, beträgt z.B. mit 67 Jahren 17%).	Die Rente muss voll versteuert werden (nachgelagerte Besteuerung).	Die Rente muss nach dem Kohortenmodell der gesetzlichen Rentenversicherung versteuert werden.
Frühester Rentenbeginn	Keine Einschränkung	Mit 60 Jahren (siehe Rürup)	Mit 60 Jahren (für Neuverträge ab 2012: 63 Jahre)
Verfügbarkeit zu Rentenbeginn	Über das Kapital kann komplett verfügt werden.	Bis zu 30% des Kapitals zu Rentenbeginn können entnommen werden, Rest wird als lebenslange Rente bezahlt.	Nur Rentenzahlung möglich

Altersvorsorge ist für Künstler:
Kreativ und sicher

Um wen geht es?	Selbstständige 30-Jährige, Single
Themenschwerpunkt	Riestern für Selbstständige Investmentsparen und die Frage des richtigen Einstiegszeitpunkts in den Aktienmarkt
Zusatzinfos	Künstlersozialkasse

Selbstständig ist ja nicht gleich selbstständig – vor allem, wenn es um die Altersvorsorge geht. Es gibt Freiheiten und Zwänge, für jeden eröffnen sich andere Chancen – und ein allgemeingültiges Rezept gibt es sowieso nicht. Wer sich in Deutschland als Selbstständiger mit seiner Vorsorge auseinandersetzt, kommt schnell zum gleichen Ergebnis wie Katja:»Das ist alles so kompliziert«. Ihre Internetrecherche führt sie schließlich zu mir.

Die Arbeit der 30-Jährigen fasziniert mich. Von Beruf ist sie Lektorin, doch inzwischen ist sie vor allem Ghostwriterin. Die »Autobiografien« einiger prominenter Sportler und Unternehmer stammen aus ihrer Schreibwerkstatt. Nun geht es ihr um ihre Altersvorsorge. Für ihre letzte Arbeit hat sie vom Verlag 12.000 Euro ausbezahlt bekommen, und sie überlegt, wie sie diese Summe am besten anlegen soll.»Ich brauche es nicht, es kann also länger liegen.«

Zunächst frage ich sie allerdings nach den Grundlagen – bei Selbstständigen geht es immer zuerst um das Thema Versicherungspflicht. Es heißt zwar immer, Selbstständige hätten keine gesetzliche Absicherung. Doch das ist falsch. So können sich selbstständige Künstler und Publizisten über die Künstlersozialkasse (KSK) gesetzlich versichern. Die KSK ist eine feine Sache, denn viele künstlerisch arbeitende Menschen haben meist geringe finanzielle Reserven und sind demzufolge schlecht abgesichert. Über die KSK genießen sie einen ähnlichen Schutz wie Angestellte.

Die Versicherung der Kreativen

Die Künstlersozialkasse wurde 1983 ins Leben gerufen. Sie ist eine gute Errungenschaft für selbstständig arbeitende Künstlerinnen, Künstler sowie Publizisten, denn diese profitieren von den Leistungen der gesetzlichen Sozialversicherung. Derzeit sind 165.000 Menschen versichert, 47 Prozent von ihnen sind Frauen. Die Beitragshöhe richtet sich nach dem Einkommen, das jeder Versicherte auf Basis seiner Vorjahresgewinne schätzt. Mit niedrigen Schätzungen die Sozialversicherungsbeiträge gering zu halten, ist aber angesichts der Datendurchlässigkeit zwischen den Behörden keine gute Idee. Ohnehin zahlen KSK-Versicherte nur die Hälfte des regulären Beitragssatzes zur Kranken-, Renten- und Pflegeversicherung. Die andere Hälfte trägt die KSK aus Steuermitteln und den Beiträgen der Unternehmer. Jeder Betrieb, der künstlerische Arbeiten verwertet – wozu beispielsweise auch gestaltete Werbemittel gehören –, ist abgabepflichtig. In der Vergangenheit haben viele Betriebe diese Abgabepflicht nicht ganz ernst genommen, um es vorsichtig auszudrücken. Doch seit ein paar Jahren wird das strenger kontrolliert. Wenn Sie also selbst Unternehmerin sind und Aufträge an Grafiker, Musiker oder auch Webdesigner vergeben haben, überprüfen Sie, ob Sie auch immer die Künstlersozialabgabe bezahlt haben. Im Rahmen von Sonderprüfungen drohen Strafen.

Katja hat also eine Grundsicherung für Krankheit, Alter und Pflege. Dass eine angemessene Berufsunfähigkeitsvorsorge gerade für Selbstständige wichtig ist, ist mittlerweile bekannt. Für die künstlerisch kreativen Berufe ist es allerdings schwer, eine gute und bezahlbare Versicherung zu bekommen. Katja hat glücklicherweise bereits vor einigen Jahren einen Vertrag mit einem Sondertarif für Journalisten und Schriftsteller abgeschlossen.

Musikerin? Clown? Profi-Fußballerin? DJane?

Viele Anbieter sperren sich, weil das Berufsbild des Künstlers nur schwer zu greifen ist. Im Gegensatz dazu ist beispielsweise das Berufsbild einer Fremdsprachensekretärin oder einer Röntgenärztin viel klarer umrissen und somit auch die Berufsunfähigkeit sicherer zu attestieren. Die meisten Versicherungsunternehmen ordnen die Kreativberufe in die höchste Risikoklasse ein. Das führt zu einer Verdoppelung der Beiträge. Oder sie akzeptieren den Absicherungswunsch nur mit Ausschlüssen. Mit der sogenannten Künstlerklausel verzichtet der Künstler auf Leistungen, wenn die Berufsunfähigkeit aufgrund einer seelischen Erkrankung ausgelöst wurde. Auch wenn eine Tätigkeit nicht zum Standardrepertoire unserer Arbeitswelt gehört, gibt es Lösungen für die Absicherung des Arbeitseinkommens. Einige BU-Versicherer haben Gruppenverträge für besondere Berufsgruppen. Falls eine BU-Vorsorge gar nicht möglich ist, kann sich die sogenannte Grundfähigkeitsversicherung lohnen. Diese zahlt eine Rente, wenn grundlegende Fähigkeiten, wie Sehen, Sprechen oder Hören, verloren wurden. Sei es durch eine Krankheit, Unfall oder Kräfteverfall. Die Leistung ist völlig unabhängig von einer beruflichen Tätigkeit.

Was hat Katja bisher für den Vermögensaufbau und die Altersvorsorge getan? Neben der gesetzlichen Rentenversicherung über die KSK spart sie monatlich 300 Euro auf ihr Tagesgeldkonto. Dazu legte sie die Tantiemen aus dem Bücherverkauf an. Wenn sich auf diese Weise größere Summen angesammelt haben, kaufte sie unregelmäßig Aktienfonds. So ist ihr Investmentkonto auf 27.000 Euro angewachsen. Als Reserve für Notfälle hat sie 11.000 Euro auf dem Tagesgeldkonto. Jetzt kommen weitere 12.000 Euro dazu. Mein Vorschlag überrascht sie: »Als Erstes sollten Sie einen Riester-Vertrag machen!«

»Riestern Sie schon? Oder bauen Sie auf Rürup?«

Katja hat von beiden staatlich geförderten Altersvorsorgemodellen gehört. Wie viele ist sie der Meinung, dass die Basis-Rente, auch Rürup-Rente genannt, das Beste für die Selbstständigen und Riester nur was für Familien mit vielen Kindern ist. Beides ist aber so nicht richtig. Da sie bei der KSK pflichtversichert ist, kann sie die Riester-Förderung nutzen. Sie gehört zum zulageberechtigten Personenkreis. Üblich ist nun die Empfehlung, den Mindestbetrag einzuzahlen, um so mit minimalem Aufwand an die Zulage zu kommen. Ihr Vorjahreseinkommen, das sie auch bei der KSK gemeldet hat, lag bei 28.000 Euro.

Sie müsste also 966 Euro ansparen und käme mit der Grundzulage von 154 Euro auf 1.120 Euro Jahresbeitrag. Meine Empfehlung ist in diesem Fall etwas anders. Da Katja noch einen erheblichen Vorsorgebedarf hat, ist es vor allem wichtig, jetzt zügig Rücklagen aufzubauen. Sie spart also lieber 1.946 Euro im Jahr an und erreicht mit der Zulage von 154 Euro den Höchstbetrag von 2.100 Euro. Manche mögen argumentieren, dass es viel besser wäre, stattdessen eine private Rentenversicherung abzuschließen. Denn im Unterschied zum Riestervertrag könnte sie im Alter über das Geld einer privaten Rentenversicherung frei verfügen.

Ja, das ist richtig. Das ist ein weiterer Gedanke, doch die freie Verfügbarkeit ist nicht das primäre Ziel. Motor der Entscheidung sind die Zulagen und Steuervorteile, die Klarheit des Modells und vor allem die Sicherheit. Denn bei Riester-Verträgen ist die Summe aus Zulagen und eigener Sparleistung garantiert – und auch gegen den Zugriff des Staates geschützt, wenn Katja einmal in finanzielle Nöte geraten und auf Hartz IV angewiesen sein sollte.

Katjas Einkommen beträgt 28.000 Euro. So wird Katja gefördert, wenn sie …

	…»optimal« riestert	… bis an die maximale Grenze geht
Gesamtbetrag	1.120 Euro	2.100 Euro
Eigenbetrag	966 Euro	1.946 Euro
Zulage	154 Euro	154 Euro
Zusätzliche Steuerersparnis	187 Euro	498 Euro
Effektiver Aufwand	779 Euro	1.448 Euro
Förderquote	30,4 Prozent	31,0 Prozent

Katja wählt eine klassische Riester-Rentenversicherung, in der sie einmal jährlich 1.946 Euro anspart. Das bringt ihr mit 67 eine lebenslange Rente von rund 500 Euro.

Nun geht es um die 10.000 Euro, die nach der Riester-Jahreszahlung übrig bleiben. Katja sagte zwar, dass das Geld »länger liegen bleiben kann«, doch ist die Meinung, was »länger« bedeutet, von Frau zu Frau unterschiedlich. Ich habe mir angewöhnt, das zu konkretisieren. Und siehe da – Katja kann sich durchaus vorstellen, in einigen Jahren vielleicht doch noch eine Fortbildung in England zu beginnen. Und die kostet Geld.

Ich empfehle ihr einen weltweit agierenden Rentenfonds, bei dem das Gesamtrisiko im Portfolio nicht hoch ist und den sie wieder verkaufen kann, wenn das Geld gebraucht wird.

Im Depot hat sie drei Fonds, davon zwei europäische Aktien-fonds. Beide waren vor drei Jahren auf allen Empfehlungslisten der Finanzpresse. Einer der beiden liegt kräftig im Minus. Das beobachte ich sehr häufig: Fonds, die deutlich mehr als andere gewinnen und so die Rennlisten anführen, erzielen diese Gewin-ne nur mit einer aggressiven Anlagepolitik. Manche Fondsmana-ger arbeiten mit Derivaten, andere pumpen viel Geld in risikorei-che Aktien kleiner und mittlerer Unternehmen. In Boomphasen gehen diese Experimente meist auf. Der Fonds ist dann in aller Munde und zieht immer mehr Geld der Anleger an sich. Doch große Fonds, die große Risiken eingegangen sind, sind in Phasen fallender Aktienkurse schwer zu steuern. Das betrübliche Ergeb-nis: Sie verlieren überdurchschnittlich. Gute Anlagekonzepte ha-ben keine extremen Ausschläge nach oben und nach unten. Sie zeigen ihre Stärke vor allem dann, wenn es an den Börsen brenzlig wird und sie den Schaden für die Anlegerin begrenzen. Bei dem dritten Fonds handelt es sich um einen Schwellenländerfonds, der seinen Schwerpunkt auf Asien setzt. »Die habe ich alle noch vor Einführung der Abgeltungssteuer gekauft.« Ich rate ihr, zwei der drei Fonds zu behalten, denn die Fonds sind gut gewählt und bei ihrem langfristigen Anlagehorizont ist der Vorteil der Abgel-tungssteuerfreiheit nicht zu unterschätzen. Den schlecht laufen-den Fonds tauscht sie in den Rentenfonds. Die Kosten, die mit dem Tausch einhergehen, sind gering, und sie nimmt sie gern in Kauf. Ihr ist jetzt eine solide Depotstruktur wichtiger.

Verbessern kann Katja die Systematik beim Anlegen. Bisher sparte sie die 300 Euro monatlich auf dem Tagesgeldkonto an. Wenn die Summe in ihren Augen groß genug war, suchte sie sich einen Fonds aus und legte an. Bei Rentenfonds, die eher geringe Kursausschläge haben, ist das ein gutes Vorgehen. Bei Aktien-fonds aber nicht. Besser ist es, Monat für Monat in Teilbeträgen zu investieren. Mit einem Investmentsparplan löst sich Katja nämlich von der Frage, wann der beste Zeitpunkt zum Kaufen ist. »Den besten Zeitpunkt erwischt sowieso niemand!«

Kaufen zum richtigen Zeitpunkt: Investmentsparen

»Sell in May and go away, but remember to come back in September.« Dieser Börsenvers ist nett, taugt aber wenig als Regel. Er beruht auf der Annahme, dass in den Sommermonaten viele Anleger den Börsen fernbleiben und erst wieder im Herbst anlegen. Nach dieser Regel hätte das zur Konsequenz, dass die Aktienkurse im Mai nachgeben und im September ein wahres Kursfeuerwerk starten. Doch so einfach ist die Börsenwelt eben nicht – manchmal treffen solche Regeln zu – und genauso häufig nicht.

Auch die Charttechnik, also die Analyse des grafischen Verlaufs von Aktienkursen, liefert nur wenige sinnvolle Hinweise. Die Suche nach dem besten Zeitpunkt hat mit unserer Psyche zu tun. Wer will schon gleich Verluste im Depot haben, auch wenn man von der Anlage überzeugt ist? In der Wirtschaftswissenschaft beschäftigt sich die Verhaltensökonomik mit diesem Phänomen. Viel wichtiger als der Zeitpunkt des Einstiegs ist die eigene Strategie: Wie viel Geld möchte ich in Aktien anlegen? Wie viel kann ich sparen und wie lange? Wann muss ich auf das Geld zurückgreifen? Wer in Aktien fürs Alter anspart, für den ist ganzjährig Anlagesaison. Und die Frage nach dem Timing löst man am besten, indem man einfach regelmäßig investiert. Monat für Monat. Dabei profitieren Sie nämlich vom Durchschnittskosteneffekt. Der ist einfach erklärt: Wenn Sie jeden Monat die gleiche Summe in Aktien investieren, erhalten Sie bei fallenden Kursen mehr Fondsanteile für Ihr Geld, als wenn die Aktien gerade teurer sind. Praktisch bedeutet das: Wer beispielsweise vor zehn Jahren in internationale Aktienfonds auf einen Schlag investiert hat, liegt im Dezember 2010 noch mit 18 Prozent im Verlust. Wer allerdings vor zehn Jahren angefangen hat, in diesen Fonds mit monatlichen Beträgen zu investieren, lag zum gleichen Zeitpunkt mit 2 Prozent pro Jahr im Gewinn (Quelle: bvi, Bundesverband Investment und Asset Management e.V.).

Katja hat Lust bekommen und spart nun monatlich 400 Euro in zwei verschiedene Investmentfonds an. 100 Euro gehen in den europäischen Aktienfonds und 300 Euro in einen gemischten Fonds mit Schwerpunkt globale Aktien. Mehr Streuung bedeutet auch mehr Risikoausgleich.

Der goldene Handschlag – Neuorientierung nach einer Kündigung

Um wen geht es?	46-jährige Angestellte nach einer Kündigung
Themenschwerpunkt	Die Finanzplanung ändert sich Was macht man mit der betrieblichen Altersvorsorge?
Zusatzinfos	Fünftelregelung Rechtliches Grundwissen: Kündigung und Abfindung

Die Kündigung traf sie wie ein Schlag. Seit ihrem Studium ist die 46-jährige Managerin in dem Verlag angestellt, zuletzt leitete sie das Online-Marketing. Mit dem Verkauf des Unternehmens an die neue Eigentümergesellschaft kam dann alles rasend schnell: neue Strategie, neue Produkte und eine neue Organisationsstruktur. Warum musste gerade ihr Job durchs Raster fallen? Das ist schmerzlich für Esther, für die der Verlag zur beruflichen Heimat geworden war.

Die bittere Wahrheit ist: Nicht erst seit den wirtschaftlichen Verwerfungen der letzten Jahre ist Personalabbau eine gängige Maßnahme, mit der Unternehmen ihre Kosten reduzieren. Auch wenn durch Kurzarbeit, Abbau von Überstunden oder Lohnverzicht viele Menschen vor einer Kündigung bewahrt werden, gehört die Trennung von Mitarbeitern zum Firmenalltag – leider.

Eine Abfindung von 100.000 Euro ist im Gespräch und plötzlich ist für sie die Aussicht auf eine kleine Auszeit verlockend, denn schon länger fühlte sie sich ausgebrannt und belastete sie der berufliche Erfolgsdruck. »Damit könnte ich mir das doch leisten, oder?!«

Höre ich »Auszeit« in Verbindung mit Kündigung bzw. Abfindung, gehen bei mir alle Warnleuchten an. Das kann doch nicht sein! Wissen diese Frauen denn nicht, welche gewaltigen Lücken entstehen können, die vielleicht nie wieder richtig zu kitten sind? Es ist tragisch genug, mit 46 den vertrauten Job und die vertrauten Kollegen zu verlieren, aber wer sich jetzt nicht gleich voll auf die Jobsuche konzentriert, verliert noch mehr: Vermögen, Altersvorsorge und am Ende den sozialen Status. Mit jedem Monat, den man länger dem Arbeitsmarkt fernbleibt, wird es schwieriger, einen neuen Arbeitsplatz zu finden. 30 Prozent aller Beschäftigungssuchenden in Deutschland gelten als Langzeitarbeitslose – und das mit steigender Tendenz (Quelle: Bundesagentur für Arbeit, Juli 2010).

Berufliche Auszeiten kippen die Altersvorsorgeplanung

Esther war bereits vor dieser einschneidenden Wende meine Kundin. Erst im letzten Jahr habe ich mit ihr und ihrem Mann Thorsten ein Update der gemeinsamen Altersvorsorge gemacht. Der Plan war gut durchdacht: Mit ihren privaten Lebens- und Direktversicherungen, der vom Verlag zugesagten Betriebsrente und der gesetzlichen Rente haben die beiden eine gute Basis. Im Depot nahm der Vermögensaufbau an Fahrt auf. Zwar hat Thorsten noch einen kleinen Immobilienkredit, doch den wird der selbstständige Innenarchitekt in ein paar Jahren vollständig getilgt haben. Thorsten erlag vor vielen Jahren der Versuchung, mit einer vermieteten Wohnimmobilie nahe Leipzig Steuern sparen zu wollen. Schon lange rechnet sich das Vorhaben nicht mehr: weniger Miete als geplant und zeitweise Leerstand und gar keine Einnahmen. Doch von einem Verkauf kann keine Rede sein, denn es gibt schlichtweg keine Interessenten.

Der Arbeitsplatzverlust entzieht dem gut geplanten Finanzgerüst der beiden den Boden.

Auch wenn sie in dieser Situation verständlicherweise noch

keine klaren Entscheidungen treffen kann, ist es sinnvoll, frühzeitig sich ein klares Bild über ihre Geldanlagen zu machen: Wo kann man sparen? Was darf nicht angetastet werden? Eine lange Auszeit wird sich Esther nicht gönnen können, anderenfalls wären die Einbußen beim Gehalt und bei Rente immens. Das Paar müsste für die laufenden Kosten die Ersparnisse angreifen und Extratouren wären ohnehin nicht drin. Thorstens Auftragslage ist zwar gut, das kann sich aber jederzeit ändern. Priorität haben daher der richtige Umgang mit der Kündigung und die Arbeitssuche. Die Frage, wie das Geld aus der Abfindung angelegt werden kann, ist nur ein Randthema, das wir zusätzlich anpacken werden.

Welche Abfindungssumme ist fair bemessen?

Ich empfehle, sich bei einer Kündigung Hilfe bei einem Anwalt für Arbeitsrecht zu suchen! In dieser emotional belastenden Situation kann man Fehler machen, die nicht mehr zu revidieren sind und die bares Geld kosten. Angefangen bei dem Versäumnis wichtiger Fristen (siehe S. 154: Was Frauen bedenken müssen, wenn der Arbeitgeber einen Aufhebungsvertrag anbietet) bis hin zur Höhe der Abfindung. Es gibt im deutschen Arbeitsrecht keinen rechtlichen Anspruch auf eine Abfindung, auch wenn diese Annahme weit verbreitet ist. Rechtliche Ansprüche ergeben sich nur aus einem Tarifvertrag, einer betrieblichen Vereinbarung oder einem Sozialplan, wenn es zu betriebsbedingten Kündigungen kommt. Abfindungen sind Verhandlungssache!

Als Faustformel (Faktor) für eine Abfindung gilt ein halbes Brutto-Monatsgehalt pro Jahr Betriebszugehörigkeit. In manchen Unternehmen werden im Einzelfall bis zu 1,5 Monatsgehälter bezahlt. Dass es dabei selten gerecht und fair zugeht, zeigt die Realität. Nur etwa 15 Prozent der gekündigten Arbeitnehmer erhalten den »Golden handshake«, und die höchsten Abfindungsfaktoren haben Banken. Die niedrigsten findet man im Gesundheitswesen, also dort, wo der Frauenanteil am höchsten ist …

Ein weiterer Irrglaube ist, dass es einen Steuerfreibetrag gibt. Den gibt es nicht (mehr), das Trennungsgeld muss komplett versteuert werden. Es gibt zwei Möglichkeiten, die Steuerlast im Jahr der Abfindungszahlung etwas zu reduzieren. Mit einer Einmalzahlung in eine Basis-(Rürup-)Rente oder auch mit der sogenannten Fünftelregelung.

Was ist die Fünftelregelung?

Nach dieser gewährt der Fiskus dem Steuerpflichtigen einen kleinen steuerfreien Bonus. Der alte Arbeitgeber ist laut Einkommensteuergesetz verpflichtet, die Lohnsteuer, also auch die Steuern auf die Abfindung, einzubehalten. Bei der Fünftelregelung für Abfindungen wird so gerechnet, als würde man fünf Jahre lang ein Fünftel der Summe erhalten. Die Einkommensteuer muss dennoch auf einen Schlag gezahlt werden. Folgendes Beispiel kann das verdeutlichen:

Eine ledige Arbeitnehmerin verdient 40.000 Euro. Die Steuerlast (Einkommensteuer zzgl. Soli) für dieses Einkommen beträgt circa 7.870 Euro. Nun kommt die Abfindung von 100.000 Euro dazu. Das Einkommen wächst auf 140.000 Euro und die Steuerlast laut der Einkommensteuertabelle auf 51.460 Euro.

Jetzt kommt die Fünftelregelung ins Spiel: Rechnerisch kommt zum normalen Einkommen von 40.000 Euro ein Fünftel der Abfindung, hier 20.000 Euro, dazu, zusammen 60.000 Euro. Laut Grundtabelle beträgt die Einkommensteuerlast für dieses Gehaltsniveau 16.010 Euro. Die Differenz zur normalen Einkommensteuerbelastung sind rund 8.140 Euro (16.010 versus 7.870 Euro). Da die Steuerschuld sofort beglichen werden muss, werden diese 8.140 Euro mit fünf multipliziert = 40.700 Euro. Insgesamt zahlt die Arbeitnehmerin mit dieser Variante 48.570 Euro, nämlich 40.700 für die Abfindung und 7.870 Euro (normales Gehalt). Die Steuerersparnis beträgt 2.890 Euro (51.460 versus 48.570 Euro). Nicht wirklich viel, aber doch etwas.

Die Fünftelregelung lohnt sich vor allem für diejenigen, die durch eine Abfindung in eine hohe Steuerprogression gelangen. Wer ohnehin schon ein sehr hohes steuerpflichtiges Einkommen hat und bereits dem Spitzensteuersatz unterliegt, hat kaum nennenswerte Steuererleichterungen. Lassen Sie sich in jedem Fall steuerlich beraten, denn nur unter bestimmten Voraussetzungen kann die Fünftelregelung effektiv angewendet werden. So vermeiden Sie Ärger mit dem Finanzamt.

(Berechnung und Beratung: btu beraterpartner GmbH Steuerberatungsgesellschaft, Oberursel/Taunus)

Die Finanzplanung ändert sich gravierend

Mit der Summe von 100.000 Euro, wenn es dazu kommt, kann Esther netto also nicht rechnen – es wird wohl um fast die Hälfte geringer sein, wie ihr Steuerberater ermittelt. Ich rate ihr, den größten Teil der Abfindung zunächst liquide zu lassen und ihr Tagesgeld zu erhöhen – es ist ja noch nicht klar, wie lange sie auf ihr Einkommen verzichten muss. Sparpotenzial hat das kinderlose Paar bei den variablen Ausgaben: Freizeit, Kleidung, auch Urlaub. »Kann ich bei meinen Versicherungen etwas kürzen?« Die Frage ist berechtigt, denn Sparen macht keinen Sinn, wenn sich parallel auf dem Girokonto Schulden ansammeln. Mein Rat: auf keinen Fall an den existenziell wichtigen Versicherungen, wie der Krankenversicherung oder dem Schutz vor Berufsunfähigkeit, etwas ändern. Denn auch in Phasen der Arbeitslosigkeit kann man berufsunfähig werden. Der klassische Fall: guter Job, Firma pleite, arbeitslos, Bewerbungen erfolglos, krank, dauerhaft krank. Eine gute Berufsunfähigkeits-Versicherung zahlt trotz Arbeitslosigkeit, sie richtet sich nach dem zuletzt ausgeübten Beruf.

Einen kleinen Teil der Abfindung legt sie in ihrem Wertpapierdepot an, das Geld ist ja im Notfall verfügbar. Sie entscheidet sich für einen breit gestreuten und aktiv gemanagten EURO-Rentenfonds. Geld aus Abfindungen sollte grundsätzlich als Zukunftsinvestition verstanden werden, sei es für den Schritt in die Selbstständigkeit oder als Anlage für die Altersvorsorge. Doch diese Entscheidungen stehen erst viel später an.

Bei ihren Lebensversicherungen hat sie viele Möglichkeiten (siehe auch Kapitel »Frauen gründen besonnen«) – so lange es geht, möchte sie die Prämienzahlung aufrechterhalten. Das ist notwendig, denn die Altersvorsorgelücke wird in Zeiten der Arbeitslosigkeit größer, zumal die Bundesregierung im Rahmen des Sparpakets 2010 beschlossen hat, die Beiträge zur Rentenversicherung für Arbeitslosengeld-II-Beziehende zu streichen. Auch ihre Direktversicherung, die nach dem Ausscheiden aus der Firma auf ihren Namen umgeschrieben wird, will sie weiter ansparen.

Nachdem die Betriebsrente des Verlags nur auf die Ansprüche beschränkt ist, die sie während der Betriebszugehörigkeit angesammelt hat, und nicht mehr wie geplant wächst, hat ihr Altersvorsorge-Fundament deutliche Risse bekommen.

Was macht man mit der betrieblichen Altersvorsorge?

- Überprüfen Sie, ob und welche Ansprüche Sie aus Betriebsrenten haben, die freiwillige Leistungen des Arbeitgebers waren. Lassen Sie sich von der Personalabteilung ausrechnen, wie hoch diese Rentenansprüche sind.
- Versicherungsnehmer einer Direktversicherung aus Entgeltumwandlung ist die Firma. Als Begünstigter ist der/die Angestellte eingesetzt. Mit dem Ausscheiden aus dem Unternehmen wird bei der Versicherungsgesellschaft die Umschreibung der Police veranlasst, denn das Geld gehört dem Mitarbeiter. Damit ändert sich auch die steuerliche Situation. Alles, was innerhalb der angestellten Tätigkeit angespart wurde, profitiert von der Steuerfreiheit und wird im Rentenalter versteuert. Für alle Beiträge, die nach dem Ausscheiden aus dem Betrieb angespart werden, gelten die steuerlichen Regelungen für private Policen. Das heißt, dass in der Rentenphase die Renten nur mit dem Ertragsanteil versteuert werden. Die Versicherungen trennen innerhalb einer Police beide Wege.
- Bei arbeitgeberfinanzierten Direktversicherungen steht dem ausscheidenden Arbeitnehmer das Geld aus der Police erst nach fünf Jahren Betriebszugehörigkeit zu.
- Alte Direktversicherungen haben oftmals noch sehr hohe Garantiezinsen. Die bleiben, auch wenn der Vertrag privat weitergeführt wird. Durchhalten lohnt sich also.

Nach vorn schauen. Einen Schritt nach dem anderen gehen. Esther wird deshalb das Angebot ihres Arbeitgebers annehmen, der ihr und anderen Kollegen eine Newplacement-Beratung bezahlt. »Ein kleiner Trost, aber ich muss alles probieren, und vielleicht beginne ich doch noch mal etwas ganz anderes.«

Was Frauen bedenken müssen, wenn der Arbeitgeber einen Aufhebungsvertrag anbietet*

Viele Unternehmen bieten ihren Mitarbeiterinnen und Mitarbeitern die Möglichkeit an, früher aus dem Berufsleben auszuscheiden. Einige von ihnen beschleunigen den Personalabbau und trennen sich vor allem von ihren langjährigen Mitarbeitern auf nicht immer schöne Weise. Für den Fall, dass Betroffene eine *Kündigung* erhalten, sollten sie unbedingt beachten, dass man sich gegen die Kündigung mittels einer Kündigungsschutzklage nur innerhalb von drei Wochen nach Erhalt der Kündigung wehren kann. Das lohnt sich in vielen Fällen und kann vom Betroffenen selbst beim Arbeitsgericht gemacht werden oder durch einen Rechtsanwalt, der dann rechtzeitig eingeschaltet werden muss. Wenn man eine Kündigung erhält, geht normalerweise der Arbeitgeber davon aus, dass der Mitarbeiter Kündigungsschutzklage erhebt und man sich dann vor Gericht irgendwie einigt – am Ende kommt dann meist eine Abfindung heraus als das erste Angebot des Arbeitgebers.

Manchen Mitarbeitern wird die Entscheidung vom Arbeitgeber gleich mit einer *Abfindung und Freistellung* vom Arbeitsalltag versüßt. Die Entscheidung, ob das der individuell bessere Weg ist, muss jeder Einzelne selbst treffen. Für viele ist es die Gelegenheit, sich nochmals neu zu orientieren, und oft werden auch lang gehegte Träume erfüllt. Beispielsweise mit der Aufnahme einer Selbstständigkeit. Wie auch immer, es gibt in einem solchen Fall wichtige Punkte zu beachten:

- Unterschreiben Sie niemals (!) sofort einen Aufhebungsvertrag, wenn er Ihnen vorgelegt wird – Sie machen höchstwahrscheinlich ein ganz schlechtes Geschäft!

---

*   Diese Liste ist nur ein genereller Anhaltspunkt für all die Fragen, die in jedem Fall zu bedenken sind. Sie ist in keinem Fall vollständig und muss auf den individuellen Einzelfall angepasst werden. Es ist daher immer am besten, sich rechtlich von einem Fachanwalt begleiten zu lassen.

■ Holen Sie sich Rechtsrat. Beraten Sie sich mit Freunden, Familie, Ehegatten! Und kann Sie der Betriebsrat unterstützen?

■ Prüfen Sie, ob Sie ordentlich unkündbar sind!

■ Wird das Arbeitsverhältnis erst nach Ablauf der geltenden Kündigungsfrist (lt. Gesetz, Tarifvertrag, Arbeitsvertrag) beendet? Andernfalls haben Sie Nachteile beim Bezug von Arbeitslosengeld und unberechtigte Gehaltseinbußen!

■ Ist im Fall einer betriebsbedingten Beendigung festgehalten, dass eine Kündigung unumgänglich gewesen und ausgesprochen worden wäre? Andernfalls haben Sie Nachteile beim Bezug von Arbeitslosengeld!

■ Haben Sie berücksichtigt, dass die Bundesagentur für Arbeit unter bestimmten Umständen eine mehrmonatige Sperr-/ Ruhenszeit verhängen kann, in der kein Arbeitslosengeld bezahlt wird? Können Sie sich das leisten? Bedenken Sie auch, dass Sie sich unter Umständen selbst krankenversichern müssen.

■ Entspricht die Berechnung der Abfindung mindestens dem orts- und branchenüblichen Tarif (oder der Sozialplanformel)? Verhandeln Sie die Abfindungssumme!

■ Bestehen noch Ansprüche gegen den Arbeitgeber, die geregelt werden müssen (Urlaubs-, Gleitzeitguthaben, Outplacement, Betriebsrente etc.)?

■ Die persönliche (!) Meldung bei der Bundesagentur für Arbeit ist spätestens drei Monate vor Beendigung des Arbeitsverhältnisses bzw. sofort (falls das Arbeitsverhältnis mit einer kürzeren Frist beendet wird) notwendig.

■ Haben Sie sich vor Unterzeichnung des Aufhebungsvertrages mit Ihrem Arbeitgeber über das Zeugnis geeinigt?

Susanne Stefanutti, Rechtsanwältin und Fachanwältin für Arbeitsrecht in Karlsfeld bei München (Stand: Juli 2010)

Vermietete Immobilie:
Sichere Kapitalanlage oder Klotz am Bein?

Um wen geht es?	Gut verdienende Angestellte, Single
Themenschwerpunkt	Immobilienerwerb zur Vermietung Immobilienfinanzierung
Zusatzinfos	Worauf Kapitalanleger beim Immobilienkauf achten sollten Immobilienkredite

So tief wie in den letzten Jahren waren die Zinsen schon sehr lange nicht mehr. Wer monatlich seine Sparraten anlegen möchte, muss sich mit Mini-Zinsen von ein bis zwei Prozent zufrieden geben. Natürlich kann mit Aktienfonds mehr verdient werden, doch das ist nicht jedermanns Sache.

Martina kommt genau mit diesen Überlegungen zu mir in die Beratung. Wir kennen uns schon seit einigen Jahren. Als sie nach dem Studium ihren ersten Job antrat, haben wir gleich zu Beginn das Grundgerüst ihrer Finanzplanung gelegt: mit einer Berufsunfähigkeitsvorsorge und einer Direktversicherung. Damit ist ihr Einkommen abgesichert und der Startbaustein für die Altersvorsorge ist auch schon gelegt.

Martina ist nun 32 Jahre alt und hat heute als Key Account Managerin bei einem internationalen Musik-Label einen Job, der sie erfüllt. Sie ist Single – ihre letzte feste Beziehung endete vor einem Jahr.

Von ihren Eltern hat sie 50.000 Euro geschenkt bekommen. Und natürlich möchten die, dass Martina das Geld »sinnvoll« anlegt. Der Familienrat tagt und kommt zu der Überlegung, eine kleine Wohnung zu kaufen. Die guten Argumente werden auch gleich mitgeliefert: Die Zinsen für eine Finanzierung sind niedrig, es mangelt aus Sicht der Eltern an lukrativen Anlagealternativen und überhaupt: der »Inflationsschutz«. Das ist für mich wirklich das Erstaunlichste: Die Ansicht, dass Immobilien immer im Wert steigen, ist trotz geänderter Märkte nicht aus der Welt zu schaffen. Diese Haltung vertreten übrigens nicht nur die älteren Menschen, die ja unter Umständen die Nachbeben der Währungsreform Ende der 1940er-Jahre noch spürten. Nein, auch viele jüngere Frauen teilen die Hoffnung, dass eine drohende Geldentwertung vor den Immobilien haltmacht.

Dabei sind mit Immobilien auch Risiken verbunden. Nicht der konkrete Finanzierungsplan stand deshalb im Fokus meiner Beratung, sondern die ganzheitliche Risikoanalyse. Sie sollte in der Finanzplanung immer eine zentrale Rolle spielen.

Martina macht einen Kassensturz. Neben den 50.000 Euro ihrer Eltern hat sie selbst noch 25.000 Euro angespart. 15.000 Euro davon hat sie in zwei Aktienfonds angelegt. Diese bespart sie monatlich mit 300 Euro. 10.000 Euro parken auf einem Festgeldkonto. Das ist ihre Reserve, auf die sie jederzeit zurückgreifen möchte. Sie verdient 2.500 Euro netto und zahlt 900 Euro Miete. Nach Abzug aller festen und variablen Kosten und des Sparplanes komme ich auf einen Überschuss von circa 400 Euro – für das »schöne Leben«.

Nach einiger Suche findet Martina in ihrer Heimatstadt Bayreuth ein Objekt, das ihr gefällt und das sie auch gut vermieten kann. Denn sie selbst möchte in ihrer Mietwohnung nahe dem Englischen Garten in München bleiben. »Ich sehe das als meine Altersvorsorge!«, verkündet sie stolz. Die Zwei-Zimmer-Wohnung ist 65 qm groß und kostet 190.000 Euro. Hinzu kommen 3,5 Prozent Maklerprovision, 3,5 Prozent Grunderwerbssteuer und 1,5 Prozent Notar- und Grundbuchgebühren, sodass die Kosten auf 206.150 Euro kommen. Mit Einbau eines kleinen Puffers geht Martina von 210.000 Euro aus. Neben dem Geldgeschenk der Eltern werden die Investmentfonds im Gegenwert von 15.000 Euro aufgelöst, sodass eine Immobilienfinanzierung von 145.000 Euro notwendig ist. Bei einer Kaltmiete von 650 Euro im Monat errechne ich eine Mietrendite, vergleichbar mit einer laufenden

Verzinsung von 4,10 Prozent. Damit sieht die Investition auf den ersten Blick wirklich gut aus.

Nun geht es um die Finanzierung. Die Ausgangsbasis ist hervorragend. Denn nicht nur die Lage des Objektes stimmt, auch Martina ist dank ihrer beruflichen Position, ihres Einkommens und Vermögens eine Kreditnehmerin, wie sie sich die Finanzierungsabteilungen der Banken nur wünschen. Sie ist also in der schönen Lage, sich die Bank auszusuchen – und muss nicht um eine Finanzierung bangen. Meine Kundin sucht eine möglichst lange Zinsbindungszeit, denn zum Zeitpunkt meiner Beratung sind die Zinsen historisch gesehen auf einem sehr niedrigen Niveau. Die Zinsbindungszeit ist die Zeitspanne, in der der Zinssatz zwischen Kreditinstitut und Kunde fest vereinbart ist. Nach Ablauf dieser Frist wird der Zins neu verhandelt. Das kann, wenn die Zinsen allgemein stark ansteigen, zu bösen Überraschungen führen. Gerade deshalb möchte sie so lange wie möglich Planungssicherheit.

Der Kreditzins liegt bei einer 15-jährigen Zinsbindungsfrist bei 4,65 Prozent. Zusammen mit der Tilgung von einem Prozent beträgt die monatliche Belastung 683 Euro. Bliebe rein rechnerisch diese Annuität, also die Monatsrate aus Zins und Tilgung, immer annähernd gleich, ist der Immobilienkredit nach gut 35 Jahren abbezahlt. Martina ist dann 67 Jahre alt. Ich habe ihr zu einem Finanzierungsmodell mit Sondertilgungsmöglichkeiten geraten, denn ihr Plan ist, durch schnelleres Tilgen die Immobilie früher schuldenfrei zu bekommen. Die Darlehenslaufzeit würde sich auf 29 Jahre verringern, wenn in den nächsten zehn Jahren Sondertilgungen von 2.000 Euro pro Jahr aufgebracht werden. Martina ist von ihrem Vorhaben begeistert: 650 Euro Mieteinnahmen, 683 Euro Rate an die Bank, 33 Euro eigene Leistung – und am Ende hat sie eine lastenfreie Immobilie: »Super! Damit habe ich doch auch gleich meine Vorsorgelücke im Alter geschlossen!« Sie ist sich sicher, das ideale Modell für ihre Altersvorsorge gefunden zu haben, zumal ihr zusätzliche Steuervorteile winken. Die Mieten gelten zwar als steuerpflichtige Einkünfte, doch sie kann Abschreibungen und die Schuldzinsen damit verrechnen.

Immobilien passen nicht in offene Lebensplanungen

Doch ist das wirklich so ideal? Der heikelste Punkt ist für mich ihre Lebensplanung. Denn die ist bei ihr noch völlig offen. Ehe Martina es sich versieht, kann die gute Idee der inflationssicheren Altersvorsorge eine schwere Last werden. Ich gebe auch zu bedenken, dass sie ihren Arbeitsplatz möglicherweise verlieren kann. Die Zeiten haben sich geändert – kein Arbeitsplatz ist per se sicher. Im Fall der Arbeitslosigkeit ist es gut, schuldenfrei, flexibel und mobil zu sein. Wenn dann noch die Wohnung zeitweilig leer stehen sollte, kann das zu schmerzhaften Einbußen in ihrer monatlichen Einnahmen-Ausgaben-Rechnung führen. Ihre Steuervorteilsrechnung ist ebenfalls hinfällig.

Ein anderer Punkt: Nehmen wir an, Martina findet in fünf Jahren ihren Traummann. Die beiden möchten vielleicht eine Familie gründen und ein Eigenheim bauen. Ihr Vermögen ist dann aber fest angelegt. Ich rechne vor: Will sie nach zehn Jahren die Wohnung verkaufen, sind vom ursprünglichen Darlehen gerade einmal 18.400 Euro getilgt. Der Restkredit kommt auf 126.600 Euro. Ein Verkauf mit entsprechender Tilgung des Darlehens bei der Bank hätte überdies die Zahlung einer Vorfälligkeitsentschädigung zur Folge. Und der Wert der Wohnung? Nicht wenige Immobilienbesitzer gehen davon aus, dass ihre Immobilie im Wert immer steigt. Doch dieser Grundsatz gilt schon lange nicht mehr. Bis auf die Top-Innenstadtlagen in den Großstädten Deutschlands herrscht bestenfalls Stillstand in der Wertentwicklung. Der vom Institut für Städtebau, Wohnungswirtschaft und Bausparwesen herausgegebene DEIX (= Deutscher Eigentums-Immobilien-Index) gibt die Wertentwicklung von privatem Wohneigentum wieder. Danach haben die Preise von Eigentumswohnungen in den letzten 15 Jahren gerade einmal um vier Prozent zugelegt. Das macht eine Rendite von 0,25 Prozent pro Jahr! Nach der Maklerorganisation Immobilienverband Deutschland (IVD) sind 2009 die Preise von Einfamilienhäusern im Bundesschnitt um 1,2 Prozent gefallen. Auch Büro- und Gewerbeimmobilien haben in

den letzten Jahren eine stark rückläufige Wertentwicklung. Denn
hohe Leerstandsquoten drücken auf die Mieten.

Vermögensbilanz nach 10 Jahren

Doch wie sieht nach zehn Jahren Martinas gesamte Vermögenssi-
tuation aus? Gelingt nach zehn Jahren ein Verkauf ohne Wertver-
änderung, würde sie einen Preis von 190.000 Euro erzielen. Abzüglich des Restkredites von 126.600 Euro verblieben ihr 63.400
Euro. Ihr weiteres Vermögen wäre ihr Investmentsparplan, den
sie nach dem Immobilienkauf mit 150 Euro neu angespart hatte.
Mehr war anfänglich nicht drin, da mit ihrer Kapitalanlage-Im-
mobilie mehr finanzieller Aufwand verbunden ist. Ich kalkuliere
für den Aktienfonds eine durchschnittliche Rendite von fünf Prozent pro Jahr. Nach Kosten hätte sie nach zehn Jahren rund 22.300
Euro angespart. Ihr Tagesgeldkonto lasse ich in der Zukunftspla-
nung außen vor, denn eine Reserve sollte sie immer haben – egal
ob mit oder ohne Immobilie.

Martina kommt nach zehn Jahren auf ein Vermögen von
85.700 Euro. Das sind 10.700 Euro mehr als heute. Jetzt gehören
ihr bereits 75.000 Euro: das Geld ihrer Eltern und ihre eigenen
Ersparnisse. Sie steigert ihr Vermögen um lediglich 14 Prozent.
Für ein eigenes Haus ist das aber nur ein kleiner Grundstock.

Doch auch bei einer positiven Wertentwicklung der Immobilie sind die Ergebnisse nicht wesentlich besser. Wir kalkulieren
einmal eine Wertsteigerung von einem Prozent pro Jahr – in An-
lehnung der ernüchternden Bilanz der letzten Jahre. Nach dem
Immobilienverkauf und der Kredittilgung verblieben dann immerhin 83.400 Euro. Ihr Gesamtvermögen beträgt 105.700 Euro.
Doch diese Rechnung geht nur auf, wenn die Immobilie beim
Wiederverkauf 210.000 Euro bringt. Und da habe ich ernsthafte
Zweifel.

Ich habe Martina eine andere Rechnung aufgemacht. Sie legt
das Geld ihrer Eltern liquide, aber sicher an. Ich rate zu einer ge-

managten Anlage in sicheren EURO-Anleihen. Aus den 50.000 Euro würden nach zehn Jahren rund 70.500 Euro werden. Ich habe eine Rendite von 3,5 Prozent pro Jahr angenommen, denn damit ist bei Bundesanleihen im Schnitt der nächsten Jahre zu rechnen. Das Investmentkonto hat eine Ausgangsbasis von 15.000 Euro und wird von Martina weiter mit 300 Euro angespart, sodass nach zehn Jahren rund 65.000 Euro zur Verfügung stehen. Summa summarum kommt sie auf ein Vermögen von 135.500 Euro. Sie verfügt also nach zehn Jahren über 80 Prozent mehr Vermögen als zu Beginn ihrer Planung.

Martina hat sich am Ende gegen die Immobilie entschieden. Denn im Laufe unserer Gespräche wurden ihr die Risiken immer deutlicher. Die neue Strategie gefällt ihr gut, weil sie sich nicht festlegt und jederzeit an ihr Geld kommt, um neue Wege zu gehen. Sie hat dann den nötigen Grundstock vielleicht für die eigene Immobilie. Denn die schützt wirklich vor Inflation.

Zehn oder 15 Jahre? – Lange Zinsbindungen für Hypothekenkredite geben Planungssicherheit

Die meisten Finanzexperten empfehlen derzeit, eine möglichst lange Zinsbindungszeit zu vereinbaren. Üblich ist eine Frist von zehn oder 15 Jahren. Aber auch 20-jährige Festvereinbarungen bieten einige Banken an. Die Begründung liegt auf der Hand: In Zeiten niedriger Hypothekenzinsen – so wie es derzeit der Fall ist – bietet es sich an, den niedrigen Zins lange zu sichern. Das gibt Planungssicherheit. Bei einer späteren Anschlussfinanzierung, also zum Ablauf der zu Beginn vereinbarten Zinsfestschreibung, werden die Zinsen neu vereinbart. Es ist aber aus heutiger Sicht zu befürchten, dass viele Immobilienkäufer einen deutlichen Zinsanstieg und somit eine Verteuerung des Darlehens in Kauf nehmen müssen.

Der Preis für diese Sicherheit ist die Einschränkung der Flexibilität. Denn wer nach einigen Jahren feststellt, dass die Traumimmobilie vielleicht zu klein ist oder aus beruflichen Gründen ein Umzug ansteht, hat einige Nachteile. Die Banken lassen nicht ohne Weiteres die Rückzahlung des Darlehens innerhalb der vereinbarten Zinsbindung zu. Und wenn, fallen zum Teil hohe Vorfälligkeitsentschädigungen an. Das ist der Zinsschaden, der entsteht, weil das Darlehen zwar zurückgezahlt wird, der Hypothekenfinanzierer aber zuvor das Geld am Kapitalmarkt refinanziert hat. Dies geschieht beispielsweise über Pfandbriefe. Abhilfe für dieses Szenario schaffen drei Auswege.

1. *Sondertilgung*: Einerseits rate ich dazu, nur Darlehen abzuschließen, die Sondertilgungsmöglichkeiten während der Zinsfestschreibung zulassen. In aller Regel können fünf bis zehn Prozent der Darlehenssumme jedes Jahr zusätzlich zur regelmäßig vereinbarten Tilgung zurückbezahlt werden. Das unterstützt die schnelle Entschuldung.

2. *Aufteilen*: Ein Splitten des Darlehens auf mehrere Zinsbindungsperioden ist ebenfalls möglich und sinnvoll, wenn größere Geldeingänge in den nächsten Jahren erwartet werden. Ein Darlehen von 150.000 Euro lässt sich beispielsweise auf zwei Darlehen verteilen: 50.000 Euro haben eine Festzinsvereinbarung von fünf Jahren und 100.000 Euro von zehn Jahren. Die Teilung kostet in aller Regel keine Gebühren zusätzlich. Kürzere Zinsfestlegungen haben zudem den Vorteil, dass der Zins niedriger ist. Das entlastet das laufende Budget. Aber vorsichtig: Dieses Modell ist wirklich nur dann ratsam, wenn die kürzer laufenden Darlehen auch wirklich getilgt werden können. Ich denke da an fällige Lebensversicherungen. Anderenfalls droht die unliebsame Überraschung mit höheren Zinsen.

3. Neustart nach zehn Jahren: Den dritten Ausweg aus ganz langen Zinsbindungen liefert das Gesetz. Im Bürgerlichen Gesetzbuch (BGB) wird im §489 dem Verbraucher ein Sonderkündigungsrecht nach zehn Jahren eingeräumt. Sie können Ihr Darlehen kündigen, sofern mindestens zehn Jahre seit Abschluss verstrichen sind. Es gilt lediglich eine Kündigungsfrist von einem halben Jahr. Somit ist es möglich, das Darlehen vorzeitig zu verlassen und eine günstigere Anschlussfinanzierung vorzunehmen. Gut zu wissen: Das Kündigungsrecht gilt nicht für die Bank.

Worauf sollen Kapitalanleger beim Kauf einer Immobilie achten?

Wer Immobilien zur Vermietung kauft, knüpft daran einige Erwartungen. Eine gute Rendite und Inflationsschutz stehen dabei an erster Stelle. Doch längst nicht jede Immobilie erfüllt diese Erwartungen. Im Gegenteil – manche Objekte bergen Risiken, die die private Finanzplanung aus dem Ungleichgewicht bringt. Achten Sie auf die folgenden sieben Punkte und Sie werden mit einer vermieteten Immobilie einige Freude haben.

- *Das wichtigste Kriterium bei der Wahl der Immobilie ist die Lage.*
Auch wenn das Objekt dauerhaft vermietet werden soll, ist der eigene Maßstab ein guter Ratgeber: Würden Sie hier selbst leben wollen? Orientieren Sie sich zudem an den ökonomischen Rahmenbedingungen des Standortes. Firmen, die beispielsweise dort investieren, eine intakte Infrastruktur aus Ärzten, Schulen, Einkaufsmöglichkeiten, kulturellen Angeboten und ein bürgerliches Umfeld sprechen dafür, dass die Kapitalanlage auch in 20 oder 30 Jahren noch interessant sein kann. Aus strukturschwachen Regionen ziehen die Menschen weg. Am dramatischsten ist der

Bevölkerungsrückgang in Ostdeutschland. Laut einer Prognose des Bundesamtes für Bauwesen und Raumordnung wird beispielsweise in zahlreichen Städten Mecklenburg-Vorpommerns bis 2025 die Bevölkerung um circa 28 Prozent schrumpfen.

- *Achten Sie auf das Gleichgewicht in Ihrer persönlichen Vermögensstruktur.*

Der Dreiklang aus liquidem Vermögen in Form von Barguthaben, Aktien und Anleihen, lang laufenden Rentenversicherungsverträgen und Immobilien – egal ob eigen- oder fremdgenutzt – sollte ausgewogen sein. Eine allgemeingültige Regel gibt es nicht, vielmehr spielen die eigene Lebensplanung und die absolute Höhe des Vermögens eine Rolle. Wichtig ist, dass Sie jederzeit handlungsfähig und mobil sind.

- *Sie sollten das Geld für die Kapitalanlage im wahrsten Sinne des Wortes übrig haben.*

Denn wenn Sie im Ernstfall auf einen Verkauf angewiesen sind, weil Sie das Geld brauchen, ist die Gefahr groß, dass Sie Verluste machen. Unter Zwang zu verkaufen bedeutet meist, einen schlechten Preis akzeptieren zu müssen. In Phasen mit sinkender Wirtschaftsleistung und steigender Arbeitslosigkeit führt nicht bloß das Abwandern der Bevölkerung zu einem Überangebot an Immobilien und damit zu fallenden Preisen und zu Mietausfällen. Sie müssen von Ihrem Einkommen her dann in der Lage sein, diese aufzufangen. Und wie sicher ist Ihr Job? Manche Vermieter können ein Lied von Miet-Nomaden und gerichtlichen Auseinandersetzungen singen. Auch das sollten Sie bedenken: Mietprozesse kosten Geld und Nerven.

- *Meiden Sie Liebhaber-Objekte mit besonderen Raffinessen.*

Die Immobilie sollte für einen möglichst großen Kreis von potenziellen Mietern interessant sein. So mögen gebogene Wände und große Dielen zwar geschmackvoll sein, taugen aber wenig im Alltag. Achten Sie auf den Schnitt der Wohnung. Zu kleine Zimmer sind meist weniger gefragt, ebenso wie sogenannte gefangene Zimmer, die nicht über den Flur, sondern nur über einen anderen Raum erreichbar sind.

- *Meiden Sie Ein-Zimmer-Apartments.*
Viele Anlegerinnen und Anleger erwägen den Kauf eines Apartments, um sich den Traum einer Immobilie wenigstens im Ansatz zu erfüllen. Die Argumente: Diese Objekte sind erschwinglich und Studenten und Singles sind als potenzielle Mieter zahlreich vorhanden. In Berlin und München beispielsweise ist bald jeder Dritte bei den 18- bis 59-Jährigen ein Single (Quelle: Marktforschungsinstitut Innofact im Auftrag der Online-Partnervermittlung Parship, April 2009). Doch die Realität sieht anders aus. Die Wohnflächen pro Kopf nehmen immer weiter zu und gerade Singles bevorzugen Zwei- und Drei-Zimmer-Wohnungen. Ein Überangebot aus den 1990er-Jahren, als der Bauboom nach der deutschen Wiedervereinigung einsetzte, führt nun zu fallenden Mieten und Preisen für Ein-Zimmer-Objekte. Positive Aussichten verbindet man hingegen mit senioren- und behindertengerechten Wohnungen bzw. Wohnungen, die entsprechend umgerüstet werden können. Klar, dass auch diese Immobilien sich in einem intakten städtischen Umfeld wiederfinden müssen.

- *Mieten und Nebenkosten müssen aus Sicht des Mieters in einem günstigen Verhältnis stehen.*
Denn Mieter interessieren sich für die Gesamtkosten. Und je höher Nebenkosten sind, desto schwerer ist eine Wohnung in der Regel vermietbar. Kostentreiber sind zum Beispiel: veraltete Heizanlagen.

- *Überschätzen Sie nicht die Steuervorteile und unterschätzen Sie nicht die Neben- und Finanzierungskosten.*
Potenzielle Käufer einer Immobilie werden gern mit den Steuervorteilen gelockt. Denn nicht nur die AfA (Abschreibung) senkt die Steuerlast, auch die Schuldzinsen können angesetzt werden. Doch beide sind vergleichsweise gering und führen nur bei Spitzenverdienern zu einem spürbaren Effekt. Lassen Sie sich also in jedem Fall steuerlich beraten. Bedenken Sie auch, dass für die Instandhaltung der Immobilie regelmäßig Geld zurückgelegt werden muss. Das erhöht die laufende Belastung. Denn in einigen Jahren stehen sicher Renovierungen und Sanierungen an.

»Steuern sparen mit Immobilien« – folgende Faktoren wirken steuermindernd

Abschreibung:
Die sogenannte »Lineare Absetzung für Abnutzung (AfA)« beträgt bei Käufern und Bauherren von Immobilien, die nach 1925 gebaut wurden und noch werden, zwei Prozent auf den Gebäudewert. Das Grundstück kann nicht abgesetzt werden, denn Grund und Boden sind »ewig haltbar«. Die Abschreibung läuft linear über 50 Jahre ab dem Erwerb. Auch Erwerber von gebrauchten Immobilien können die Abschreibungssätze der linearen AfA absetzen. Der AfA-Satz bei Gebäuden, die vor 1925 gebaut wurden, beträgt 2,5 Prozent und läuft über 40 Jahre. Bis Ende 2005 war es deutlich interessanter, eine vermietete Immobilie als Kapitalanlage zu kaufen. Denn die Käufer konnten die degressive Afa wählen und profitierten von anfangs höheren Abschreibungssätzen und damit von einer höheren Steuerersparnis. Übrigens: Die AfA gilt nur für vermietete, nicht für selbst genutzte Immobilien.

Denkmalschutz:
Unter Umständen greift die Denkmalschutz- und Sanierungsabschreibung. Danach können die Modernisierungskosten und auch die Anschaffungskosten (siehe oben) steuerlich in Anrechnung gebracht werden. Die Modernisierungskosten-AfA beträgt acht Jahre lang neun Prozent und vier weitere Jahre sieben Prozent.

Kreditzinsen:
Darlehenszinsen sind Kosten, die bei vermieteten Immobilien vom zu versteuernden Einkommen abgezogen werden können. Nicht abzugsfähig ist die Tilgung.
Achtung: Mieteinnahmen zählen zum zu versteuernden Einkommen.

Damit aus dem Trauschein kein Schuldschein wird

Um wen geht es?	Ehefrauen in der klassischen Rollenverteilung
Themenschwerpunkt	Finanzplanung nach der Scheidung Vorsorge vor einer Trennung
Zusatzinfos	Versorgungsausgleich Neues Ehegattenrecht: Unterhalt, Zugewinn- und Ehevertrag

Kurz hinter dem Standesamt trennen sich die Welten zwischen Männern und Frauen, möchte man meinen. Während Männer unbeirrt ihrer Karriere nachgehen –»Es hat sich ja nichts geändert« – teilen sich Frauen in zwei Gruppen auf: diejenigen, die es den Männern gleichtun und ihre Lebens- mit ihrer Karriereplanung in Einklang bringen – sei es nun mit oder ohne Kinder. Und die Frauen, die sich der Familie hingeben, den Job an den Nagel hängen und auf das Vorsorgemodell »Ehe« bauen.

Bei einigen geht diese Strategie auf, bei anderen weniger. Dann sind die Folgen fatal. In dem folgenden Kapitel schildere ich, was passieren kann, und gebe Tipps, was Sie tun können und sollten, wenn das Glück erste Risse bekommt und es kritisch wird.

Annemarie, 53: Was von der Ehe übrig blieb

Es war natürlich anders geplant. Und es hört sich an wie die Story einer TV-Soap. Er: erfolgreicher Investmentbanker; sie: angestellte Buchhalterin. Es war die große Liebe mit allem Drum und Dran: Haus, Kinder und jedes Jahr mindestens eine Fernreise. Peters Engagement galt seiner Karriere, und Annemarie hat sich um alles andere gekümmert: Kinder, Freunde, dazu die ehrenamtliche Arbeit in der Gemeinde. Als sich ihr Mann kurz vor der Silberhochzeit von ihr trennte, brach für die 53-Jährige alles zusammen. »Heute würde ich vieles nicht mehr so machen. Das weiß ich«, resümiert sie in der Beratung.

Frauen, die sich auf die traditionelle Rollenverteilung in der Ehe einlassen und ihre Berufstätigkeit aufgeben, gehen ein großes finanzielles Risiko ein. Laut einer Untersuchung der Universität Duisburg-Essen verdoppelt sich das Armutsrisiko für geschiedene Frauen, während sich bei Männern kaum etwas ändert. Das seit dem 01.01.2008 grundlegend reformierte Unterhaltsrecht wird diesen Trend kaum aufhalten, ja möglicherweise sogar noch verstärken. Denn Unterhalt steht dem Expartner nur noch in Ausnahmefällen zu. Man kann aber nicht pauschal sagen, dass nun gar kein Ehegattenunterhalt mehr bezahlt wird. Wenn nämlich die Umstände es dem wirtschaftlich schwächeren Partner kaum ermöglichen, von heute auf morgen für seinen Lebensunterhalt selbst aufzukommen, treffen die Gerichte Einzelfallentscheidungen.

Verbessert wurde die Position von Kindern – egal ob ehelich oder unehelich. Ihr gesetzlicher Unterhaltsanspruch hat Vorrang vor dem aller anderen Beteiligten. Peter zahlt aufgrund seines hohen Einkommens den höchsten Unterhaltssatz für die gemeinsamen Töchter, der sich aus der »Düsseldorfer Tabelle« ergibt. Einen Anspruch auf eigenen Unterhalt hat Annemarie nicht, da die beiden studieren und schon längst nicht mehr auf Betreuung angewiesen sind. Weil das Paar ohne eine vertragliche Regelung geheiratet hat, gilt automatisch der gesetzliche Güterstand. Das heißt: Das eigene Vermögen bleibt das eigene und das Vermögen, das in der Ehe erworben wurde, wird zwischen beiden Ehepartnern geteilt. Dabei spielt es keine Rolle, auf wen Konten oder Depots lauten. Hier bekommt sie also ihren Anteil.

Nun sind sie geschieden, und Annemarie gehört das schuldenfreie Reihenhaus im Münchner Westen. Außerdem erwartet sie in den nächsten Tagen einen großen Geldbetrag: Die beiden haben sich neben der Übertragung des Hauses auf Annemarie auf eine Abfindung von 800.000 Euro geeinigt, mit der Zugewinnausgleich und Unterhalt abgeglichen sind. »Das ist eine viel bessere Lösung als laufende Zahlungen!«, bestärke ich diese Entscheidung aus Sicht der Finanzberatung. Wenn sich ein Ex zu laufenden Zahlungen verpflichtet, kann der Stress groß sein, wenn sie plötzlich ausbleiben. Sei es, weil er zahlungs- (Privatinsolvenz) oder berufsunfähig wird. Schützen Sie sich davor! Langfristige Zahlungsverpflichtungen sind immer abzusichern, beispielsweise mit einer Verpfändung von Vermögenswerten oder mit einer Risikolebensversicherung, um das Todesfallrisiko abzudecken. **!**

Ihre Anlagestrategie ist langfristig – Planung für das ganze Leben

800.000 Euro ist eine beachtliche Summe. Annemarie muss nun gut überlegen, um die richtigen Entscheidungen zu treffen. Sie holt sich bei mir Rat: Wie kann das Geld angelegt werden, damit sie zuverlässig regelmäßige Einnahmen haben wird? Da sie während ihres Berufslebens nur wenige Rentenansprüche erworben hat, muss das Geld bis ans Lebensende reichen. Denn sie macht sich keine Illusionen: Im Berufsleben wird sie kaum wieder Fuß fassen und ob ihr der Sprung von der bisher ehrenamtlichen Tätigkeit in einen Job gelingt, steht in den Sternen. Sie muss jederzeit Zugriff auf das Vermögen haben. Am Haus könnten unerwartete Reparaturen anfallen und vielleicht möchte sie einen Teil des Geldes für sich einsetzen. Konkrete Pläne hat sie noch nicht.

Annemarie hat sich an einen gewissen Lebensstandard gewöhnt, den sie nicht wesentlich einschränken möchte. Zum gegebenen Zeitpunkt geht sie davon aus, dass sie monatlich gut und gerne 3.000 Euro benötigt. Eine Inflationsrate von zwei Prozent unterstellt, liegt ihr Kapitalbedarf im Jahr 2024, wenn sie mit 66 die gesetzliche Rente bezieht, bei 3.900 Euro.

Wie sieht es im Alter für Annemarie aus?

Die Deutsche Rentenversicherung stellt Annemarie mit 66 Jahren eine Rente von 1.200 Euro in Aussicht. Der Versorgungsausgleich ist darin berücksichtigt.

Außerdem hat Peter in der Ehezeit eine Pensionszusage (betriebliche Altersvorsorge) mit einem Kapitalwert von 170.000 Euro aufgebaut. Damit hat Annemarie gegenüber der Pensionskasse einen Anspruch auf einen Kapitalwert von 85.000 Euro, um die Peters Anwartschaft gekürzt wird. Sie kann mit einer Rente von voraussichtlich 400 Euro rechnen. Ihren Riester-Vertrag lässt sie ruhen. Als Ehefrau eines zulagenberechtigten Riester-Sparers hatte sie einen abgeleiteten Zulagenanspruch, der aber nun entfällt. Weitere Einzahlungen machen daher keinen Sinn, zumal die unverbindliche Hochrechnung lediglich auf 100 Euro kommt. Unter dem Strich fehlen ihr mit 66 Jahren 2.200 Euro pro Monat.

Mein Vermögenskonzept hat eine langfristige Planung und eine klare Struktur. Das Geld wird auf drei Vermögensklassen verteilt, deren Merkmale ihre Anforderungen erfüllen:

1. Jederzeit kurzfristig verfügbar:	65.000 Euro	Tages-/Festgeld, kurz laufende Anleihen
2. Mittel- bis langfristig angelegt:	485.000 Euro	Wertpapierdepot mit Auszahlplan
3. Nicht verfügbar (Altersvorsorge):	250.000 Euro	Einzahlung private Rentenversicherung

Die Immobilie, die der Gutachter auf 300.000 Euro schätzt, gehört zusätzlich in den dritten Topf: Mietfreies Wohnen ist ein beachtliches Stück Altersvorsorge.

Die gemeinsame Immobilie

Wer bekommt das Haus? Soll es verkauft werden? Was empfinden ihre Kinder? Die Entscheidung, was mit dem gemeinsamen Eigenheim passieren soll, können die Ehepartner nur gemeinsam treffen. Möchte keiner der beiden mehr darin wohnen, bietet sich ein Verkauf an. Vielen Frauen fällt das schwer, denn sie verbinden mit dem Familienheim weitaus mehr als nur den Vermögenswert. Wer die Immobilie übernimmt, muss dem scheidenden Partner einen Ausgleich zahlen. Oftmals ist die Immobilie noch mit Darlehen belastet, was die Sache nicht einfacher macht. Der wirtschaftlich schwächere Partner hat kaum die Möglichkeit, das zu stemmen.

Finanzielle Situation bis 65 …

Die monatlichen Einnahmen von 3.000 Euro werden im ersten Jahr dem Tagesgeld entnommen und in den darauf folgenden zwölf Jahren dem Wertpapierdepot. Wenn Annemarie die monatlichen Entnahmen bis zum Ruhestand an die Inflation anpasst, sind zu Rentenbeginn noch 166.500 Euro im Depot, wenn wir einmal davon ausgehen, dass sie jedes Jahr zwei Prozent mehr entnimmt. Ich habe eine Rendite von vier Prozent nach Steuern und Kosten angenommen. Würde sie konstant mit 3.000 Euro auskommen, betrüge der Restwert 225.600 Euro.

… und ab 66:

Gesetzliche, betriebliche und Riester-Rente kommen zusammen auf 1.700 Euro. Die neue private Rentenversicherung steuert 1.240 Euro (inklusive Überschüsse) bei. In den folgenden Jahren wird die Rente um zwei Prozent erhöht. Zu Rentenbeginn kann sie sich überlegen, sich doch das Kapital auszahlen zu lassen. Knapp 1.000 Euro wird sie aus dem Depotvermögen entnehmen müssen, das je nach Dynamisierung der Entnahmen in 16 bis 20 Jahren verzehrt ist.

Die Betrachtungsweise verdeutlicht, dass Vermögensschutz und eine disziplinierte Haushaltsführung über die Ausgaben das A und O sind, wenn Annemarie ihren Lebensstandard und ihre Lebensweise bis ins hohe Alter aufrechterhalten möchte. Die Vorgabe für die Vermögensverwaltung heißt daher: Es dürfen nur geringe und kontrollierte Risiken eingegangen werden. Bei einer Renditeerwartung von vier bis fünf Prozent und der Einplanung monatlicher und zusätzlich variabler Entnahmen (»es kann immer etwas sein«) sollte die Aktienquote nie mehr als 20 bis 30 Prozent betragen – unabhängig davon, wie gut oder schlecht die Prognosen für die Kapitalmärkte sind.

Außerdem rate ich ihr dazu, sich gegen das Pflegerisiko zu versichern. Denn die finanzielle Bedrohung für sie und ihre Kinder lauert nicht an der Börse …

Das neue Ehegattenrecht kippt die Garantie auf den Lebensstandard und fordert mehr Eigenverantwortung

Der Lebensstil der Familien in Deutschland hat sich in den letzten Jahrzehnten deutlich geändert – er ist bunter geworden, es gibt Patchworkfamilien, alleinerziehende Mütter und Väter ... Das neue Unterhaltsrecht wurde daran angepasst. Vorrang vor allem anderen hat der *Unterhalt an Kinder* – ob nun ehelich oder unehelich. Selbst hat nur derjenige (Ex-)Partner Anspruch auf *Unterhalt*, der kleine Kinder bis drei Jahre betreut. Jeder ist verpflichtet, seinen Lebensunterhalt selbst zu verdienen. Das ist die Botschaft des Gesetzgebers. Die Verpflichtung zur Unterhaltszahlung kann sich aber verlängern, zum Beispiel, wenn sich keine angemessene Kinderbetreuungseinrichtung vor Ort findet oder wenn Alter oder Krankheit es dem wirtschaftlich schwächeren Partner unmöglich machen, für sich selbst aufzukommen. Die Höhe orientiert sich dann nach den früheren ehelichen Lebensverhältnissen. Startet der Partner eine Berufsausbildung, um danach selbst für sich sorgen zu können, ist Ausbildungsunterhalt möglich. Die Gerichte wägen jeden Einzelfall sehr genau ab, sodass es keine allgemein verbindlichen Aussagen gibt.

Zugewinnausgleich beim gesetzlichen Güterstand: Vermögen, das während der Ehe aufgebaut wurde, wird zwischen den Eheleuten geteilt. Erbschaften und Schenkungen fallen aber nicht darunter. Schuldenabbau führt zur Vermögensmehrung. Wer also dem Ehepartner beim Schuldenabbau geholfen hat, weil zu Beginn der Ehe noch ein Kredit bestand, wird beim Zugewinnausgleich belohnt.

Beim *Versorgungsausgleich* werden alle gesetzlichen, betrieblichen und privaten Rentenanwartschaften, die während der Ehe erworben wurden, geteilt. Das gilt für alle Güterstände, es sei denn, der Versorgungsausgleich wurde in einem Ehevertrag ausgeschlossen. Der Partner, der mehr fürs Alter aufgebaut hat, muss dem anderen die Hälfte übertragen. Der Versorgungsausgleich wurde zum 01.09.2009 reformiert und stärkt den wirtschaftlich Schwächeren, in den meisten Fällen profitieren also die Frauen davon. Hervorzuheben sind die folgenden Regelungen:

- Private Rentenversicherungen werden geteilt. Jeder bekommt einen eigenen Vertrag bei der Versicherungsgesellschaft. Damit teilen sich beide Partner sowohl die Kosten zu Beginn als auch die Überschüsse und Gewinne im weiteren Verlauf.
- Betriebsrenten werden sofort geteilt – jeder bekommt ein eigenes Rentenkonto. Nach der Neuregelung ist es möglich, das Geld auch in eine andere Vorsorge, zum Beispiel eine Rürup-Police, einzuzahlen.

- Wer als Ehepartner nur abgeleitet riesterzulagenberechtigt ist, bekommt nach der Scheidung keine Zulage mehr. Der Vertrag kann aber ruhen, bis der Anspruch wieder auflebt, beispielsweise weil man rentenversicherungspflichtig arbeitet.

- Vertragsteilungen führen zu keinen steuerlichen Belastungen.

Das Scheidungsrecht gibt neuen Beziehungen auch finanziell eine Chance. Denn nicht wenige Männer wagten es zuvor gar nicht mehr, sich wirklich auf eine neue Bindung einzulassen. Und die neuen Partnerinnen fürchteten zu Recht, dass ihr Partner seine Verpflichtungen einer neuen Familie gegenüber gar nicht erfüllen könne, weil die vorangegangene Ehe seine finanziellen Möglichkeiten auf Dauer komplett erschöpft. Es ist übrigens ein Irrglaube, dass nur der Mann zahlt. Zunehmend zahlen auch die Frauen für ihren Ex.

Damit ein Neustart gelingt

Nicht nur für Ihre *Altersvorsorge* sind Sie nun selbst verantwortlich. Nach einer Scheidung ist es ebenso wichtig, alle anderen Versicherungen zu überprüfen: Ehepartner, die im Rahmen der gesetzlichen *Krankenversicherung* (GKV) über den anderen Ehepartner kostenfrei mitversichert waren, müssen nach einer Scheidung innerhalb von drei Monaten einen eigenen Vertrag bei der GKV abschließen. Wer das versäumt, muss sich privat krankenversichern. Die wichtigste private Versicherung ist die *Haftpflichtversicherung*. Sie bewahrt vor existenzbedrohenden Haftungsansprüchen, wenn Sie einem Dritten Schaden zufügen. Spätestens mit der Scheidung endet der Versicherungsschutz für den mitversicherten Partner, und jeder muss einen eigenen Vertrag führen. Denken Sie auch an *Berufsunfähigkeitsversicherungen*, die an die neue Situation angepasst werden sollten.

Simone, 50: Die Ehe muss halten

»Ich wollte das so!« Als Jakob und dann Jessica geboren wurden, hat sich Simone ganz bewusst dafür entschieden, nur für ihre Kinder da zu sein. 23 Jahre ist es jetzt her, seit sie ihren Job als Versicherungskauffrau aufgegeben hat. Nun sind die beiden aus dem Haus. Seither empfindet sie Leere und ist oft richtungs- und lustlos. Die stille 50-Jährige sucht meinen Rat, weil sie nach dem Tod ihres Vaters 50.000 Euro geerbt hat und dieses Geld für sich anlegen möchte. »Bei der Gelegenheit wollte ich auch gleich meine Altersvorsorge überprüfen lassen.« Eine umfangreiche Datenaufnahme war gar nicht erst nötig, denn bis auf die wenigen Rentenansprüche aus ihren ersten Berufsjahren und ein Sparkonto ist nicht viel vorhanden. Anders ist die Lage bei ihrem Mann Karsten, der als Ingenieur bei einem Energieunternehmen Rentenansprüche aus der gesetzlichen Rente und der betrieblichen Altersversorgung hat, zusammen immerhin 4.300 Euro. Wenn alles gut geht, ist ihre gemeinsame Wohnung in zehn Jahren abbezahlt. Zusätzlich spart er in eine private Lebensversicherung, die Simones Zukunft absichern soll. Der Gedanke, der hinter dieser Entscheidung stand, war gut. Aber ohne einen bösen Willen zu unterstellen: Mit der Umsetzung bin ich nicht glücklich. Denn Simone hat eigentlich unmittelbar nichts davon. Ihr fließt das Geld nur im Todesfall zu. Erlebt Karsten den Vertragsablauf, bekommt er das Geld ausgezahlt. Er kann außerdem den Begünstigten jederzeit ändern. Auch wenn die Ehe der beiden intakt ist, ist eine unwiderrufliche Bezugsrechtsvereinbarung gerade in solchen Fällen besser.

Absicherung des Ehegatten – die unwiderrufliche Bezugsrechtsvereinbarung

Gegenüber der Versicherungsgesellschaft legt der Versicherungsnehmer einen oder mehrere Begünstigte fest, und zwar für den Erlebens- und für den Todesfall. Eine widerrufliche Begünstigtenregelung kann jederzeit geändert werden, ohne dass der zuvor Begünstigte davon etwas erfährt. Anders bei der unwiderruflichen Bezugsrechtsvereinbarung: In diesem Fall erhält der Begünstigte den Anspruch aus dem Vertrag mit sofortiger Wirkung, auch wenn der Versicherungsnehmer weiterhin Vertragspartner der Versicherung und für die pünktliche Prämienzahlung verantwortlich ist. Eine Änderung der Bezugsrechtsvereinbarung geht dann nur zusammen mit demjenigen, der zu diesem Zeitpunkt als »unwiderruflich bezugsberechtigt« eingesetzt ist. Aber Achtung: Der Versicherungsnehmer besitzt weiterhin alle vertragsgestaltenden Rechte. Er kann also den Vertrag auf ein Minimum reduzieren oder beitragsfrei stellen. Viel besser wird die Absicherung des Ehegatten mit einer Risikolebensversicherung und einer eigenen Rentenversicherung oder einem Investmentkonto erreicht.

Ich bin mir nicht sicher, ob diese Situation »typisch deutsch« ist, Fakt ist: Jede zehnte Frau hat im Alter nichts zu erwarten. Was soll ich Simone raten? Wir diskutieren mögliche Zukunftsszenarien. Ihre Ehe bezeichnet sie als glücklich, und wenn alles so bleibt und ihr Mann bis zum Rentenbeginn weiter arbeiten kann, ist es den beiden gelungen: Die Wohnung ist abbezahlt, und seine Renten werden den Ruhestand der beiden gut finanzieren. Verliert ihr Mann den Job, wird es eng, denn große liquide Reserven hat das Paar nicht. Das Geld aus der Erbschaft ist insofern willkommen.

Kommt es zur Trennung, droht der Super-GAU:

- Aus dem Versorgungsausgleich steht ihr zwar die Hälfte von Karstens Renten zu, doch auf sie kommen mehr Kosten zu, wenn sie Single wird: Zwei 60-qm-Wohnungen sind teurer als eine 120-qm-Wohnung.
- Auf Simone kämen zusätzliche Ausgaben für die Krankenversicherung zu.
- Die Eigentumswohnung gehört beiden, aber keiner von ihnen wird es sich leisten können, sie zu übernehmen und den anderen auszuzahlen. Die Wohnung müsste verkauft werden, und es ist unklar, welcher Preis dann erzielt wird.
- Ein Lichtblick: Die 50.000 Euro aus ihrer Erbschaft würden auch im Trennungsfall ihr gehören – dieses Geld ist nicht dem Zugewinnausgleich unterworfen.

Eine Finanzberatung schafft keine Wunder, und Simone muss den Dingen ins Auge sehen. Ihre Anlagestrategie lautet daher schlicht: Die Ehe muss halten. Will sie finanziell mehr für sich erreichen, muss sie handeln. Auch wenn es das Familienbudget belastet, sollte Karsten für Simone eine zusätzliche Altersvorsorge aufbauen. Bleibt die Ehe intakt, kommt es ohnehin beiden zugute. Einen zusätzlichen Nutzen hat das Ganze im Todesfall. Obwohl Simone dank ihrer langen Ehe Anspruch auf die große Witwenrente hat, wird diese nicht üppig ausfallen.

Sie wird darüber nachdenken, sich einen Job zu suchen, nicht zuletzt, um auch etwas für sich zu tun. Außerdem wird sie mit Karsten über ein gemeinsames Testament mit gegenseitiger Erbeinsetzung sprechen, damit auch ihre Kinder Klarheit haben. Die 50.000 Euro investiert sie in einen Rentenfonds, der die Erträge gleich wieder anlegt (Ertragsthesaurierung), denn regelmäßige Ausschüttungen sind jetzt für Simone nicht wichtig. Im Notfall kann sie ja jederzeit über die Geldanlage verfügen.

Carolin, 44: Versöhnung oder Trennung? Werden Sie auf alle Fälle aktiv!

In der Ehe von Carolin kriselte es in der Vergangenheit immer wieder und zuletzt immer öfter. Die jüngste Versöhnung hielt wieder nicht lange, und vor zehn Tagen ist ihr Mann Hals über Kopf aus der gemeinsamen Wohnung ausgezogen. Carolin weiß nicht, wie es weitergehen sollte, wenn es zur endgültigen Scheidung kommt.

Auch hier die alte Rollenverteilung: Die promovierte Germanistin unterrichtet auf Teilzeitbasis in einer Privatschule. Ihr Mann hat in einem internationalen Konzern Karriere gemacht. Verständlich, dass sie sich um den zehnjährigen Sohn – und sich selbst – große Sorgen macht ... Doch fatal wäre es, wenn sie jetzt defensiv bleibt. Stattdessen sollte sie die Initiative ergreifen und die Planung in die Hand nehmen.

1. Wollen Sie um Ihre Liebe kämpfen?

Leidenschaftlicher Streit gehört zu einer intakten Partnerschaft. Wenn aber Beziehungsprobleme überhandnehmen und gemeinsame Gespräche zu keiner Besserung führen, kann professioneller Rat helfen. Es gibt in jeder größeren Stadt fachkundige Therapeuten und Psychologen, die sich auf die professionelle Eheberatung fokussiert haben. Unterstützung bekommen Sie auch bei einer Mediation. Darunter versteht man psychologische und juristische Beratung, die greifen soll, *bevor* es zu juristischen Auseinandersetzungen – in diesem Fall einem Scheidungsprozess – kommt. Mediatoren helfen bei der Bewältigung der Konflikte. Viele Rechtsanwälte haben eine entsprechende Zusatzqualifikation.

2. Verschaffen Sie sich einen Überblick, wenn sie ihn bisher nicht haben!

- Wie ist die Einkommenssituation Ihres Partners? Man möchte es nicht glauben – aber es gibt tatsächlich viele Frauen, die

nicht wissen, wie viel Ihr Partner brutto und netto verdient.
Ist Ihr Mann selbstständig? Gibt es Bilanzen oder Gewinn-
und-Verlust-Rechnungen der Firma? Sichten Sie auch die
Einkommensteuerbescheide und -erklärungen.

- Welche Vermögenswerte sind vorhanden? Gibt es Auslands-
vermögen? Am besten ist, Sie kopieren alle Unterlagen zu
Lebens- und Rentenversicherungen, Depots, Sparverträgen,
Grundbuchunterlagen etc.
- Hat Ihr Mann eine betriebliche Altersvorsorge? Was sagt der
letzte Brief der gesetzlichen Rentenversicherung?
- Gibt es gemeinsame Darlehen? Gegenüber der Bank haftet
jeder Kreditnehmer als Gesamtschuldner: Zahlt Ihr Mann
nicht, wird sich die Bank an Sie wenden. Aus der Haftung
sind Sie nur dann, wenn der Kredit umgeschrieben wird. Die
meisten Banken stellen sich quer, sie verzichten nur ungern
auf eine weitere Sicherheit: nämlich Sie!

3. Verschaffen Sie sich Rechtssicherheit!
Informieren Sie sich über die Gesetzeslage. In den letzten Jahren
hat sich vieles geändert. Bücher und Internet bieten zwar Informationen, aber keine Beratung. Suchen Sie sich daher eine
Anwältin oder einen Anwalt Ihres Vertrauens – vielleicht haben
Sie Freundinnen, auf deren Empfehlung Sie bauen können. Ihr
Rechtsanwalt sollte nicht auch gleichzeitig der Anwalt Ihres Mannes sein. Es besteht die Gefahr, dass Scheidungsvereinbarungen
zu Ihren Ungunsten geregelt werden, denn es wäre überraschend,
wenn beide Ehepartner identische Vermögenspositionen und
Ziele haben.

4. Wenn die Zweifel an einer möglichen Versöhnung größer werden (und bevor der worst case eintritt): Bringen Sie Ihr Vermögen in Sicherheit!
- Haben Sie Gemeinschaftskonten? Dann sprechen Sie mit Ih-
rem Ehepartner und wandeln das Konto in zwei Einzelkon-
ten um. Das geht nur mit der Zustimmung des Partners. Bis

dahin kann jeder über das Konto und eingeräumte Dispositionskredite verfügen. Achtung: Als Kontomitinhaber haften Sie für alle Schulden auf dem Konto. Denken Sie auch an gemeinschaftliche Wertpapierdepots.

- Gibt es gemeinsame Altersvorsorge-Verträge, etwa private Lebensversicherungen? Bevor sie diese trennen, lassen Sie sich unbedingt beraten. Eine vorzeitige Auflösung ist fast immer mit Renditeeinbußen bzw. Verlusten verbunden. Meist ist es sinnvoller, dem Partner einen Barausgleich zu zahlen.
- Hat Ihr Ehepartner Vollmacht auf Ihrem Konto? Dann widerrufen Sie diese schriftlich gegenüber der Bank, damit sie nicht von einem leeren Konto überrascht werden. Denken Sie auch an Kredit- oder Scheckkarten, mit denen Ihr Partner über die Konten verfügen kann.
- Haben Sie Ihren Partner als Bezugsberechtigten bei einer Lebens- oder Rentenversicherung eingetragen? Sie können das jederzeit formlos schriftlich ändern, wenn das Bezugsrecht widerruflich ist. Das wird sehr häufig vergessen.

Wie hätte Carolin noch mehr Klarheit haben können?

Hätten sie und ihr Mann eine Regelung für den Fall der Trennung und Scheidung aufgesetzt, sprich: einen Ehevertrag, wäre ihr viel Ungewissheit erspart geblieben. Der emotionale Stress ist groß genug. Glücklicherweise verliert der Ehevertrag den üblen Ruf, dass hier einer den anderen über den Tisch ziehen will. Paare, die mit einem Ehevertrag in guten Zeiten alles für schlechte Zeiten regeln, handeln verantwortungsbewusst.

Worauf Frauen bei Eheverträgen achten sollten

Eheverträge sind in unserer Gesellschaft aus Sicht des einkommensschwächeren Ehepartners, meist also der Frau, negativ besetzt. Man verbindet damit einen Verzicht auf Ansprüche, die nach dem Gesetz ohne Vertrag bestünden. Durch die Unterhaltsrechtsreform und den darin verankerten Grundsatz der Eigenverantwortung muss bzw. wird sich die Institution des Ehevertrags wandeln. Mehr noch: Insbesondere für einkommensschwächere Ehepartner ist ein solcher Vertrag jetzt die einzige Möglichkeit, die kurzen und betragsmäßig begrenzten Laufzeiten von nachehelichen Unterhaltsansprüchen auszuweiten. Eine Frau, die eine klassische »Familienehe« führt, hat andere finanzielle Aspekte zu berücksichtigen als ein Unternehmerehepaar. Der Unterhalt kann also dem gewählten Ehemodell angepasst werden. Dabei lassen sich ganz individuelle Lösungen für einen Ausgleich vereinbaren – etwa so, dass der schwächere Partner auf jeden Fall im Alter oder bei einer Trennung über einen entsprechenden Vermögenswert verfügen kann. Oder es wird verpflichtend festgelegt, dass in eine Renten- oder Lebensversicherung bzw. andere Anlagen einbezahlt wird. Hierbei ist darauf zu achten, dass Vertragsnehmer immer der Ehegatte selbst ist und nicht nur Bezugsberechtigter oder verfügungsberechtigter Bevollmächtigter über ein Konto. Nur wenn die Versicherung oder das Depot auf den Namen der Frau bzw. des einkommensschwächeren Partners läuft, fällt der Vermögenswert in den eigenen Herrschaftsbereich. Beim Rentenausgleich hat das neue Versorgungsausgleichsgesetz mehr Sicherheit gebracht, da jetzt auch betriebliche Altersversorgungen, die nicht auf eine Rente, sondern auf Kapital ausgerichtet sind, von den Gerichten ausgeglichen werden. Ein Ehevertrag eignet sich dazu, genau zu definieren, welche Verträge der Eheleute für die Altersversorgung gedacht sind und welche nicht. Falls Sie sich für einen anderen Güterstand als den gesetzlichen

– sprich: die Zugewinngemeinschaft – entscheiden, sollten Sie darauf achten, dass eine andere Art des Ausgleichs geschaffen wird. Dies gilt auch, wenn ein Zugewinnausgleich für den Fall der Scheidung vertraglich ausgeschlossen wird. Ebenso sollte im Vertrag klar geregelt sein, ob die Ehegatten verpflichtet sind, im Fall einer Trennung Vermögenswerte, die sie vom anderen erhalten haben, zurückzugeben oder nicht. Eheverträge sind eine Chance, offen mit den wechselseitigen Ansprüchen umzugehen und gleich am Anfang einer Ehe das Vertrauen der Partner ineinander zu stärken. Vor allem aber vermeiden Sie damit einen unerfreulichen und für beide Seiten schmerzhaften Rosenkrieg, sollte die Liebe – wie so oft heute – doch keinen Bestand haben.

Dr. Barbara Schramm, Fachanwältin für Familienrecht in München

Erst absichern und sparen, sonst wird die Immobilie zur Last

Um wen geht es?	Junges Mediziner-Ehepaar mit kleinen Kindern
Themenschwerpunkt	Vermögensaufbau für die eigene Immobilie
Zusatzinfos	Berufsständische Versorgungswerke Mieten oder kaufen?

Zwei Drittel aller Berufstätigen halten laut einer Allensbach-Umfrage die eigenen vier Wände für die einzig wahre private Altersvorsorge. Zu ihnen gehören auch Elke und Hendrik, die auf Anraten einer Studienkollegin zu mir kommen. Wir treffen uns am Vormittag, denn da sind ihre Kinder im Kindergarten. Die beiden jungen Ärzte haben sich zum Ziel gesetzt, in den nächsten vier bis fünf Jahren eine Immobilie zu kaufen. »Wir haben 50.000 Euro angespart«, erklärt Elke, »das wird als Anzahlung sicher nicht reichen.« Die Häuser, die sich die beiden angesehen haben, kosten gut und gerne 450.000 bis 500.000 Euro, Nebenkosten von rund zehn Prozent kämen noch dazu. Da sind ihre Eigenmittel schnell verpufft.

Ärzte liegen in der Gunst der Banken als Kreditnehmer ganz weit vorn. Die vermeintlich bonitätsstarke Klientel wird deshalb mit Finanzierungsangeboten aller Art hofiert. Und natürlich ist das Zinsniveau gerade verführerisch: Noch nie waren Baufinanzierungen so günstig zu haben wie Ende 2010.

Dieser Weg führt zwar direkt zum Ziel, hat aber seine Tücken, wie die folgende Bestandsaufnahme zeigt.

Elke ist 30 Jahre alt und arbeitet an drei Tagen in einer frauenärztlichen Gemeinschaftspraxis. Hendrik (36) hat an der Universitätsklinik vor wenigen Monaten einen Karrieresprung gemacht.

Seitdem ist das Familieneinkommen ordentlich gestiegen, und die beiden träumen nun noch stärker vom Haus im Grünen. Doch außer den 50.000 Euro, die auf einem Tagesgeldkonto und in einem Investmentdepot liegen, ist nicht viel Geld vorhanden. Ein nennenswerter Vermögensaufbau hat erst vor einiger Zeit begonnen, denn beide mussten zunächst ihre Studienschulden zurückzahlen. Die Vorsorge wurde mangels finanzieller Möglichkeiten bisher vernachlässigt. Beide haben zwar seit den ersten Studientagen eine kleine Berufsunfähigkeitsvorsorge – aber das war es dann auch schon. Rentenversichert sind sie über ihr berufsständisches Versorgungswerk, die Ärzteversorgung. Wie Elke und Hendrik sind viele Mediziner der Auffassung, dass die Absicherung über die Versorgungskammer ausreichend ist. Doch auch bei den Kammerberufen sind die Zeiten der Rundumversorgung vorbei.

Die Altersvorsorge der Kammerberufe: Die goldenen Zeiten sind vorbei

Angehörige der freien Berufe, wie Ärzte, Rechtsanwälte, Architekten und Steuerberater, wurden im Zuge der Rentenreform 1957 aufgefordert, sich selbst um ihre Altersvorsorge zu kümmern – die gesetzliche Rentenversicherung war ihnen versperrt. So sind die circa 90 Versorgungskammern entstanden. Psychotherapeuten gehören übrigens zum Versorgungswerk der Ingenieure.

In den Versorgungswerken der Kammerberufe wird neben der Altersrente auch die Berufsunfähigkeit obligatorisch mit abgedeckt. Der Vorteil: Es gibt keine Gesundheitsprüfung und keine speziellen Tarife, die den individuellen Gesundheitszustand berücksichtigen. Auf der anderen Seite wird diese Rente nur dann gezahlt, wenn der Mediziner wirklich nicht mehr in seinem Beruf arbeiten kann. Wenn also die zuvor praktizierende Zahnchirurgin nach einer Erkrankung noch Gerichtsgutachten erstellt, zahlt das Versorgungswerk in aller Regel keine Rente. Es heißt: ganz oder gar nicht. Bei der BU-Rente der Versorgungskammer handelt es sich insofern um eine Invaliditätsrente, die mit einer privaten BU-Vorsorge aufgestockt werden muss.

Die Versorgungseinrichtungen der Kammerberufe investieren nach den Regeln der Versicherungswirtschaft. Doch die Kapitaldecke wird immer dünner. Nicht nur, dass die Finanzkrise viele Vermögen angegriffen hat, auch die demografische Entwicklung trifft die Freiberuflerinnen und Freiberufler. Überdies müssen die Versorgungswerke ohne Zuschüsse der öffentlichen Hand auskommen.

Laut dem Alterssicherungsbericht 2008 der Bundesregierung zahlten 658.000 Mitglieder 5,7 Milliarden Euro ein. Gleichzeitig erhielten 135.000 Rentenempfänger aber 2,7 Milliarden Euro ausgezahlt. Dass dieses Verhältnis dank längerer Lebenserwartung und gesunkenem Einkommensniveau der Mediziner in der Zukunft eher schlechter als besser wird, ist offensichtlich. Heute sind die Renten sehr gut, aber die Zeiten üppiger Rentenanpassungen sind vorbei, und künftige Ruheständler müssen mit geringeren Renten rechnen.

Der Plan der beiden sieht so aus: Nach der Gehaltserhöhung von Hendrik haben sie nun zusätzlich 1.500 Euro pro Monat zur Verfügung. Ihre Miete beträgt 800 Euro, sodass sie 2.300 Euro für das Vorhaben aufwenden könnten. Von dieser Summe ziehen sie Neben- und Bewirtschaftungskosten ab, sagen wir 450 Euro, sodass sie 1.850 Euro an die Bank zurückzahlen könnten. 30.000 Euro wäre ihr Eigenmitteleinsatz, um mit 20.000 Euro noch eine minimale Reserve zu haben.

Ihre Traumhäuser würden das Haushaltsbudget sprengen. Bei einem Kaufpreis von 500.000 Euro, Erwerbsnebenkosten von 42.500 Euro und ihrem Eigenmitteleinsatz bliebe ein Darlehen von 512.500 Euro übrig. Bei einem Zinssatz von 4,5 Prozent und einer anfänglichen Tilgung von einem Prozent beträgt die monatliche Rückzahlungsrate 2.350 Euro. Nach 15 Jahren haben die beiden immer noch Schulden von circa 403.000 Euro. Das ist kein guter Plan – er bringt das junge Paar bei einer unverantwortlich kleinen Reserve von 20.000 Euro an die Grenze der Belastbarkeit!

Die beiden könnten nun ihre Erwartungen deutlich runterschrauben und eine Immobilie im Wert von 330.000 Euro erwerben (= Darlehen: 330.000 Euro). Sie reduzieren mit dieser Variante zumindest ihre monatliche Belastung auf nur noch 1.512 Euro, aber es ist fraglich, ob sie mit dieser Lösung glücklich werden. Wenn nach 15 Jahren die Zinsbindung ausläuft, stehen die beiden noch mit 260.000 Euro in der Schuld der Bank.

Das aktuelle Zinstal wird nicht von Dauer sein und man muss davon ausgehen, dass bei der Verlängerung des Kredites ein höherer Zins vereinbart wird. Liegt dieser bei 6,5 Prozent, steigt die monatliche Kreditrate auf über 1.900 Euro. Ist dieser Plan nun besser?

Es ist eng. Sehr eng. Wenn die Finanzierung so zustande käme, darf nichts passieren, damit es nicht zum finanziellen GAU kommt: keine Krankheit, keine berufliche Durststrecke, keine Auszeiten. Vom dritten Kind ganz zu schweigen.

Und bei alledem haben sie noch nichts für eine liquide Altersvorsorge getan. Ich rate dringend davon ab, jetzt das eigene Haus in Angriff zu nehmen, auch wenn die Zinsen verlockend tief sind.

Mieten oder kaufen? Was sagt der rechnerische Vergleich nach 34 Jahren?

Um zu vergleichen, ob die gemietete oder die gekaufte Immobilie wirtschaftlich besser ist, gilt es ein paar Annahmen zu treffen. Zusammengefasst die Vorgaben für Elke und Hendrik:

- Die Miete steigt von derzeit 800 Euro um linear zwei Prozent pro Jahr an.
- Der Sollzinssatz für die Gesamtlaufzeit beträgt im Schnitt 5,50 Prozent, denn das derzeit geringe Zinsniveau wird definitiv nicht von Dauer sein.
- Bei einer Tilgung von anfänglich einem Prozent ist das Darlehen von 330.000 Euro in 34 Jahren zurückgeführt.
- Die Wertsteigerung der Immobilie beträgt ein Prozent pro Jahr. Warum so gering? In der Vergangenheit wurde dieser Wert in den Ballungszentren, wie Hamburg oder Frankfurt, übertroffen, in anderen Regionen Deutschlands gab es sogar rückläufige Immobilienpreise, was den Wiederverkaufswert des Hauses reduzieren würde.
- Das Geld, das sie als Mieter monatlich gegenüber dem Käufer einsparen, wird mit einer Verzinsung von drei Prozent für den gesamten Zeitraum angelegt.

Bezahlte Mieten in 34 Jahren	461.100 Euro
Bezahlte Tilgung	330.000 Euro
Eingesetzte Eigenmittel und Zinsen	429.300 Euro
In Summe	759.300 Euro
Immobilienwert	460.500 Euro
Kosten des Immobilienkaufes	298.800 Euro

Mieter haben mehr Spielraum für den liquiden Vermögensaufbau und legen die monatlichen Ersparnisse (Differenz Miete zur Kreditrate) wieder an.

Sparleistung in 34 Jahren von	32.300 Euro
Das ergibt einen Wertzuwachs (Zinsen)	260.500 Euro
Depotwert	592.800 Euro
Fazit: Mieten übertrifft Kaufen um	**132.300 Euro**

Anmerkung

Diese Rechnung kann sich verschieben:

a) zugunsten des Mietens bei höherer Rendite der Geldanlage. Belastend wirken höhere Mietkosten (Umzug) und eine geringere Anlagerendite.

b) zugunsten des Kaufens bei Sondertilgungen (weniger Kreditkosten) und einer höheren Wertsteigerung des Kaufobjektes. Belastend wirken zusätzliche Sanierungskosten, eine geringere Wertsteigerung des Kaufobjektes und steigende Kreditzinsen.

Finanzplanung mit dem Ziel der eigenen Immobilie

Die Rechnung bestätigt ihre anfänglichen Bedenken – das Projekt ist zum gegebenen Zeitpunkt zu groß. Der bessere Weg: erst Eigenmittel aufbauen. An allererster Stelle steht jedoch die Absicherung des laufenden Einkommens. Ohne sie ist an einen Vermögensaufbau – und erst recht an eine Immobilienfinanzierung – gar nicht zu denken.

Ihre Berufsunfähigkeits-Vorsorge wird deutlich aufgestockt, sodass nun 70 Prozent des laufenden Einkommens abgesichert sind.

Vermögensaufbau für die Immobilie und Altersvorsorge starten parallel. 600 Euro werden monatlich auf dem Tagesgeldkonto beiseitegelegt. Der Aktienfonds, der bisher angespart wurde, wird verkauft. Oft ist es besser, einen Schnitt zu machen, als einmal getroffene Entscheidungen stoisch durchzuziehen. Denn obwohl

Hendrik seit vielen Jahren anlegt, hat sich nicht wirklich etwas getan. Der Fonds ist schlecht gemanagt, und die Chance, dass sich das in der Zukunft rasch ändert, sehe ich nicht. Das Modell des Investmentsparens finde ich hingegen sehr gut. Dabei wird der alte Fonds durch zwei defensivere Mischfonds ersetzt und der Sparbeitrag auf 600 Euro erhöht. Auf diese Weise können die beiden in den nächsten fünf bis sechs Jahren 75.000 bis 90.000 Euro ansparen.

Dringender Handlungsbedarf hinsichtlich der Altersvorsorge besteht für Elke. Gegenüber Hendrik, der dank seines höheren Einkommens auch höhere Pflichtbeiträge in die Ärzteversorgung zahlt, hat sie Nachholbedarf. Sie wird eine eigene private Altersvorsorge starten und schwankt noch zwischen einer klassischen Rentenversicherung oder einem Investmentsparplan.

Verfügt die Familie in den nächsten Jahren über zusätzliches Geld, das auf die Seite gelegt werden kann, bieten sich folgende Möglichkeiten an:

■ Einzahlung auf das Tagesgeldkonto, wenn die Anschaffung einer eigenen Immobilie konkreter wird, oder in das gemeinsame Wertpapierdepot, wenn der Immobilienerwerb länger vertagt oder gestrichen wird.

■ Einzahlung in Elkes Wertpapierdepot oder ihre private Rentenversicherung. Die neuen Modelle sind flexibel, und Einzahlungen werden wie der ursprüngliche Vertrag verzinst. Das ist wichtig zu wissen, weil der Garantiezins bei den Versicherungen ab 2012 gesenkt wird.

■ Einzahlung in die Ärzteversorgung, um die Altersvorsorge aufzubessern. Steuerlich können die Beiträge übrigens wie Rürup-Policen als Altersvorsorgeaufwendungen geltend gemacht werden. Achtung: Bei angestellten Ärzten muss der Arbeitgeberanteil berücksichtigt werden.

Immobilie als Altersvorsorge – reicht das?

Mietfreies Wohnen im Alter mit einer satten Wertsteigerung der Immobilie ist eine verlockende Aussicht. Diese steht in Konkurrenz zu »Mieten und Anlegen«. Nach Zins- und Börsenentwicklung der letzten Jahre darf man sich nicht wundern, wenn die Wahl vieler Menschen auf die Immobilie fällt. Einen Denkfehler macht aber der, der glaubt, damit das einzig Beste fürs Alter getan zu haben. Denn im Gegensatz zum Eigentümer, dessen Wertsteigerung in Stein gemeißelt ist, führt die Depotrendite des Mieters zu einer Erhöhung des liquiden Einkommens. Die Wertsteigerung einer selbst genutzten Immobilie, wenn es denn eine gibt bei einem 30 Jahre alten Haus, kann nicht wie Rahm auf der Buttermilch abgeschöpft werden – es sei denn, das Haus wird verkauft. Wer will das schon so planen?

»Ein bisschen Job, ein bisschen Familie, ein bisschen Geld – aber keine Rente« – Teilzeit ist eine Rentenfalle

Um wen geht es?	Ehefrauen mit Teilzeitbeschäftigung
Themenschwerpunkt	Riester-Rente
Zusatzinfos	Teilzeit mindert Rentenansprüche

Mehr als die Hälfte der Frauen, die berufstätig sind, arbeiten Teilzeit. So wie Evelyn. Die bald 34-jährige erfolgreiche Biologin begann rasch nach der Geburt ihrer Zwillinge wieder mit der Arbeit bei einem großen Pharmakonzern. »Ich wollte unbedingt wieder in meinen Beruf zurück«, sagt Evelyn. Sie möchte ihre Karrierechancen wahren, weiter berufliche Anerkennung genießen und ihren Teil zum Familienbudget beisteuern. Damit sie sich dennoch um ihre Kinder kümmern kann, entschied sie sich für Teilzeit. Das sind die Motive der meisten Frauen.

Doch leider sieht die Realität in Deutschland nicht so schön aus. Gerade gut ausgebildete Frauen, die auf der Karriereleiter schon ein paar Sprossen emporgeklettert sind, reiben sich zwischen Beruf und Familie auf. Gegenüber ihren Kindern plagt sie das schlechte Gewissen – »Mama hat wieder keine Zeit« – und im Job bekommen die interessanten Projekte meist die Vollzeitkollegen. Vom Teilzeiteinkommen bleibt unter dem Strich auch nicht viel übrig. Hier ein wenig, da ein wenig und am Ende kommen alle zu kurz. Ganz besonders die Frauen. So geht es auch Evelyn. Sie ist ein gutes Beispiel für die deutsche Teilzeit-Realität. »Ich hatte es mir einfacher vorgestellt«, gesteht sie.

Evelyn kommt zu mir in die Beratung, weil sie Klarheit über ihre Altersvorsorge haben möchte. Sie hat das Gefühl, noch zu wenig getan zu haben. Ihren Mann Jens, ebenfalls 1977 geboren, bringt sie gleich zu unserem Termin mit. Die beiden sind sich einig, dass Evelyn eine gute eigene Altersvorsorge haben muss. Auch wenn die Ehe intakt und liebevoll ist, kennen die beiden die Scheidungsraten in Deutschland:»Da sorgen wir besser vor, weiß man's?!«

Ich bitte sie, zu unserem Gespräch ihre aktuelle Gehaltsabrechnung und die letzte Renteninformation der Deutschen Rentenversicherung mitzubringen. Der Blick auf beides bestätigt: Sie muss jetzt handeln. Denn bisher ruht ihre Altersvorsorge ausschließlich auf der gesetzlichen Rentenversicherung (GRV).

Ehegattensplitting begünstigt meist die Ehemänner

Evelyns Gehalt für 19 Stunden Teilzeit beträgt 2.000 Euro brutto. Es ist in den letzten Jahren nicht weiter gestiegen – die großen Gehaltssprünge verzeichnen vor allem die 60-Stunden-Workaholiker: Auch das ist eine bittere Wahrheit. Nach Abzug von Steuern und Sozialabgaben bleiben ihr 1.080 Euro übrig. Ich erkenne auch gleich den Grund für dieses geringe Nettoeinkommen. Die beiden haben Steuerklasse 3 und 5 gewählt. Diese Strategie verfolgen nicht wenige Ehepaare. Nicht wenige Steuerberater empfehlen sie bei Ehepaaren mit unterschiedlich hohem Gehalt. Rechnerisch hat das auch seine Berechtigung. Je größer die Differenz zwischen den Einkünften von Ehemann und Ehefrau, desto größer der Vorteil in der monatlichen Gehaltsabrechnung. Denn Jens verdient mit einem Bruttoeinkommen von monatlich 6.000 Euro den wesentlichen Teil des Familieneinkommens.

Evelyn hat mit der Steuerklasse 5 einen sehr viel höheren prozentualen Steuerabzug als ihr Mann. Würden beide die gleichberechtigte Steuerklasse 4 wählen, würde sich ihr Nettogehalt von 1.080 Euro auf 1.335 Euro erhöhen – fast 25 Prozent mehr. Zudem sind beide Kinder auf seiner Lohnsteuerkarte eingetragen. Jens bekommt bei seinem Bruttoeinkommen und der Steuerklasse 3 eine

Auszahlung von knapp 3.900 Euro – inklusive der beiden Kinder-
freibeträge. In der Steuerklasse 4 käme er nur auf knapp 3.300 Euro.
Also 600 Euro weniger. So gesehen ist es also nicht ganz falsch, das
traditionelle Ehepaar-Steuermodell zu wählen, denn in der Kasse
der jungen Familie landet zunächst mehr. Mit der Einkommensteuererklärung findet ohnehin die Gesamtbetrachtung statt.

Zurück zu Evelyns Altersvorsorge. Ihr niedriges Gehalt rächt
sich später auch bei der Rente. Denn Teilzeit ist nicht nur eine
Karrierefalle, sondern leider auch eine schmerzliche Rentenfalle.
Viele Frauen haben eine völlig falsche Vorstellung davon, mit
welchen Ansprüchen sie in der gesetzlichen Rentenversicherung
(GRV) rechnen können.

Sie und ihr Arbeitgeber zahlen gemeinsam 400 Euro in der
GRV an. Jens dagegen zahlt bei seinem Einkommen zusammen
mit dem Arbeitgeberanteil mehr als das Doppelte: Knapp 1.100
Euro gehen an die Rentenkasse. Es ist offensichtlich, dass ihr
Mann im Alter besser dasteht. Zudem hat er über seinen Arbeitgeber eine betriebliche Altersvorsorge in Form einer Unterstützungskasse abgeschlossen, der er rund 2.000 Euro pro Jahr zu-
führt. Aus seinen Studentenzeiten spart er noch eine alte
Lebensversicherung mit monatlich 180 Euro an. Man braucht
kein Rechengenie zu sein, um überblicken zu können, dass die
Altersvorsorgebemühungen der beiden sehr ungleich verteilt
sind. Das haben sich die beiden bislang aber noch nie so vor Augen geführt. Glücklicherweise sind Jens und Evelyn Änderungen
gegenüber aufgeschlossen. Es ist noch nicht zu spät, um die Weichen für die Altersvorsorge neu zu stellen.

Ich veranschauliche die Situation und wage eine Rentenprog-
nose, wenn es bei dem Halbtagsjob bleibt. Aufbauend auf ihren
bisher erreichten Ansprüchen bei der gesetzlichen Rentenversicherung und den künftigen Einzahlungen käme die Akademike-
rin mit 67 Jahren auf eine Bruttorente von 950 Euro. Die Netto-
rente errechne ich mit gut 800 Euro. Sie ergibt sich nach Abzug
der Beiträge für die Kranken- und Pflegeversicherung und gegebenenfalls anfallender Steuern. Ich orientiere mich an dem Nähe-

rungsverfahren, das vom Bundesfinanzministerium entwickelt wurde. Gehaltssteigerungen habe ich nicht berücksichtigt. Ihre Versorgungslücke ist riesig. Jens Lage ist deutlich komfortabler. Er käme mit der gesetzlichen Altersrente und seinen privaten und betrieblichen Modellen auf gut und gerne 3.500 Euro.

Altersarmut droht: So wirken sich Teilzeit und Minijobs aus

Die Rentenansprüche von Frauen in Teilzeitjobs sind gering. Frauen müssen privat vorsorgen, wenn sie sich vor immensen Rentenlücken im Alter schützen möchten. Dies sei im Folgenden beispielhaft vorgeführt.

Rentenerwartung einer Frau, Geburtsjahrgang 1977
Annahme: Konstantes Gehalt bis zum Renteneintritt
Rentenbeginn mit 67; angenommene Inflationsrate: 2,5 Prozent

VOLLZEIT ohne Kinder	
Berufseintritt:	mit 26 Jahren
Einkommen in Vollzeit:	4.000 Euro
Kinder:	keine
Gesetzliche Rente:*	ca. 1.800 Euro
Rente netto:**	ca. 1.540 Euro
Rente inflationsbereinigt:	ca. 670 Euro
TEILZEIT mit Kindern	
Berufseintritt:	mit 26 Jahren
Einkommen in Vollzeit:	4.000 Euro bis 31 Jahre
Elternzeit:	3 Jahre
Einkommen in Teilzeit:	2.000 Euro nach Wiedereinstieg mit 34 Jahren
Kinder:	zwei
Gesetzliche Rente:*	ca. 950 Euro
Rente netto:**	ca. 800 Euro
Rente inflationsbereinigt:	ca. 360 Euro

MINIJOB mit Kindern	
Berufseintritt:	mit 26 Jahren
Einkommen in Vollzeit:	4.000 Euro bis 31 Jahre
Elternzeit/Familienpause:	zehn Jahre
Geringfügig beschäftigt:	400 Euro nach Wiedereinstieg mit 41 Jahren
Kinder:	zwei
Gesetzliche Rente:*	ca. 360 Euro
Rente netto:**	ca. 310 Euro
Rente inflationsbereinigt:	ca. 150 Euro

* Die hier dargestellten Renten sind nach dem Näherungsverfahren des Bundesfinanzministeriums ermittelt; Stand 2010. Eine genaue Berechnung kann nur auf Basis des persönlichen Versicherungsverlaufs von der Deutschen Rentenversicherung erstellt werden.
** Steuerpflichtiger Anteil der Rentenzahlung: 100 Prozent, angenommener persönlicher Steuersatz: 15 Prozent

Für Kinder, die ab dem 01.01.1992 geboren sind, bekommen Mütter drei Jahre Kindererziehungszeiten angerechnet. Doch diese drei Jahre Auszeit erhöhen die spätere Monatsrente gerade einmal um 78 Euro. Sie entsprechen einem durchschnittlichen Verdienst. Es ist deshalb in jedem Fall ratsam, so früh wie möglich wieder in den Beruf zurückzukehren. Eine Mutter, die bereits nach einem Jahr wieder arbeitet, bekommt einerseits die Beiträge aus ihrer Beschäftigung und andererseits die Beiträge aus den Kindererziehungszeiten gutgeschrieben. Allerdings nur bis zur Höchstgrenze (Beitragsbemessungsgrenze). Im Jahr 2011 beträgt diese Grenze monatlich 5.500 Euro (Westdeutschland).
Quelle: Deutsche Rentenversicherung

Das Paar möchte die Steuerklassenwahl beibehalten. Jens wird künftig aber einen guten Teil des steuerlichen Vorteils, den er in seiner Gehaltsabrechnung spürt, für Evelyns Altersvorsorge einsetzen. Ich rate zu zwei unterschiedlichen Modellen: 131 Euro in die staatlich geförderte Riester-Rente und 200 Euro in einen weltweit anlegenden Investmentfonds mit mittlerem Risiko. Der Vorschlag gefällt ihnen.

Hohe Förderung bei der Riester-Rente

Um bei der Riester-Rente die optimale Förderung zu erlangen, müsste Evelyn nur 436 Euro im Jahr ansparen. Das wären 35 Euro pro Monat. Da es aber nicht nur darum geht, die staatliche Förderung bestmöglich auszuschöpfen, sondern auch darum, eine eigene Altersvorsorge für Evelyn aufzubauen, entscheiden sie sich, den Höchstbetrag anzusparen. Das sind 2.100 Euro pro Jahr abzüglich der staatlichen Zulagen von jährlich 524 Euro: 154 Euro für Evelyn und je 185 Euro für die Kinder. Sie müssen also zunächst nur 1.576 Euro selbst aufbringen.

So sieht Evelyns Riester-Rente aus:
Sie wählt eine klassische Rentenversicherung eines leistungsstarken Versicherers, der auch in der Vergangenheit gute Ergebnisse für seine Versicherten erzielt hat.
Monatlich spart sie nun 131 Euro an. Die Grundzulage geht bis zum Laufzeitende auf den Vertrag ein und die Kinderzulagen erfolgen so lange, wie das Kindergeld bezahlt wird. Der Eigenbetrag wird in der gemeinsamen Steuererklärung angegeben. Das ergibt eine zusätzliche Steuerersparnis von knapp 290 Euro. Somit reduziert sich der Gesamtaufwand auf effektiv 1.286 Euro – ihr Altersvorsorgekonto wird aber mit 2.100 Euro gefüllt! Insgesamt errechne ich eine stol-

ze Förderquote von 38 Prozent. Über die komplette Laufzeit hinweg spart sie 50.300 Euro selbst an, während der Staat 13.068 Euro an Zulagen dazugibt. Wie sieht es nun zu Rentenbeginn aus? Ihre garantierte Rente beträgt monatlich 310 Euro. Dazu kommen die Überschüsse und die sogenannten Bewertungsreserven der Versicherung, die beide aber bei Vertragsabschluss nicht garantiert werden können. Mit ihnen kann die Rente sogar 665 Euro betragen. Diese unterliegt komplett der persönlichen Besteuerung. Zu Rentenbeginn kann Evelyn übrigens bis zu 30 Prozent des Kapitals aus der Riester-Rentenversicherung entnehmen. Das sind bei ihr circa 40.800 Euro, über die sie frei entscheiden kann. (Berechnung: Das Garantiekapital mit 67 beträgt 86.200 Euro und inklusive der Überschüsse kann es auf 136.000 Euro wachsen: 30 Prozent davon sind 40.800 Euro)

Mehr Rücklagenbildung ist derzeit nicht möglich. Was übrig ist, sparen die beiden auf einem Tagesgeldkonto an. Für die Urlaubskasse. In zwei, drei Jahren wollen wir die Planung überprüfen und möglicherweise anpassen.

Evelyn ist nach der Beratung bestärkt worden, möglichst rasch ihre Arbeitszeiten zu erhöhen. Denn sie macht sich keine Illusion: Je länger sie in Teilzeit arbeitet, desto schwieriger ist es, an die einst begonnene Karriere wieder anzuknüpfen.

Riester-Rente – für (fast) alle

Mal wird die Riester-Rente als »… die attraktivste Geldanlage« (Finanztest Spezial, 2005) bezeichnet, mal ist sie zu teuer (Verbraucherzentrale, Dezember 2009) und zu unflexibel. Mal riestern zu wenige Bürger, dann wird der zwölfmillionste Vertrag gefeiert. Sie merken schon – die Riester-Rente hat ihre Befürworter und ihre Kritiker.

Ich finde, die Riester-Rente wird zu Unrecht gescholten. Sie ist für viele Bürger der erste Schritt zum Aufbau einer eigenen privaten Altersvorsorge. Dennoch liegt die Akzeptanz in der Bevölkerung bislang unter den Erwartungen der Politik. Nach Schätzungen des Deutschen Instituts für Wirtschaftsforschung (DIW, 2010) haben bisher erst 37 Prozent der Berechtigten einen Vertrag abgeschlossen.

Die Riester-Rente wurde im Zuge der Rentenreform 2001 entwickelt. Sie soll die Bürger bei der Altersvorsorge unterstützen und helfen, die Lücke zu schließen, die durch zahlreiche Einschnitte bei der gesetzlichen Rente entstanden ist. Reicht also der Abschluss eines Riestervertrags, und alles ist in Butter? Nein! Es wäre fatal zu glauben, dass die Riester-Rente einen komfortablen Ruhestand finanzieren kann. Sie ist allenfalls nur eine Maßnahme von vielen. Dennoch lohnt sich die Riester-Rente für fast jeden.

Warnen möchte ich aber vor einem übereilten Abschluss – ein Rat, der natürlich für alle Finanzentscheidungen gilt. Ich finde es jedenfalls erschreckend, wie manche Riester-Verträge geradezu »verramscht« werden. Bei Kaffeeröstern oder Warenhäusern. Denn das Modell ist komplex und zu wichtig, als dass Sie auf fachkundige Beratung verzichten sollten. Es gilt, eine Menge zu beachten.

Ich habe Ihnen im Folgenden die aus meiner Sicht wichtigsten Fakten zur Riester-Rente zusammengestellt.

Fakten zur Riester-Rente – 15 Fragen und Antworten

1. Wer kann »riestern?«
Das ist im §79 des Einkommensteuergesetzes geregelt. Hierzu gehören:

- Angestellte und Arbeiter, also die Pflichtversicherten in der gesetzlichen Rentenversicherung

- Beamte
- Rentenversicherungspflichtige Selbstständige, etwa Hebammen
- Selbstständige, die Mitglied in der Künstlersozialkasse (KSK) sind
- Erziehende in der Kindererziehungszeit, wenn sie zuvor rentenversichert waren
- Zivil- und Wehrdienstleistende, Landwirte und Bezieher von Arbeitslosengeld
- Geringfügig beschäftigte Personen (»Mini-Job«), die auf die Versicherungsfreiheit verzichtet haben
- … und natürlich die Ehepartner, wenn einer von beiden zum oben genannten Personenkreis zählt und selbst riestert. Oft sagt man von diesen Sparerinnen und Sparern, dass sie »abgeleitet riestern«.

Alle anderen Personengruppen wie die Selbstständigen und die Angehörigen der Kammerberufe (Mediziner, Rechtsanwälte, Architekten) sind nicht förderberechtigt. Für sie eignen sich andere Modelle.

2. Was heißt eigentlich riestern?
Riester-Verträge sind Sparverträge, die der Altersvorsorge dienen und die der Staat mit Zulagen und Steuervorteilen fördert. Riester-Verträge haben nichts mit dem Umlageverfahren der gesetzlichen Rentenversicherungen zu tun. Sie sind kapitalgedeckt – das heißt: Jeder Sparer hat seinen eigenen Vertrag und erwirbt aus seinen Einzahlungen garantierte Ansprüche.

3. Wie wird pro Jahr angespart?
Man unterscheidet für gewöhnlich den Mindestsparbetrag, mit dem man die bestmögliche Förderung erhält, und den maximalen Betrag. Seit 2008 beträgt der Mindesteigenbeitrag vier Prozent des Vorjahreseinkommens – abzüglich der Zulage. Der Maximalbetrag ist auf 2.100 Euro pro Jahr festgelegt.

Wer kein eigenes Einkommen hat, muss mindestens den sogenannten Sockelbetrag als Mindesteigenbeitrag zahlen. Dieser
beträgt seit dem 01.01.2005 generell 60 Euro pro Jahr. Mit Zula-
genkürzungen muss derjenige rechnen, der einen geringeren Beitrag als den Mindesteigenbeitrag oder den Sockelbetrag einzahlt.
Wer hingegen mehr als den Mindesteigenbeitrag einzahlt, erhält
zwar keine höheren Zulagen, kann aber Steuervorteile nutzen,
wenn die steuerliche Progression recht hoch ist. Wer keine oder
nur eine geringe Steuerbelastung hat, sollte zusätzlich zum Riestern lieber noch andere Modelle der privaten Altersvorsorge, zum
Beispiel eine private Rentenversicherung, nutzen.

4. Wie hoch ist die Förderung mit Zulagen?
Seit 2008 erhält jeder Riester-Sparer, der die Mindesteigenleis-
tung einzahlt, 154 Euro pro Jahr. Hinzu kommen 185 Euro für
jedes Kind, das kindergeldberechtigt ist und bis zum 31.12.2007
geboren wurde. Kinder, die nach dem 01.01.2008 auf die Welt kamen, werden sogar mit 300 Euro gefördert. Einen Berufseinstei-
gerbonus von einmalig 200 Euro auf den Vertrag bekommen alle
jungen Riester-Sparer bis 25 Jahre.
    Sie können Ihren Sparbetrag jährlich oder in monatlichen
Raten leisten. Bei den Riestermodellen sind zudem flexible Zahlungen und Zuzahlungen erlaubt. Auch Unterbrechungen sind
möglich. Bei Abschluss des Vertrages stellt der Riester-Sparer
über das Versicherungsunternehmen oder die Fondsgesellschaft
gleich einen sogenannten Dauerzulagenantrag. Damit wird die
Zulage automatisch und zuverlässig durch die Zentrale Zulagenstelle für Altersvermögen auf den Vertrag überwiesen.

Beispiele für Förderungen

Wer?	Einkommen	Kinder	Zulage	Mindesteigenleistung
Singles Bürokauffrau/ angestellt	30.000 €	Nein	154 €	1.046 € (1)
Volkswirtin/ angestellt	80.000 €	Nein	154 €	1.946 € (2)
Steuerberaterin/ selbstständig	70.000 €	Ja: 5 Jahre alt	keine Förderung	(3)
Alleinerziehende/ angestellt	40.000 €	Ja: 1 Jahr alt	454 €	1.146 € (4)
Grafikerin (KSK) / selbstständig	40.000 €	Nein	154 €	1.446 € (5)
Ehepaare Diplom-Ingenieur Hausfrau	80.000 € Keines	Ja: 7 und 9 Jahre alt	154 € 524 €	1.946 € (6) 60 €
Landschafts- gärtner Dolmetscherin	30.000 € 50.000 €	Ja: 10 und 15 Jahre alt	339 € 339 €	861 € (7) 1.661 € (7)
IT-Fachmann (selbstständig) Beamtin	30.000 € 60.000 €	Nein Nein	154 € 154 €	(8) 1.946 €

(1) vier Prozent vom Vorjahreseinkommen abzüglich der Zulage
(2) vier Prozent vom Vorjahreseinkommen, maximal 2.100 Euro, abzüglich der Zulage; Steuervorteile kommen dazu
(3) Selbstständige, die nicht in der gesetzlichen Rentenversicherung pflichtversichert sind, können nicht riestern und erhalten folglich auch keine Zulagen.

(4) Hier macht sich die höhere Förderung der Kinder seit dem 01.01.2008 bemerkbar. Die Mindestsparrate der Alleinerziehenden beträgt 1.600 Euro. Abzüglich der Grundzulage von 154 Euro und 300 Euro Kinderzulage reicht eine Eigenleistung von 1.146 Euro.

(5) Da die selbstständige Grafikerin in der KSK versichert ist, kann sie riestern.

(6) Die Kinderzulage erhält für gewöhnlich die Mutter. Da es passieren kann, dass erst der berufstätige Ehemann riestert, werden die Zulagen der Kinder seinem Vertrag gutgeschrieben. Das führt aber dazu, dass kaum Vorsorge für die erziehende Mutter getroffen wird. In diesem Fall rate ich dazu, die Zulagen auf den Vertrag der Mutter umzuleiten. Sie zahlt den Sockelbetrag.

(7) Das Ehepaar hat die Kinderzulage aufgeteilt. Das geht auf Antrag bei der Zentralen Zulagenstelle für Altersvermögen, die zur Deutschen Rentenversicherung gehört.

(8) Der selbstständige IT-Fachmann kann »abgeleitet« riestern, weil seine Frau als Beamtin zum förderberechtigten Personenkreis zählt. Achtung: Der abgeleitete Partner erhält lediglich die Zulage; einen Steuervorteil kann das Ehepaar nur für maximal 2.100 Euro geltend machen.

5. Wie kommt man an die Steuervorteile?

Riester-Sparer können ihre eigenen Aufwendungen (Eigenleistungen) als Vorsorgeaufwendungen in der Einkommensteuererklärung geltend machen. Ein Nachweis über die Höhe dieser Eigenbeiträge bekommt man vom Riester-Anbieter jährlich übersandt. Wichtig: Um die Förderung in maximaler Höhe zu erhalten, sollte immer die Zulage beantragt werden. Denn auch wenn sie nicht beantragt wurde, wird sie mit dem Steuervorteil verrechnet. In der Sparphase fällt übrigens keine Abgeltungssteuer an. In der Rentenphase greift dann die sogenannte nachgelagerte Besteuerung. Die gezahlte Rente unterliegt vollständig der persönlichen Steuerpflicht.

6. Wer bietet Riester-Verträge an?

Riester-Verträge anbieten kann nicht jeder, denn sie müssen eigens zertifiziert werden. Vor allem Versicherungen und Fondsgesellschaften bieten diese Produkte an, aber auch Banken, Sparkassen und Bausparkassen.

7. Wie wird das Geld angelegt?

Riester-Rentenversicherungen sind mit einem Anteil von 77 Prozent die mit Abstand beliebteste Anlageform. Ihnen folgen Riester-Investmentsparpläne mit 19 Prozent (Quelle: Alterssicherungsbericht der Bundesregierung). Banksparpläne und Wohn-Riester führen hingegen ein Nischendasein. Für wen welches Modell richtig ist, lässt sich nicht generell festlegen. Eine erste Orientierung ist diese:

- Riester-Rentenversicherungen eignen sich für sicherheitsorientierte Sparer, die von vornherein Klarheit haben möchten, mit welcher Rente sie mindestens rechnen können. Übrigens gibt es seit 2006 keine Unterscheidung mehr zwischen Männern und Frauen. Beitrag und Rente dieser Unisex-Tarife sind im Riester-Modell gleich.

- Riester-Fondssparpläne mit Aktienfonds sprechen Anleger an, die ihr Geld am Aktienmarkt anlegen möchten und risikobereiter sind. Die Vertragslaufzeit sollte länger sein.

- Der Riester-Banksparplan ist eine Empfehlung für sehr sicherheitsbewusste Sparer und auch ältere Sparer. Dessen Laufzeit ist in aller Regel kürzer.

- Mit einem »Wohn-Riester« kann man eine eigene Immobilie mitfinanzieren. Mich hat das Modell bislang wenig überzeugt. Es liefert keinen nennenswerten Beitrag für die Immobilienanschaffung und hat sehr starre Vorgaben. Zudem müssen in der Rentenphase Steuern auf ein fiktives »Wohnförderkonto« bezahlt werden, obwohl keine Liquidität fließt. Für mich widerspricht das der Idee einer Rentenversorgung im Alter.

Eine Riester-Förderung ist übrigens auch über die betriebliche Altersversorgung möglich, zum Beispiel mit einer Direktversicherung. Voraussetzung ist aber, dass die Beiträge aus dem Bruttoentgelt des Arbeitnehmers geleistet werden.

8. Ist das Geld Hartz-IV-sicher?
Ja. Ihre bereits eingezahlten Beiträge sind dem staatlichen Zugriff entzogen.

9. Was bedeutet die Riester-Garantie?
Egal ob Riester-Rentenversicherung oder Riester-Fondssparplan – zum Rentenbeginn sind alle Eigenmittel und die geflossenen Zulagen garantiert. Das ist eine große Verantwortung für die Produktanbieter. Bei den Modellen mit Aktienfonds wird deshalb üblicherweise das Risiko in den Verträgen zum Ende der Laufzeit reduziert.

10. Was passiert zu Rentenbeginn?
30 Prozent des angewachsenen Kapitals können aus dem Vertrag entnommen und beliebig verwendet werden. Das ist eine schöne Option, denn vielleicht steht zu Rentenbeginn eine Reise oder eine Renovierung an. Aus dem verbleibenden Kapital wird die Rente gebildet, die dann lebenslang bezahlt wird. Die Riester-Rente unterliegt in der Rentenphase in voller Höhe der persönlichen Steuerpflicht.

11. Welche Auflagen hat die Riester-Rente?
Riester-Verträge können nicht beliehen, übertragen oder vorzeitig aufgelöst werden. Andernfalls müssen alle Zulagen und Steuervorteile zurückbezahlt werden. Stichwort »Mallorca-Rentner«: 2009 hat der Europäische Gerichtshof entschieden, dass Rentner, die ins Ausland auswandern, die Förderung in voller Höhe behalten dürfen.

12. Was passiert im Todesfall?

Stirbt der Sparer in der Ansparphase, kann der Vertrag auf den Ehepartner übertragen werden. Ist er ebenfalls förderberechtigt, geht das Guthaben 1:1 auf ihn über. Zählt er hingegen nicht zum berechtigten Personenkreis, müssen die Zulagen und Steuervorteile zurückbezahlt werden. Ist kein Ehepartner vorhanden, geht das Riestervermögen an die Erben, die allerdings die staatliche Förderung zurückzahlen müssen. Stirbt der Sparer in der Rentenphase, erhält der Ehepartner diese Renten. Bei Rentenversicherungen gilt die vereinbarte Rentengarantiezeit.

13. Wie teuer ist ein Riester-Vertrag?

Immer wieder heißt es, dass Riester-Verträge mit hohen Kosten verbunden sind. Das ist teilweise richtig. Zwischen den Modellen der verschiedenen Anbieter gibt es große Unterschiede. Sie sollten allerdings auch wissen, dass über die Kosten neben der umfassenden Beratung auch die Vertragsführung finanziert wird. Und die ist mit einigem Aufwand verbunden, den es bei anderen Geldanlagen in dieser Form nicht gibt. So kümmert sich der Anbieter um alle Vorgänge, die mit den Zulagen verbunden sind.

14. Ist Riester nur etwas für kinderreiche Frauen?

Nein. Gerade auch gut Verdienende können ihre Förderquote durch die Steuervorteile enorm erhöhen. Wer beispielsweise als Single 90.000 Euro verdient und den Höchstbetrag einzahlt, erzielt neben der Grundzulage eine Steuerersparnis von mehr als 800 Euro. Zusammen macht das eine Förderquote von rund 47 Prozent. Riester kann man bei Gut- und Besserverdienenden daher als Ergänzung zu einer umfangreicheren privaten Vorsorge ansehen.

15. Und wo kann man sich beraten lassen?

Wichtig ist eine persönliche Beratung, denn ein Riester-Vertrag sollte eingebettet sein in ein breiter angelegtes Altersvorsorgekonzept. Eine umfassende Beratung finden Sie bei unabhängigen Maklern und Finanzberatern und den Produktanbietern.

Minijob – was bringt's für die Rente?

Um wen geht es?	Ehefrauen mit Minijobs
Themenschwerpunkt	Betriebliche Altersvorsorge für Minijobber
Zusatzinfos	Riestern mit Minijob

Wie es aussieht, wenn man versäumt, sich früh um die eigene Altersvorsorge zu kümmern, muss Wiebke erfahren. Die 52-Jährige arbeitet seit vielen Jahren im Betrieb ihres Mannes Rolf mit. Sie tut dies als »Minijobberin«, bezieht also maximal 400 Euro im Monat. Die Kinder der beiden haben erst kürzlich Ausbildung und Studium begonnen und brauchen sicher noch eine Zeit lang finanzielle Unterstützung von den Eltern. Wiebkes Mann ist 57 Jahre alt und besitzt eine alteingesessene Druckerei in Passau. Das Paar gehört damit zum klassischen Mittelstand in Deutschland – das Herzstück unserer Volkswirtschaft. Glücklicherweise wurde das Unternehmen von der Wirtschaftskrise vor einigen Jahren nicht so hart getroffen. Der kleine Betrieb steht dank des Einsatzes der beiden sehr gut da.

Wiebke und Rolf sind auf der Zielgeraden in den Ruhestand. Das ist auch der Grund, warum Wiebke meine Beratung sucht. Sie möchte ihre Altersvorsorge überprüfen, um eventuell noch die eine oder andere Weiche stellen zu können.

Die mitarbeitende Ehefrau ist in Deutschland alles andere als ein Einzelfall. Vor allem in der Gruppe der Ärzte und Handwerker unterstützen viele Frauen das Familienunternehmen. Die meisten dieser mitarbeitenden Ehefrauen tun dies als geringfügig Beschäftigte. Knapp sieben Millionen Minijobs werden in Deutschland gezählt – mit steigender Tendenz. Laut der Minijob-Zentrale (Teil der Deutschen Rentenversicherung) sind zwei Drittel aller Minijobber Frauen. Sie arbeiten in der Gastronomie, als Putzhilfen oder im

Einzelhandel. Viele dieser Frauen sind auf den Hinzuverdienst angewiesen. Wiebke ist das glücklicherweise nicht. Sie lebt die klassische Hausfrauenehe und kümmert sich vor allem um Familie, Haushalt und die sozialen Kontakte. Laut dem Alterssicherungsbericht der Bundesregierung 2008 haben 13 Prozent aller Ehefrauen in Westdeutschland keine eigene Rente. Viele dieser Frauen müssen auch jenseits der 65 arbeiten oder sind ihr Leben lang finanziell von einem Mann abhängig. Nicht anders ist die Situation bei dem Handwerkerehepaar. Rolf ist der Versorger und wird es auch bleiben, wenn nichts dazwischenkommt.

Es ist also nicht überraschend, dass die Altersvorsorge der beiden unausgewogen ist. Rolf hat für seine eigene Altersvorsorge frühzeitig kapitalbildende Lebensversicherungen abgeschlossen. Die Policen sind gut, und sie umfassen auch eine Witwenrente. Wiebke allerdings hat einigen Nachholbedarf. Denn ihre Altersvorsorge besteht ausschließlich aus der – spärlichen – gesetzlichen Rente. Diese Ansprüche stammen aus ihren ersten Berufsjahren und aus den Kindererziehungszeiten. Mit ihrem 400-Euro-Job hat sie keine Altersvorsorge betrieben. Das war den beiden zwar von Beginn an klar, doch die Finanzkrise hat nun an einigen gemeinsamen Geldanlagen gezehrt, die für das Alter vorgesehen waren. Wiebke ist deshalb besorgt und möchte zusätzliche Rücklagen bilden.

Ich rate ihr zu einer betrieblichen Altersvorsorge in Form der Direktversicherung. Sie hat noch ausreichend Zeit bis zum Ruhestand, und die Vorteile für sie und den familiären Betrieb sind enorm. Mein Vorschlag kommt für das Ehepaar überraschend: »Geht das denn überhaupt?«

Es geht. Momentan können Minijobber 400 Euro pro Monat verdienen. Grundlage ist ein entsprechender Arbeitsvertrag. Steuern und Sozialabgaben werden pauschal durch den Arbeitgeber bezahlt. Insgesamt kann diese Abgabe bis zu 30 Prozent betragen. 15 Prozent davon fließen in die gesetzliche Rentenversicherung und tragen dazu bei, das Rentenkonto zu erhöhen und Wartezeiten zu erfüllen (Quelle: Minijob-Zentrale). Allerdings nur minimal. Wer mehr Rente haben möchte, muss die berufliche Tätigkeit ausweiten.

Mehr Arbeit bedeutet mehr Gehalt und mehr Einzahlungen in die Rentenkasse. Doch mit einem höheren Gehalt wird man sozialversicherungspflichtig. Viele Arbeitnehmer und Arbeitgeber wollen das nicht. Die Vereinbarung einer betrieblichen Altersvorsorge in Form der Direktversicherung schafft Abhilfe. Damit kann der Arbeitnehmer mehr arbeiten und er stärkt seine Altersvorsorge, aber gefährdet nicht seinen Status als Minijobber.

Wiebke und Rolf sind sich einig. Sie erhöht ihre Arbeitszeit und spart den Hinzuverdienst von 370 Euro. Das ist der Höchstbetrag, der derzeit monatlich in eine Direktversicherung eingezahlt werden kann. Bis zum Rentenbeginn sind es bei ihr noch 14 Jahre. Ich rate ihr zu einem klassischen Versicherungsmodell ohne Aktien, auch da sie selbst keine großen Risiken eingehen möchte.

Mein Vorschlag gefällt den beiden. Wiebke bekommt mit 66 Jahren eine lebenslange Rente von anfänglich 330 Euro im Monat. Die gesamte Rente steigt in der Rentenphase um jährlich 2,30 Prozent (Berechnung inklusive der Überschüsse; die Garantierente beträgt gut 270 Euro; Quelle: Volkswohlbund).

So stärkt sie ihre Altersvorsorge und bekommt weiterhin 400 Euro netto aufs Konto.

Wie funktioniert eine Direktversicherung für Minijobber?

Mit einer Direktversicherung spart der Arbeitnehmer über den Arbeitgeber für seine Altersvorsorge an. Es handelt sich dabei um eine Rentenversicherung mit Kapitalwahlrecht. Vertragspartner sind die Lebensversicherungsgesellschaften. Bis zu vier Prozent der Beitragsbemessungsgrenze für die Beiträge zur staatlichen Rentenversicherung können pro Jahr in eine Direktversicherung eingezahlt werden. Im Jahr 2010 sind das 2.640 Euro. Dieser Betrag ist in voller Höhe steuer- und sozialversicherungsfrei. Für Zusagen seit dem 01.01.2005 erhöht sich dieser Betrag um weitere 1.800 Euro pauschal, so- dass insgesamt 4.440 Euro im Jahr in eine Direktversicherung eingezahlt werden können. Der Arbeitgeber ist der Versiche- rungsnehmer, der Arbeitnehmer ist die versicherte Person. Eine einmal abgeschlossene Direktversicherung kann auch zu einem anderen Arbeitgeber problemlos mitgenommen werden. Wenn das Arbeitsverhältnis beendet ist, lässt sich die Versicherung auch mit eigenen Beiträgen fortführen. Das ist meist auch ratsam. Da der Arbeitnehmer bei einer arbeit- nehmerfinanzierten Direktversicherung das unwiderrufliche Bezugsrecht hat, gehört ihm die Police auch im Fall einer Kündigung oder bei einer Insolvenz des Betriebs. Erst im Rentenalter sind die Rentenzahlungen steuerpflichtig. Bis dahin kann das Geld steuerfrei für den Arbeitnehmer arbei- ten. Einen Komplettüberblick zur betrieblichen Altersvorsor- ge finden Sie im Kapitel »Mitte 30 – Kind oder Karriere?«

Nicht von Dauer

Viele Frauen nutzen Minijobs auch als ersten Schritt nach der Fa- milienpause, um wieder in ihrem ursprünglichen Beruf Fuß zu fassen. Das gefällt mir als Wiedereinstieg. Dem sollten aber weite- re berufliche Schritte folgen. Denn Minijob oder Midijob, ob mit oder ohne Direktversicherung, stellen aus meiner Sicht für die Frauen keine echte langfristige Lösung dar. Sie schaffen zwar kurzfristig ein gutes Gefühl und ein eigenes Einkommen, aber halten fern von qualifizierter beruflicher Karriere und echter Ver- mögensbildung. Ich weiß natürlich, dass viele Frauen oftmals kei- ne Alternative haben. Diese Frauen haben nicht das Glück wie Wiebke, die einfach nur etwas dazuverdienen möchte.

Riestern trotz Minijob? Auch das ist möglich!

Geringfügig Beschäftigte sind normalerweise von der Versicherungspflicht befreit. Sie können aber von der Möglichkeit Gebrauch machen, auf diese Befreiung zu verzichten, indem Sie den pauschalen Arbeitgeberbeitrag zur gesetzlichen Rentenversicherung aufstocken. Das kostet Sie bei einem Verdienst von 400 Euro monatlich nur 19,60 Euro (Stand 2010). Dann sind Sie in der glücklichen Lage, »riestern« zu können. Das bedeutet: Selbst wenn Sie nur den Sockelbetrag von jährlich 60 Euro in den Vertrag einzahlen, bekommen Sie die volle Grundzulage von 154 Euro und gegebenenfalls die Kinderzulagen von 185 Euro bzw. 300 Euro! Das ist ein gutes Geschäft für Sie.

Nebenbei erhöhen Sie Ihre Ansprüche in der gesetzlichen Rente, wenn auch nur minimal. Ein weiterer Vorteil ist, dass die Beschäftigungszeit in vollem Umfang auf verschiedene Wartezeiten (Mindestversicherungszeiten) der gesetzlichen Rentenversicherung angerechnet wird. Das kann bei dem Wunsch nach einem früheren Rentenbeginn sehr wertvoll sein.

Es lohnt sich deshalb darüber nachzudenken, auf die Befreiung von der Versicherungspflicht zu verzichten.

Wenn ein Beruf nicht ausreicht – große Lücken beim Einkommen und der Rente

Um wen geht es?	Die Alleinerziehende – 1964 geboren, Single
Themenschwerpunkt	Nachhaltige Geldanlagen
Zusatzinfos	Microfinanzanlagen

Ist das jetzt eine gute oder eine schlechte Nachricht? Nach den Daten des Instituts der Deutschen Wirtschaft sind 2009 fast 40 Prozent der 60- bis 65-Jährigen berufstätig. Das sind doppelt so viele ältere Arbeitnehmer wie noch 1996. Und die Tendenz ist steigend: Immer mehr Menschen arbeiten unmittelbar bis zum Renteneintritt … und künftig werden sie wohl über diese magische Grenze hinaus arbeiten.

Heike hatte den guten Vorsatz schon länger, aber nun will sie endlich Klarheit über ihre Altersvorsorge haben. Als Alleinerziehende von zwei Kindern ist sie es gewohnt, manch unbequeme Wahrheit anzunehmen, und mit diesem Vorsatz kommt sie zu mir zur Beratung. Bewaffnet mit drei Aktenordnern und alles andere als fröhlich.

Die Fotografin ist 46 Jahre alt und arbeitet bei einem exklusiven Fotostudio in der Münchner Innenstadt. Es ist schätzungsweise ihr zehnter Arbeitgeber, denn Heike musste immer wieder von vorn anfangen. Erst kam die Trennung vom Vater ihrer Kinder, dann war sie immer wieder auf der Suche nach einer neuen Arbeit und musste mehrfach umziehen. Auf dem Markt gibt es jede Menge guter Fotografen, und sie verlor ein paar Mal ihren Job, weil ihr Arbeitgeber nicht genug Aufträge hatte. Manchmal wechselte sie auch, weil sie hoffte, ihr Einkommen zu verbessern. Außerdem arbeitete sie wegen der Kinder lange Teilzeit. Erst vor zwei Jahren konnte sie ihre Arbeitswoche auf vier Tage aufstocken.

Eine Biografie wie die von Heike führt zu großen Lücken in
der Altersvorsorge. Das weiß sie längst, aber nun möchte sie wissen, womit sie einmal konkret rechnen und was sie gegebenenfalls noch tun kann. »Ich möchte das jetzt endlich regeln!« Sie
macht sich große Sorgen und fürchtet sogar, dass sie sich eines
Tages keine ordentliche Wohnung mehr leisten kann. Die Mieten
in München sind hoch, und sie möchte später keinesfalls auf
staatliche Hilfe oder – noch schlimmer – auf die Hilfe ihrer Kinder angewiesen sein. Sie ist sehr bewegt, als sie so erzählt.

Nicht viel angespart – woher auch?

Ihr regelmäßiges monatliches Nettoeinkommen beträgt derzeit
rund 2.000 Euro. Erst in den letzten Jahren konnte sie hin und
wieder etwas auf die Seite legen. Auf diese Weise ist ihr Sparkonto
auf mittlerweile 24.000 Euro angewachsen. Ein Wertpapierdepot
hat sie nicht, und weil sie nie lange bei einem Arbeitgeber blieb,
kann sie auch auf keine betriebliche Altersvorsorge bauen. Seit
dem Jahr 1990 spart sie in einer Lebensversicherung 150 Euro pro
Monat an, die zu ihrem 60. Geburtstag fällig wird: 135.400 Euro
werden ihr in Aussicht gestellt. Aus der gesetzlichen Rentenversicherung kann sie einmal mit 920 Euro rechnen, wenn sie bis zu
ihrer Regelaltersgrenze im Jahr 2031, dann ist sie 67 Jahre alt, Beiträge wie im Schnitt der letzten fünf Jahre einzahlt.

Das macht alles zusammen 1.550 Euro, wenn die Versicherung mit den derzeitig gültigen Rentenwerten »verrentet wird«.
Diese Betrachtung hat sich in meiner Beratung bewährt, denn so
wird deutlich, welchen Nutzen Geldanlagen für die Altersvorsorge haben. »Das ist schon keine Rentenlücke mehr – das ist ein
Loch!«, konstatiert sie. Womit sie leider Recht hat.

Der Begriff der Rentenlücke ist schwammig. Die einen verstehen darunter die Differenz aus dem letzten Einkommen und den
in Aussicht gestellten Renten. Andere orientieren sich an den
heutigen Ausgaben und stellen das ins Verhältnis zu den zu er-

wartenden Renteneinnahmen. Beide Überlegungen gehen von der Vorstellung aus, dass der Finanzbedarf im Alter so hoch ist wie während des Berufslebens. Ich teile diese Sichtweise. Nicht nur, dass die Erwartungen an einen »schönen Ruhestand« hoch sind, wir müssen auch mit höheren Gesundheits- und Pflegekosten rechnen. Realistischerweise braucht Heike bereits jetzt mehr als 2.000 Euro im Monat, um »gut leben zu können«. Das ist auch der Grund, weshalb sie sich vor zwei Jahren zusätzlich zur Pilates- und Yoga-Trainerin ausbilden ließ und seitdem einige Abendkurse in privaten Fitnessstudios leitet. Auf diese Weise kommen 300 bis 400 Euro dazu. Auch wenn ihr der Job Spaß macht, ist er schlichtweg eine Notwendigkeit.

Heike ist keine Ausnahme. Immer mehr Menschen können ihren Lebensunterhalt nur noch mit einem zweiten Einkommen bestreiten. Jeder Arbeitnehmer kann einen Minijob eingehen – vorausgesetzt der Arbeitgeber ist einverstanden. Der Minijob bringt ein Zusatzeinkommen ohne Abzüge, aber meist nichts für die Rente. Dafür ist man im Hauptjob kranken- und rentenversichert. In den USA und Großbritannien ist das »Multijobbing« schon keine Seltenheit mehr. Multijobber kommen übrigens aus allen sozialen Schichten: Schüler, Studenten, Akademiker und ... **!** viele Senioren bessern mit kleinen Jobs ihre Rente auf. Immer mehr Deutsche erkennen, dass ihnen im Alter so etwas blühen könnte, wenn sie jetzt nichts tun.

*Heikes Altersvorsorge im Jahr 2031, wie sie sich
heute darstellt:*

Quelle	Betrag in Euro	Bemerkungen
Gesetzliche Rente	920	Steuerpflichtiger Anteil 91%
Lebensversicherung (verrentet)	540	Prognose; Steuerpflichtiger Anteil 17%
Sparkonto	90	nur informativ, denn eine Cashreserve dient nicht der Altersversorgung
Summe	1.550	

Bei einer Inflationserwartung von zwei Prozent pro Jahr und einem Bedarf von nur noch 2.000 Euro braucht Heike mit 67 Jahren monatliche Einkünfte von 2.970 Euro, um den Kaufkraftver-
lust durch die Inflation auszugleichen. Ihre Versorgungslücke,
die sich nach den heutigen Zahlen ergibt, ist groß: 1.420 Euro.

»Und was bedeutet das jetzt konkret?« Ich errechne, dass Heike
von heute an monatlich 830 Euro ansparen muss, um zu Rentenbeginn über eine Zusatzrente von rund 1.400 Euro zu verfügen. Grundlage ist eine Wertentwicklung von vier Prozent pro
Jahr nach Kosten und Steuern und eine Vermögensverzehrdauer
von dreißig Jahren. »830 Euro jeden Monat sparen?? Und wovon
bitte?!«

Heike wird das zum jetzigen Zeitpunkt nicht aufbringen können. Aber sie ist entschlossen, etwas zu tun. Denn die Hände in
den Schoß zu legen ist nicht ihr Ding – Gott sei dank! Gut gefällt
ihr der Vorschlag, in Wertpapieren zu investieren. Sie startet mit
einer Basis von 10.000 Euro, die wir vom Sparkonto nehmen und
in Investmentfonds anlegen. Die Verzinsung des Sparkontos ist

miserabel und den Mischfonds, den ich ihr anbiete und der mit Aktien und Anleihen arbeitet, findet sie spannend. Zusätzlich wird sie monatlich 200 Euro in diesen Fonds ansparen. Über meinen Vorschlag, eine zusätzliche private Pflegevorsorge abzuschließen, muss sie allerdings noch nachdenken. Diese Absicherung ist nicht gerade billig, aber schützt ihre Kinder, wenn Heikes Geld für eine gute medizinische Versorgung und Pflege nicht ausreicht. Wenn alles plangemäß läuft, hat sie mit 67 Jahren immerhin 440 Euro mehr auf dem Konto. Auf dem Weg zur Rente wird sie ihre Lebenshaltungskosten immer wieder überprüfen: kürzen, wo es geht, und ansparen, was möglich ist. Wir verabreden, uns regelmäßig zu sehen und ihre Vermögensanlagen im Auge zu behalten. Dazu gehört auch ihre Lebensversicherung, die 2024 fällig wird. Denn falls sich die Ablaufleistung der Versicherung drastisch verringern sollte, hätte das enorme Auswirkungen für ihre Altersvorsorge-Planung.

Und der Rest? Die Wahrheit ist: Heike wird sicher auch noch mit 68 oder 70 arbeiten müssen. Nicht ohne Sarkasmus, aber doch auch mit einer guten Portion Zuversicht stellt sie dann auch fest: »O.K.! Das sieht also nach Seniorenturnen für mich aus.«

Nachhaltigkeit in der Geldanlage ist mehr als nur Biomasse und Sonne

»Ich möchte nicht, dass mein Geld in Gentechnik oder Rüstung angelegt wird.« Mit dem Wunsch nach einer nachhaltigen Anlagestrategie ist Heike nach den jüngsten Ereignissen nicht allein. Erinnern wir uns: Die Finanzkrise war nicht zuletzt auch eine Folge unverantwortlichen Wirtschaftens. Viele Anlegerinnen und Anleger haben daraus die Konsequenzen gezogen und orientieren sich in ihren Entscheidungen stärker an den Kriterien für Nachhaltigkeit. Selbst bei den Superreichen sind solche Überlegungen angekommen. Sogenannte Socially Responsible

Investments (SRI, sozial verantwortliche Geldanlagen), decken inzwischen rund zwölf Prozent ihrer Anlagestrategien ab (Quelle: European Sustainable Investment Forum). Trendsetter waren die Frauen, denn sie haben mehrheitlich lange vor Ausbruch der Finanzkrise ökologische und ethische Geldanlagen für sich entdeckt.

Unter dem Begriff Nachhaltigkeit versteht man, dass eine Gemeinschaft nicht über ihre Verhältnisse lebt. Es geht um den Einklang aus Ökologie, Wirtschaftlichkeit und sozialem und ethischem Handeln. Dieser Nutzen ist vielen Anlegern wichtiger als die Rendite. Mehr als 60 Prozent sind sogar bereit, auf Rendite zu verzichten, wenn die Gelder nachhaltig angelegt werden (Quelle: Umfrage der Union Investment, 2009). Außerdem setzen sie damit Impulse: Immer mehr Firmen orientieren sich bei ihren Produkten deshalb an diesen Kriterien und integrieren solche Überlegungen auch in die langfristige Unternehmensstrategie. Überzeugung spielt dabei eine Rolle, aber auch das schlichte Interesse daran, ihre Wettbewerbsfähigkeit zu sichern.

Trotzdem ist Vorsicht geboten – nicht überall, wo »Öko« draufsteht, ist »Öko« drin. Das, was wir auch schon bei manchem Lebensmittel erfahren mussten, gilt für Geldanlagen nicht weniger. Ein Beispiel ist BP. Sicher kein Vorzeigeunternehmen in Sachen Nachhaltigkeit. Schon gar nicht seit der Katastrophe im Golf von Mexiko. Vielen von uns sind die dramatischen Bilder der ölverschmutzten Küsten und der Seevögel noch in Erinnerung. Dennoch fand sich BP in vielen als ökologisch bezeichneten Fonds. Warum das so ist? Verantwortlich ist die sogenannte Best-in-Class-Strategie (s. S. 219). Weil BP einen eigenen Unternehmensbereich für regenerative Energien hat, hat es die entsprechenden Auswahlkriterien erfüllt. Aus Anlegersicht doppelt ärgerlich: Zur Enttäuschung, diese Aktie überhaupt im Fonds zu finden, kam der Ärger über die hohen Kursverluste.

Leider gibt es keine einheitlichen Standards für nachhaltige Investments, die die Auswahl erleichtern. Anhaltspunkte sind Produktbeschreibungen und Rechenschaftsberichte. Jede Anlegerin muss sich ein eigenes Urteil bilden. Und wie so oft greift der gesunde Menschenverstand. Frauen haben da ein sehr gutes Gespür, ob ein Produkt glaubwürdig ist – oder ob es nur um Marketing geht.

Nachhaltigkeit ist auch: Risikokontrolle und das Vermögen der Anleger zu erhalten !

Viele Anleger klammern bei dem Wunsch nach einer nachhaltigen Anlagepolitik die eigene Risikotragfähigkeit ganz aus. Auch wenn die deutsche Umwelttechnologie führend ist und dem Markt für regenerative Energiegewinnung ein großes Potenzial zugesprochen wird, heißt das noch lange nicht, dass Geldanlagen, die in diese Unternehmen investieren, nur steigen. Im Gegenteil: Viele Aktienfonds, die in die großen Umwelttechniker wie Centrotherm Photovoltaics, Vestas Wind oder den Profiküchenhersteller Rational investierten, brachen 2008 um mehr als 45 Prozent ein.

Für die Aktie der Solarworld, deutsches Vorzeigeunternehmen bei der Gewinnung von Sonnenenergie, zahlten Anleger auf dem All-time-High (November 2007) 47 Euro. Sonnenenergie war in aller Munde. Im Herbst 2010 notiert die Aktie bei neun Euro – ein Verlust von 80 Prozent! Das schmerzt jeden Anleger, auch die, denen ökologische Themen am Herzen liegen. Umwelt-Aktienfonds sind nicht besser – aber auch nicht schlechter – als jene mit Standard-Aktien. Ich gehe jetzt sicher nicht so weit zu sagen, jedes Festgeldkonto sei nachhaltig, aber was nützt es, wenn das Geld in Windparkanlagen angelegt wird, die so viel Geld verschlingen, dass die Anlegerin keine Rendite erzielt oder gar Sorge hat, ihr Geld nicht zurückzubekommen.

Anlagespektrum nachhaltiger Geldanlagen

Tagesgeld, Sparkonto, Sparbrief
Ökologische Banken sammeln Geld von Anlegern ein und legen
es in Sparbriefen und Termineinlagen an. Diese Banken verleihen
das Geld an Kreditnehmer, um damit Umwelttechnologien, nachhaltige Bauprojekte oder auch die Herstellung von Bio-Produkten
zu finanzieren. In den letzten Jahren überstieg der Mittelzufluss
bei diesen Banken das Kreditgeschäft, weil es nicht ausreichend
solide Finanzierungsvorhaben gab.

! Risiko: Geringes Anlagerisiko, bei langen Sparbrieflaufzeiten besteht die Gefahr, dass die allgemeinen Zinsen steigen und das
Geld fest und damit nicht verfügbar angelegt ist (Opportunitäts-
risiko). Auch bei Umwelt-, Öko- und der Kirche nahestehenden
Banken sollten Sie stets prüfen, wie die Sicherung der Einlagen
geregelt ist.

! Ertrag: Entsprechend den allgemeinen Zinsen für diese Geldanlagen zwischen zwei und fünf Prozent, laufzeitabhängig.

Aktienfonds
Hier ist sicher die Auswahl am größten. Anfang 2010 zählte ich
mehr als 200 Fonds, die dem Segment der SRI zuzurechnen sind.
Gemessen am gesamten Fondsvolumen in Deutschland stecken
aber erst drei Prozent der Vermögensanlagen in diesen Produkten. Ökologische/nachhaltige Aktienfonds wählen Unternehmen
aus, die sich in diesen Bereichen engagieren:

- Umwelttechnologien und Klimaschutz
- Erhaltung der natürlichen Ressourcen
- Gesundheit und Gesundheitsforschung
- Demografischer Wandel und Wissensgesellschaft
- Menschen- und Arbeitsrechte

Wichtig ist der Investmentansatz, der diesen Aktienfonds zugrunde liegt. Im Wesentlichen kann man zwischen zwei Strategien unterscheiden:

Beim »Best-in-Class-Ansatz« wird über alle Branchen hinweg
in die Unternehmen investiert, die im Vergleich zu anderen ihres
Segments noch am ehesten die Kriterien für Nachhaltigkeit erfüllen. Somit kommen selbst Rüstungsunternehmen ins Portfolio.
Wirklich zuverlässig ist deshalb der zweite Anlagestil: die »Titelse-
lektion mit Ausschlusskriterien«. Atomkraft, Gentechnik, Militärgü-
ter, Chlorchemie, menschenunwürdige Arbeitsbedingungen – wer
damit Profit macht, kommt nicht in den Fonds. Seit einigen Jahren
gibt es Aktienfonds, die in »Nachhaltige Unternehmen der Schwellenländer« anlegen. Ich sehe das sehr kritisch und vermute ein raf-
finiertes Marketing. Die Gefahr, in Firmen zu investieren, die die
Menschenrechte missachten, ist angesichts der mangelnden Transparenz in vielen asiatischen und osteuropäischen Ländern groß.

Risiko: Hoch bis sehr hoch. Je spezieller das Thema (beispielswei- **!**
se nur Unternehmen aus der Wasserwirtschaft), desto größer das
Risiko. Die Kursschwankungen reiner Aktienfonds sind enorm,
phasenweise sind die Kurse um mehr als die Hälfte eingebrochen.
Weniger Risiko bergen breit aufgestellte Öko-Aktienfonds oder
solche, die auch Anleihen beimischen.

Ertrag: Sehr hohe Chancen. In einzelnen Jahren betrug die Rendi- **!**
te weit über 30 Prozent. Ganz lange Performance-Zeitreihen
(über zehn Jahre) liegen nur für wenige Fonds vor. Viele Anlagekonzepte, die erst in den letzten Jahren aufgelegt wurden, sind
angesichts der schwachen Börsenjahre der letzten Zeit noch im
Verlust (Stand: Dezember 2010).

Renten-/Anleihefonds

Anlegerinnen, die Nachhaltigkeit und Sicherheit verbinden
möchten, sind hier besser aufgehoben. Fonds dieser Kategorie investieren in Anleihen nachhaltig arbeitender Unternehmen. Im
Wesentlichen sind es die gleichen, die sich auch auf der Aktien-

seite finden. Des Weiteren gehören Staatsanleihen in nachhaltige Rentenfonds. Ein spezielles Nachhaltigkeitsranking bewertet die Umwelt- und Sozialpolitik der Länder. Deutschland, die Schweiz, Skandinavien und Österreich sind dabei führend.

! Risiko: Gering. Rentenfonds, die vermehrt auf Staatsanleihen der genannten Länder setzen, weisen kaum Schwankungen auf und haben ein sehr geringes Risiko. Ein etwas höheres Risiko haben Fonds, die mehr Unternehmensanleihen enthalten. Vor allem kleinere Umwelttechnologieunternehmen müssen einen relativ hohen Zins bezahlen, weil sie kein ausreichendes Rating vorweisen können.

! Ertrag: Gering. Die Renditen orientieren sich am allgemeinen Zinsniveau.

Gut zu wissen: Nach dem Ranking für Staaten sind US-Anleihen in keinem der nachhaltigen Rentenfonds enthalten. Und: Jede deutsche Bundesanleihe ist im weitesten Sinne auch ein nachhaltiges Investment.

Beteiligungen/Geschlossene Fonds

Bei unternehmerischen Beteiligungen gibt es zumeist ein ganz konkretes Thema/Projekt, in das das Geld der Anleger fließt. Ist genug Kapital eingesammelt worden, wird der Fonds für neue Investoren geschlossen. Großen Anteil hatten in den letzten Jahren Wind- und Photovoltaikanlagen. Biomasse, ökologische Immobilien und Holz kamen dazu. Bei den Private-Equity-Fonds geht das Geld in junge Firmen der Umwelttechnologie. Zweitmarktfonds kaufen Anteile der oben genannten Fonds an und bündeln sie zu neuen Beteiligungen.

! Risiko: Sehr hoch. Es gab leider nur sehr wenige Beteiligungen, die ihre Prognosen erfüllen konnten. Windflauten setzten den Windparks zu, die Finanzkrise den jungen Firmen und hohe Kosten den Solarunternehmen. Das Geld ist für viele Jahre fest gebunden – es gibt keine Garantiewerte. Meist handelt es sich hier um eine Beteiligung an einer Kommanditgesellschaft. Das bedeutet, dass der Anleger bis zur Höhe der Kommanditeinlage haftet. Ertrag: Zumindest die Chancen sind gut. Verlässliche und allgemein anwendbare Vergangenheitswerte gibt es nicht. Jede Beteiligung entwickelt sich anders. **!**

Gut zu wissen: Der laufende Verwaltungsaufwand für den einzelnen Anleger ist vergleichsweise hoch.

Mikrofinanz

Erst als 2006 Muhammad Yunus der Friedensnobelpreis verliehen wurde, sind Mikrofinanzkredite bei uns so richtig bekannt geworden. Das erste Mikrofinanzinstitut gründete Yunus allerdings schon vor rund 30 Jahren in Bangladesh. Mittlerweile hat sich daraus ein milliardenschwerer Markt entwickelt.

Mikrokredite sind Kleinstkredite, die vor allem an Menschen in den Entwicklungsländern vergeben werden. Diese Menschen erhalten damit eine Chance, aus der Armutsfalle herauszukommen. Sie können mit dem Geld den Schritt in die Selbstständigkeit finanzieren, aber auch die schulische Ausbildung der Kinder.

Das Geld für die Mikrokredite kommt von der Weltbank, der UN und von privaten Investoren. In Europa können sich Privatanleger an Mikrofinanzfonds beteiligen. Diese Fonds funktionieren im Grundsatz wie Investmentfonds. Bei diesen Fonds steht jedoch nicht die finanzielle Rendite im Vordergrund, sondern der ethische und der soziale Aspekt.

Risiko: Es gibt keine aussagefähigen Vergangenheitsdaten. Auch **!** wenn die Streuung auf verschiedene Länder, Mikrofinanzinstitute und Kreditnehmer groß ist: Ganz ohne Risiko ist diese Geldanlage sicher nicht. Umweltkatastrophen, Kriege und auch die Korruption, die in einigen Ländern herrscht, können das angelegte Vermögen gefährden.

Ertrag: Gering. Mikrofinanzfonds haben sich in der Vergangen- **!** heit völlig unabhängig von den Aktienmärkten entwickelt; im Schnitt mit 2,5 Prozent pro Jahr.

! Gut zu wissen: Wenn Sicherheit für Sie an erster Stelle steht, sollten Sie Geldanlage und Hilfe besser trennen. Besser ist es dann, direkt zu helfen: über Patenschaften, Spenden oder Fördermitgliedschaften.

Mittlerweile sind die Mikrofinanzinstitute (MFI) vor allem in Indien in die Krise geraten. Das ursprüngliche Konzept ist leider in letzter Zeit immer mehr aufgeweicht worden, da neue Marktteilnehmer möglichst schnell hohe Renditen erzielen wollten. Prüfte man früher genau, ob der Schuldner gut in der Lage war, die Rückzahlung zu erwirtschaften, etwa durch eine Existenzgründung oder Saatgut für die nächste Ernte, werden Menschen nun immer häufiger Kredite für andere Zwecke aufgedrängt. Gab es früher vor allem kleine Solidargemeinschaften, in denen sich die Kleinunternehmer gegenseitig unterstützten, zwingen Banken nun oft Schuldner, Gruppen zu bilden, die gemeinsam für die Verpflichtungen aller haften müssen. Das kann dazu führen, dass immenser Druck auf dem Einzelnen lastet. Bislang fielen höchstens zwei Prozent der Kredite aus, bei solchen Anbietern sind es nun sehr viel mehr. Aus einer guten Idee ist ein überhitzter Markt geworden – mit allen Risiken für eine Blasenbildung.

Renten- und Lebensversicherungen, inklusive Riester- und Rürup-Policen

Zu unterscheiden ist zwischen Fondspolicen und klassischen Lebensversicherungen mit Garantiezinsen. Bei den Fondspolicen ist mittlerweile die Auswahl an Öko-/Nachhaltigkeitsfonds recht groß. Für Sicherheitsbewusste eignen sich Modelle mit Garantien.

Im klassischen Bereich gibt es Versicherungen, die ganz bewusst den Deckungsstock nach ökologischen und ethischen Kriterien verwalten. Bei diesen Versicherungen werden Garantiezins und Überschüsse auf vergleichbarem Niveau wie bei klassischen Modellen erzielt.

Immobilien

Wenn Sie ohnehin eine eigene Immobilie anschaffen möchten: Hier können Sie viel in Sachen Nachhaltigkeit tun – etwa mit Photovoltaikanlagen, flächensparender Bauweise, energiesparenden und natürlichen Baustoffen.

Familie gibt's auch ohne Goldreif

Um wen geht es?	Nicht verheiratete Frauen in einer Partnerschaft
Themenschwerpunkt	Absicherung des Partners Ehe oder Partnerschaft?
Zusatzinfos	Lebenslange Rentenpolicen Vorsorge für die Kinder

Was verstehen Sie unter einer Familie? Den Klassiker: Vater-Mutter-Kind? Möglich. Vielleicht denken Sie aber auch an Ihre Kollegin, die mit ihrer Tochter allein lebt? Oder an Ihre Nachbarn: sie und sie? Oder Sie haben eine eigene bunt zusammengewürfelte Gemeinschaft ...? Nicht unwahrscheinlich, dass Sie, liebe Leserin, sich selbst vom herkömmlichen Modell verabschiedet haben und nach Ihren ganz eigenen Vorstellungen leben. Eine »Familie« ist heute nicht selten eine Gemeinschaft, die sich nach den Bedürfnissen ihrer Mitglieder richtet und nicht nach traditionellen Vorstellungen.

Es gibt viele gute Gründe, die *für* eine Ehe sprechen. Es gibt aber auch Gründe, die *dagegen* sprechen. Tatsache ist, dass das traditionelle Modell auf dem Rückzug ist. Die Zahl der Eheschließungen hat sich seit 1960 um 45 Prozent reduziert. 2009 gaben sich noch 378.000 Paare das Ja-Wort. Im gleichen Zeitraum, auch das ist kein Geheimnis, stieg die Zahl der Scheidungen rasant. Seit den 60er-Jahren kletterte die Quote von zehn Prozent auf mittlerweile fast 50 Prozent.

Wer sich für eine Patchwork-Familie entscheidet, hat viele Herausforderungen zu bewältigen. Die neue Rollenverteilung, eine Menge Verantwortung – die Beziehung zu den Kindern aus früheren Partnerschaften ist nicht immer leicht, der Exmann, die

Exfrau sind dadurch immer präsent. Das anzunehmen erfordert Gelassenheit und Kraft. Und natürlich gilt es viele finanzielle Aspekte zu bedenken.

Denn egal ob im Steuer- und Sozialrecht oder bei der Versorgung: Viele Leistungen und Begünstigungen gibt's nicht ohne Trauschein. Wer keinen hat, muss anders vorsorgen, wie die folgenden Fälle zeigen.

Birgit und Frank: Die Immobilie mit Kredit braucht Absicherung

Birgit und Frank leben seit vielen Jahren zusammen. Vorrang hatte immer der Beruf – Nachwuchs ist kein Thema. Endlich haben sie ihre Wunschimmobilie gefunden. So kommen sie das erste Mal gemeinsam zu mir zur Finanzberatung. Bis dahin fühlte sich jeder für seine Finanzplanung allein verantwortlich.

Die Finanzierung bei ihrer Hausbank ist dank ihrer Eigenmittel kein Problem. Nun machen sie sich aber doch Gedanken über eine gemeinsame Finanzplanung, denn mit dem Kauf der Eigentumswohnung und dem Darlehen sind sie gemeinsame Verpflichtungen eingegangen.

»Was passiert denn, wenn Frank seinen Teil der monatlichen Rate nicht mehr zahlen kann?« Eine gute Frage, denn für die Bank spielt es keine Rolle, ob verheiratet oder nicht. Beide sind Darlehensnehmer, das bedeutet: Jeder haftet auch für die Schulden des anderen.

Wir spielen die Szenarien durch. Wird einer der beiden *berufsunfähig,* und das Einkommen versiegt, kann nur eine Berufsunfähigkeitsvorsorge (BU) helfen. Wenn wegen möglicher Vorerkrankungen kein Vertrag zustande kommt, sollten sie über eine Dread-Disease-Police nachdenken, deren Zugangsvoraussetzungen etwas milder sind.

BU-Vorsorge oder Dread-Disease?
Welche ist die bessere Absicherung?

Die BU zahlt die vertragliche Rente, längstens bis zum vereinbarten Alter. Voraussetzung: Die Berufs- bzw. Erwerbsunfähigkeit wurde ärztlich diagnostiziert. Die Dread-Disease-Versicherung zahlt einmalig die vereinbarte Kapitalsumme, wenn eine schwere Krankheit eintritt. Welche Krankheit als »schwer« gilt, bestimmt ein von der Versicherung von vornherein festgelegter Krankheitskatalog, der unter anderem Krebs, Multiple Sklerose, Kinderlähmung, Herzinfarkt, Schlaganfall und HIV umfasst. Dread-Disease-Policen sind für mich kein notdürftiger Ersatz. Im Gegenteil: Viele Erkrankungen lassen sich heute heilen und führen nicht zwangsläufig zu einer Berufsunfähigkeit. Hohe medizinische Zusatzkosten und Verdienstausfälle können aber dank des Geldes aus der Dread-Disease-Police aufgefangen werden.

Was passiert, wenn einer der beiden *arbeitslos* wird? Die erste Zeit mag kein Problem sein, wenn die gesetzliche Arbeitslosenversicherung zahlt. Auf Arbeitslosengeld II sollten sie nicht hoffen, wenn der andere weiter gut verdient. Die beiden leben als sogenannte Bedarfsgemeinschaft – und damit zählt das gemeinsame Einkommen. Private Absicherungen machen wenig Sinn. Preis und Leistung stehen in keinem Verhältnis und die Voraussetzungen, um überhaupt eine Zahlung zu bekommen, sind zahlreich.

Und was passiert, wenn einer *stirbt*? Hier unterscheidet sich mein Rat nicht wesentlich von dem, den ich verheirateten Frauen und Männern gebe: Sichern Sie sich gegenseitig mit einer Risikolebensversicherung ab.

Obligatorisch: Risikolebensversicherung mit Laufzeitbegrenzung

Mit einer Risikolebensversicherung können Sie die Menschen, die Ihnen am Herzen liegen, davor schützen, dass sie eine finanzielle Katastrophe erleben, wenn Ihnen etwas zustoßen sollte. Risikolebensversicherungen sind eine vergleichsweise preiswerte Absicherung, da die Versicherungssumme nur im Todesfall ausbezahlt wird. Es gibt keine Kapitalauszahlung, wenn der Versicherungsnehmer das Vertragsende erlebt. Laufzeit und Höhe der Absicherung hängen vom persönlichen Vorsorgeziel ab. Haben Sie eine Immobilie finanziert? Dann schließen Sie eine Risikolebensversicherung mindestens in Höhe des Immobiliendarlehens ab. Sie können vereinbaren, dass die Summe jährlich etwas geringer wird (= fallende Versicherungssumme), weil Sie ja auch den Immobilienkredit tilgen. Das macht die Absicherung preiswerter. Die Police kann jährlich gekündigt werden.

Haben Sie ein Unternehmen mit einem Geschäftspartner? Dann sichern Sie sich gegenseitig ab, damit das Unternehmen auch mit zunächst halber Kraft weitergeführt werden kann. Sind Sie alleinerziehend? Reisen Sie viel? Als Faustregel gilt eine Absicherung in Höhe der Lebenshaltungskosten von drei Jahren. Wenn Sie also 5.000 Euro feste Kosten im Monat haben, sollte die Versicherungssumme 180.000 Euro betragen.

Priorität hat auch eine Regelung, was bei einer Trennung oder im Todesfall mit der Immobilie passiert. Wenn Birgit und Frank keine gesonderte Regelung getroffen haben, gilt die gesetzliche Erbfolge. Dann kann es sein, dass Birgit mit Franks Eltern oder mit seiner Schwester eine Erbengemeinschaft bildet. Das Verhältnis zur Schwester ist gut, doch das muss nicht immer so bleiben. Wenn es um Geld geht, ändert sich vieles. Trauer ist schlimm ge-

nug – unschönen Erbschaftsstress sollte man wirklich vermeiden.
Wichtig: Jeder der beiden muss ein eigenes Testament verfassen.
Je stärker Ihre Partnerschaft einer Ehe ähnelt, desto dringen
der ist es, Regelungen zu treffen. Lassen Sie sich in jedem Fall
rechtlich beraten. Mit einem gemeinsamen Vertrag können Sie
vermögensrechtliche Vereinbarungen treffen. Auch die Frage eines Partnerunterhalts lässt sich auf diesem Weg regeln – besonders wichtig, wenn Sie Kinder haben oder planen.

**Trotz aller Veränderungen ist die Ehe finanziell
(noch immer) ein Gewinn.
Was Unverheiratete wissen sollten:**

- Einkommen: Verheiratete Paare können sich steuerlich
  zusammen veranlagen (Ehegattensplitting). Die Einkommen von Frau und Mann werden dabei addiert,
  dann halbiert. Der sich ergebende Steuersatz gilt für das
  gemeinsame Einkommen. Den größten Nutzen erzielen
  also Paare, bei denen eine besonders große Einkom-
  mensdifferenz besteht. Das Ehegattensplitting steht seit
  Jahren – zu Recht, wie ich finde – in der Kritik. Es begünstigt ein Familienmodell, das immer weniger Menschen wählen und Frauen verleitet, den eigenen Beruf an
  den Nagel zu hängen. Zu fordern wäre stattdessen ein
  Familiensplitting. Unverheiratete Paare können ihr Einkommen nicht splitten.
- Hinterbliebenenschutz: Die gesetzliche Witwen- und Witwerrente steht nur dem Ehepartner zu. Unverheiratete
  Paare müssen privat vorsorgen.
- Altersvorsorge: Der Ehepartner kann »riestern«, wenn der
  andere unmittelbar zulagenberechtigt ist. Beispiel: Die
  selbstständig arbeitende Ehefrau hat dank ihres Mannes

einen abgeleiteten Riesteranspruch und führt einen eigenen Vertrag. Bei unverheirateten Partnern muss jeder eine eigene Riester-Berechtigung nachweisen.

- Krankenversicherung: Eine beitragsfreie Mitversicherung in der gesetzlichen Krankenversicherung (GKV) ist nur für Eheleute möglich. Unverheiratete Partner müssen sich jeweils selbst um ihre Krankenversicherung kümmern.

- Trennung (Scheidung): Im gesetzlichen Güterstand der Zugewinngemeinschaft wird das Ehevermögen geteilt. Bei unverheirateten Partnern gilt: Jedem gehört seines. Eheleute, die sich trennen, haben Anspruch auf den Versorgungsausgleich bei der Altersvorsorge und unter Umständen auf Unterhalt. Unverheiratete Partner gehen bei einer Trennung leer aus. Auch, wenn die Beziehung über viele Jahre hielt und einer wegen gemeinsamer Kinder zuhause blieb. Lediglich der Betreuungsunterhalt für kleine Kinder ist davon ausgenommen.

- Schenkungen: Es gelten nahezu die gleichen Regeln wie beim Vererben. Wer seinem Ehepartner etwas schenkt, hat einen steuerlichen Freibetrag von 500.000 Euro, der alle zehn Jahre neu in Anspruch genommen werden kann. Erst Vermögenswerte über diesen Betrag müssen mit der günstigen Steuerklasse 1 versteuert werden. Das Familienwohnheim kann sogar steuerfrei übertragen werden. Unverheiratete Paare können von alledem nur träumen. Ihr Schenkungsfreibetrag liegt bei 20.000 Euro. Sie müssen alles, was darüber hinausgeht, nach der teuren Steuerklasse 3 versteuern.

- Erbschaft: Für Eheleute gilt die gesetzliche Erbfolge, sofern kein Testament vorliegt. Stirbt ein Partner aus einer »wilden Ehe«, geht der andere leer aus. Abhilfe schafft nur ein Testament oder eine andere vertragliche Regelung, beispielsweise mit einer Lebensversicherung (s. S. 232).

■ Erbschaftssteuer: Ehepartner haben umfangreiche Freibeträge – Unverheiratete nicht. Gilt auch für Schenkungen.

Übrigens: Gleichbehandlung von Ehepaaren und Nicht-Ehe-
paaren gibt es bei der Berechnung vom Arbeitslosengeld II
(»Hartz IV«). Hier wird das Einkommen des Partners mit ein-
bezogen ... das verstehe, wer wolle.

Frau – Frau und Mann – Mann

Der Gesetzgeber hat reagiert. Zwar stellt Artikel 6 des Grund-
gesetzes die Ehe unter den besonderen Schutz des Staates.
Doch in letzter Zeit gab es einige höchstrichterliche Entscheidungen, die bestätigen, dass auch homosexuelle Paare einen
besonderen Schutz verdienen. Gleichgeschlechtliche Partnerschaften, die sich als Lebenspartnerschaft eintragen lassen,
sind in einigen Bereichen Ehen gleichgestellt – vor allem beim
Eltern- und Arbeitslosengeld und der gesetzlichen Hinterblie-
benenrente. Beim Erbrecht und der Erbschaftssteuer sind Partnerschaften wie Ehegatten gestellt. Das hat erst 2010 das Bun-
desverfassungsgericht entschieden.

Waltraud und Mark: Wie sorgt man für den Lebenspartner vor?

Ein ganz anderes Thema beschäftigt Waltraud. Sie ist 58, Single
und recht vermögend. Nach dem Tod des Vaters ging das Famili-
envermögen auf sie und ihren Bruder über. Er leitet das kleine
Familienunternehmen, und sie verwaltet die Immobilien. Zusammen mit dem Wertpapierdepot umfasst ihr Vermögen gut und

gerne zwei bis drei Millionen Euro. Von den laufenden Mieteinnahmen und Ausschüttungen kann sie gut leben.

Eigentlich kam Waltraud zu mir, weil sie mit der Depot-Vermögensverwaltung ihrer bisherigen Finanzberatung nicht zufrieden war. Ständig wurde umgeschichtet, es wurde eine Menge Papier produziert, und vom Anlageergebnis war sie auch enttäuscht. Dann rückte Waltraud aber mit dem Thema heraus, das sie derzeit noch mehr beschäftigt: ihr Lebensgefährte.

Sie und Mark, 57, leben seit einigen Jahren glücklich zusammen, aber eine Heirat kommt für die beiden aus vielen Gründen nicht infrage. Mark ist deutlich weniger wohlhabend als Waltraud. Aus erster Ehe hat er einen Sohn, den er finanziell unterstützt. Und weil seine Gesundheit den ehemaligen Luftfahrttechniker zwang, früher als geplant aus dem Berufsleben auszusteigen, ist auch seine Altersvorsorge dürftig.

Ihr geht es nun um seine Absicherung, wenn ihr etwas passieren sollte. Da die beiden nicht verheiratet sind, hat Mark keinerlei Ansprüche: weder auf Vermögensteile noch auf eine Witwerrente. Eine testamentarische Verfügung kann Waltraud aber nicht treffen, da seit Langem eine Regelung besteht: Das Vermögen soll in der Familie bleiben; ihre Nichten und Neffen sind als Erben bestellt.

Was kann Waltraud tun? Ich schlage ihr eine lebenslange Rentenpolice vor, bei der sie Mark als Bezugsberechtigten benennt. Damit schlägt sie gleich mehrere Fliegen mit einer Klappe: Sie legt einen Teil ihres Vermögens sicher und steuerbegünstigt an, denn Abgeltungssteuer fällt innerhalb der Police nicht an. Als Bezugsberechtigten legt sie Mark fest, dem das Geld in ihrem Todesfall zufließt. Der Clou: Die Zahlung erfolgt außerhalb der testamentarischen Nachlassregelung, sodass es keinen Zwist mit den Neffen und Nichten gibt.

Mit einer Anlage von 300.000 Euro erreicht sie eine nennenswerte Absicherung. Die Zahlung ist zwar einkommensteuerfrei, was aber nicht zu vermeiden ist, ist die Erbschaftssteuer. Da Mark als Lebensgefährte in die ungünstige Steuerklasse 3 fällt, bei der grundsätzlich 30 Prozent des Erbes bzw. der Schenkung (bei einem Betrag bis 6 Millionen Euro) besteuert wird, muss er sich auf eine gewaltige Steuerzahlung einstellen.

»300.000 Euro … das ist viel Geld«, überlegt sie, »kann ich das denn wieder ändern?« Ja, sie kann. Sie kann die Bezugsberechtigung jederzeit ändern und auch sonst flexibel verfügen. Bis zu ihrem Tod gehört das Geld nur einem: ihr.

Lebenslange Rentenversicherung
Mit *lebenslangen Rentenversicherungen* können Lebensgefährten, nicht eheliche Kinder, der eingetragene Lebenspartner, die Geschäftspartnerin, die Freundin – wer auch immer Ihnen wichtig ist – bedacht werden. Weil auf die gesetzliche Erbfolge oder eine vorhandene Nachlassregelung keine Rücksicht genommen werden muss, setze ich dieses Modell sehr gern bei der Nachlassplanung ein. Gleiches gilt für *lebenslange Risikoversicherungen*. Dieses Modell ist dann richtig, wenn den Erben sehr hohe Erbschaftssteuerzahlungen drohen oder Miterben ausbezahlt werden müssen. Besteht nämlich der Nachlass aus illiquiden Vermögenswerten, wie Immobilien oder Betriebsvermögen, und es mangelt an Cash, müssten beispielsweise Immobilien verkauft werden.

Tamara (30, alleinerziehend):
Geht es der Mutter gut, geht es dem Kind gut

Viele Alleinerziehende haben ein Dauerdefizit: Es fehlen Zeit, Geld und eine verlässliche Betreuung. Ein anspruchsvoller Job ist so nicht zu schaffen, und mit der Altersvorsorge schaut es deshalb auch nicht gut aus. Im Überfluss haben sie dagegen Stress und das obligatorische schlechte Gewissen dem Nachwuchs gegenüber.

Tamara geht es nicht anders. Sie gehört zu den 18 Prozent Alleinerziehenden in Deutschland – die Mehrzahl von ihnen sind Frauen. Glücklicherweise erhält sie vom Vater der Tochter jeden Monat pünktlich den Kinderunterhalt. Wenigstens dieser Stress bleibt ihr erspart.

Was treibt Tamara und viele alleinerziehende Mütter zu mir in die Finanzberatung? Sie überlegen, was sie für ihr Kind tun können! Denn schließlich muss eine gute Ausbildung finanziert werden! Das klingt verantwortungsbewusst und ist liebevoll gemeint. Aber das führt komplett am Problem vorbei.

Die Formel für die Kindervorsorge heißt ganz einfach: Geht es der Mutter gut – geht es dem Kind gut. Gilt natürlich auch für Väter … Mein erster Blick ist daher der Absicherung der Mutter gewidmet. Priorität muss die Vorsorge vor existenzbedrohenden Risiken haben – unverzichtbar sind der Schutz gegen die Forderungen Dritter (Haftpflicht), gegen Berufsunfähigkeit und Tod.

Erst dann kommt der Nachwuchs dran. Kleine Kinder haben mit einer Unfallversicherung eine erste Absicherung, denn die gesetzliche Unfallversicherung greift erst bei Kindern ab drei Jahren und nur dann, wenn es auf dem Weg zur Kinderbetreuung oder zur Schule zu einem Unfall mit Folgen kommt. Unfälle im privaten Umfeld sind nicht versichert. Ist das Kind größer, bieten einige Anbieter »Schulunfähigkeitsversicherungen« an. Die können später in eine BU-Police umgewandelt werden. Diese Modelle gefallen mir gut, auch wenn sie nicht ganz billig sind. Erst später geht es an die Geldanlage. Erste Wahl ist hier ein Investmentsparplan.

Und Tamara? Keine Experimente beim Vermögensaufbau! Nach der liquiden Reserve ist für Tamara nun Riestern angesagt.

Ruhestand der erfolgreichen Unternehmerin

Um wen geht es?	Unternehmerin, die in den Ruhestand geht
Themenschwerpunkt	Vermögensanlage: Sicherheit hat Priorität Sofort beginnende, private Rentenmodelle
Zusatzinfos	Depotanalyse bringt versteckte Risiken zutage Vorsicht bei Unternehmensanleihen Vorweggenommene Erbfolge

»Ich habe mein Wissen zu Geld gemacht«, erklärt sie nicht ohne Stolz. Charlotte war bereits 52, als sie sich in der Marktforschung im Gesundheits- und Pharmabereich selbstständig gemacht hat. Ein Alter, in dem so manche schon an den Ruhestand denken. Heute gelten sie und ihr 38-köpfiges Team als gesuchte Experten. Die 65-jährige Unternehmerin hat nun ihre Firma übergeben und steht ihren Unternehmensnachfolgern noch beratend zur Seite. Von heute auf morgen einfach aufhören zu arbeiten – das ist nichts für sie.

Als sie vor 13 Jahren begann, hatte sie ein paar Ersparnisse und minimale Rentenansprüche aus der Zeit, in der sie als Angestellte arbeitete. Viel war es nicht, denn sie hatte nach ihrer Trennung und der Erziehung ihrer drei Söhne längere berufliche Auszeiten.

Die Leidenschaft, die sie für ihr Unternehmen hat, konnte sie nicht für ihre eigene Vermögensplanung aufbringen. Das überrascht mich nicht. Diesen Wesenszug entdecke ich bei vielen erfolgreichen Unternehmern, egal ob Frauen oder Männer. »Geld hat mich nie interessiert«, kokettiert Charlotte denn auch, »es wuchs ja, und ich hatte immer mein Auskommen.« Sie hat sich nie wirklich darum gekümmert und ist mehr oder weniger den

Empfehlungen ihrer Banken gefolgt. Die Beraterin ihrer Hausbank, mittlerweile ist es die fünfte in den letzten Jahren, kennt sie bislang nur aus Telefonaten. Ob sie zufrieden sei, frage ich. Sie weiß es gar nicht. Der Funke zwischen ihr und dem »Client/Center Private Wealth Banking« ist wohl nicht übergesprungen. Ob das an dem Wortungetüm liegt?

Nun steht der Ruhestand an und sie ist sich nicht sicher, ob sie in der Vergangenheit die richtigen Geldentscheidungen für ihre neue Zukunft getroffen hat. Sie möchte jetzt alles so weit auf den Weg bringen. »Vielleicht mehr reisen …«, antwortet sie auf meine Frage, wie es für sie weitergeht. Sie hat keine Schulden und ihr gesamtes Vermögen addiert sich nach dem Unternehmensverkauf auf circa 2,6 Millionen Euro. Wo sollen da Probleme auftauchen? Als Unternehmerin war sie stets mit Risiken vertraut. Bei ihrem privaten Vermögen wollte sie dagegen zu keinem Zeitpunkt große Wagnisse eingehen.

Anlageziel: Ihren Kindern soll es gut gehen

Ihr Vermögen besteht aus ihrer Eigentumswohnung, die sie vor einigen Jahren aus ihrem Ersparten gekauft hat. Der Kaufpreis betrug damals 650.000 Euro. Die 160-qm-Wohnung in bester Lage in Starnberg ist schuldenfrei. Nachdem jetzt das Geld aus dem Unternehmensverkauf geflossen und die Steuern bezahlt sind, beträgt ihr liquides Vermögen 1.750.000 Euro, wovon 1.030.000 Euro auf einem Tagesgeldkonto parken. Charlotte war zuletzt sehr zögerlich, Geld länger anzulegen. Auf dem Tagesgeldkonto parken neben dem Erlös aus dem Unternehmensverkauf auch die Rücklagen der letzten Jahre. Mit der dürftigen Tagesgeld-Verzinsung kann man aber auf Dauer nicht zufrieden sein. Nach Steuern und Inflation bleibt vom Ertrag nicht mehr viel übrig. Der Rest, 720.000 Euro, sind in Wertpapieren bei einer deutschen Großbank und einer Schweizer Privatbank angelegt. Bezogen auf ihr gesamtes liquides Vermögen ist ihre Aktienquote von noch nicht einmal zehn Prozent gering. Hier spiegelt sich bereits ihre geringe Risikobereitschaft wider.

Zudem hat sie eine betriebliche Altersvorsorge in Form einer Unterstützungskasse mit einem Kapitalwert von rund 200.000 Euro. Sie bekommt daraus in Kürze eine Rente von gut 980 Euro. Dank ihrer bezahlten Eigentumswohnung sind ihre Wohnkosten gering. Zum Leben braucht sie monatlich 4.500 Euro. Lege ich einen Zinssatz von 3,5 Prozent nach Steuern zugrunde und erhöhe ich die Entnahmen um jährlich fünf Prozent, könnte sie mehr als 25 Jahre von ihrem Depot- und Kontovermögen leben.

Charlotte weiß natürlich, dass sie sich erst einmal keine Sorgen um ihr Einkommen machen muss. Dank ihres erfolgreichen Unternehmens ist sie das, was viele Frauen leider noch nicht sind: finanziell unabhängig. Doch sie beschäftigt auch der Gedanke: »Ich möchte, dass meine Kinder etwas von meinem Vermögen haben!« Diesen Wunsch höre ich sehr häufig. Auch wenn die eigene Absicherung für die meisten Frauen Priorität hat, wissen sie längst um die Verantwortung, die sie für nachfolgende Generationen haben. Denn der sogenannte Generationenvertrag wankt. Die Grenze der Belastbarkeit der heute beruflich aktiven Menschen ist allmählich erreicht: Sie kümmern sich um ihre eigene private Vorsorge und zahlen kräftig in die Sozialsysteme ein. Die wohlhabenden Wirtschaftswunder-Jahrgänge, die jetzt in den Ruhestand gehen, sind zunehmend die finanzielle Stütze unserer Gesellschaft. Ihr Geldvermögen liegt über dem Schnitt der arbeitenden Bevölkerung.

Status-quo-Analyse bringt Risiken zutage

Bei der Schweizer Privatbank hat sie eine Vermögensverwaltung, die auf Indexfonds basiert. Das Modell heißt »Portfolio Wachstum« und kostet Charlotte jedes Jahr zwei Prozent Verwaltungskosten plus Umsatzsteuern. Das ist nicht ohne. Der Glaube, dass

Schweizer Banken per se besser sind als deutsche Vermögensmanager, hält sich hartnäckig. Ich kann das nicht bestätigen. Vielmehr gibt es gute und schlechte Geldanlagen – hier und da. Oft stelle ich fest, dass Kosten bei Schweizer Banken ganz groß geschrieben werden. Ich rate ihr dennoch, das Depot zu halten, denn es wurde recht erfolgreich durch die letzten Krisenjahre geführt. Risiko und Sicherheit haben ein gutes Verhältnis, und das aktive Management wurde mit einem nur geringen Minus in 2008 und einer sehr positiven Rendite für 2009 belohnt.

Bedenken habe ich dagegen mit dem anderen Depot, das nach den Empfehlungen ihrer Hausbank nach und nach entstanden ist. Auch wenn sich in diesem Depot keine Aktien befinden, erkenne ich in der Detailanalyse große Risiken. Die Quote der wirklich »sicheren« Wertpapiere ist nämlich viel geringer als auf den ersten Blick erkennbar. Ein erster Hinweis darauf ist die ausgewiesene Rendite von über 16 Prozent, die 2009 erzielt wurde. Zur Erinnerung: Der Zinssatz für ganz sichere Geldanlagen lag in jenem Jahr zwischen zwei und drei Prozent. Der Grund ist schnell ausgemacht: Ein sogenannter Total-Return-Fonds, der ein Viertel des Depots ausmacht, trägt im Wesentlichen zu der unglaublichen Wertentwicklung bei. Allerdings verlor er 2008 mehr als 30 Prozent, was die Freude über das gute Ergebnis in 2009 trübt. Es wurden lediglich Verluste abgebaut. Was ist da geschehen? Das Fondsmanagement des Total-Return-Fonds hatte strukturierte Finanzmarktinstrumente im Portfolio. Diese Papiere beschleunigten 2008 die Finanzmarktkrise. Und so zeigt der Kursverlauf des Fonds auch ein heftiges Auf und Ab – Schwankungen, die Charlotte eigentlich gar nicht haben möchte. Ähnlich wie Hedgefonds setzen nicht wenige Total-Return-Fonds Finanzmarktinstrumente ein, deren Einsatz hoch risikoreich sein kann: Swaps, Termingeschäfte, Edelmetall-Futures, Aktienindex-Optionen, Forward Forward Deposits, um nur einige zu nennen. Ich rate ihr, sich von diesen Fonds zu trennen. Denn wer sagt uns, dass schwere Rückschläge nicht auch künftig passieren können?

Vor drei Jahren hat Charlotte eine recht hohe Summe in einen Garantiefonds investiert. Glücklicherweise ist sie nicht auf das Geld angewiesen, denn die Garantie greift immer erst zum Ende der Laufzeit. In diesem Fall 2015. Das ist an sich auch richtig, denn so kann das Fondsmanagement zuverlässig planen. Viel dramatischer ist für mich aber die Anlagepolitik. Ich lese im Verkaufsprospekt nach: Das Anlagemanagement investiert in sogenannte Asset Backed Securities, also jene Wertpapiergattung, die Anlegern auf dem Höhepunkt der Finanzkrise große Verluste beschert haben. Es geht um Anleihen, die mit gewerblichen Hypothekenforderungen unterlegt sind und deren Entwicklung vom Immobilienmarkt abhängig ist. Der Fonds liegt kräftig im Minus.

Weitere Risiken folgen: Länderanleihen von minderer Qualität reihen sich gemütlich an Unternehmensanleihen, von denen die Mehrzahl als ausfallgefährdet gelten. Darauf zu setzen, dass im Fall des Falles immer der Staat einspringt, erscheint waghalsig. Charlotte runzelt die Stirn. Ob ich jetzt nicht ein wenig zu schwarz male, fragt sie mich. Ich bin der Auffassung: nein. Die Liste populärer Schuldner, die in den letzten Jahrzehnten Schwierigkeiten hatten, ist lang: Argentinien, Russland, General Motors, Escada – meist kam es zu Umschuldungen, bei denen die Gläubiger nicht ihr gesamtes Geld zurückerhielten. Aus vermeintlich sicheren Anleihen wurden hochspekulative Wertpapiere. Dabei gibt es Kennziffern und zuverlässige Anzeichen, die auf Risiken hindeuten: Bei überdurchschnittlich hohen Zinsen, heftigen Kursverläufen und verzögerten Zinszahlungen ist Vorsicht geboten. Charlotte ärgert sich, dass sie sich zu wenig um diese Dinge gekümmert hat. Schließlich lockte der hohe Zins und sie hat zu allen Anlagen ihre Zustimmung gegeben.

Warum ich Aktien gut finde und Anleihen der Unternehmen meide

Anleger, die ihr Geld in Anleihen anlegen, suchen in aller Regel eine sichere Geldanlage. Sie schätzen die laufenden Zinsen und vor allem die 100-prozentige Rückzahlung des Geldes am Ende der Laufzeit. Bis auf wenige, endlos laufende Papiere haben alle Anleihen eine feste Laufzeit. Im Notfall können Anleihen jederzeit an der Börse verkauft werden. Als Risiken, neben der Bonität des Emittenten, gelten das allgemeine Zinsniveau und die Inflation. In Phasen steigender Zinsen verlieren Anleihen im Besitz temporär an Wert, was sich in täglichen Kursschwankungen bemerkbar macht. Wer dann vor dem Ende der Laufzeit über das Geld verfügen möchte, macht einen Verlust.

Der »Nachteil« dieser Strategie: Mehr als der Zins ist nicht an Gewinnen zu holen. Wer mehr Zinsen möchte, muss bereit sein, auch mehr Risiken in Kauf zu nehmen. Die Finanzstärke dessen, dem Sie ihr Geld anvertrauen, ist daher das wichtigste Kriterium. Eine garantierte Rückzahlung nützt gar nichts, wenn der Garantiegeber pleite ist.

Mit sehr viel höheren Zinsen locken viele Unternehmen. Denn neben den traditionellen Schuldnern wie Staaten (Staatsanleihen, Bundesanleihen) besorgen sich zunehmend auch Firmen Geld am Kapitalmarkt (Unternehmensanleihen, auch Corporate Bonds genannt). TUI, Heidelberg Cement, General Motors – das sind nur einige weltweit bekannter Unternehmen, die sich Geld am Kapitalmarkt borgen. Das Problem: Sie weisen eine geringe Bonität auf, sind also mit Risiken verbunden. Am Zinssatz, der im weitesten Sinne ja nichts anderes als eine Risikoprämie ist, kann man das erkennen. Je höher der Kupon, desto risikoreicher die Anleihe. Diese Anleihen gelten als »Junk-Bonds«. Als Ramschanleihen. Denn das Ausfallrisiko ist sehr groß.

Soll man also für ein wenig mehr Zins das Risiko eines To-

talausfalls in Kauf nehmen? Ich meine: nein. Mehr Ertrags-
chancen gibt es mit Aktien. Dass man mit dieser Anlageklasse
ebenfalls sein ganzes Geld verlieren kann, wird von den Anlegern akzeptiert. Denn die Risikofreude ist erfahrungsgemäß
bei Aktienkäufern größer als bei Anlegern von Anleihen. Doch
während bei Aktien die Gewinnchancen nahezu unbegrenzt
sind, ist der Mehr-Gewinn bei Junk-Bonds lächerlich. Mehr als
der zugrunde liegende Zinssatz ist nicht zu holen. Der ist zwar
meist ein bis fünf Prozentpunkte höher als bei sicheren Staatsanleihen. Doch dafür lohnt es nicht, dieses Risiko auf sich zu
nehmen!

Gut gefällt mir ein Rentenfonds mit kurz laufenden Staatsanleihen, der ausschließlich in den großen Volkswirtschaften Europas
anlegt. Außerdem hat Charlotte noch einige Pfandbriefe und
50.000 Euro in zwei Unternehmensanleihen angelegt, die im
kommenden Jahr auslaufen. Da es sich um solide Industrieunternehmen handelt und der Zins gut ist, hält sie die Papiere bis zum
Laufzeitende.

Vielseitig statt einseitig: Die Patentlösung heißt Risikobudget und Streuung

Ich empfehle Charlotte, die Quote wirklich sicherer Geldanlagen
zu erhöhen und sie viel klarer von Strategien mit Risiko abzu-
grenzen. Da, wo Risiko draufsteht, darf auch Risiko drin sein.
Umgekehrt aber müssen sichere Geldanlagen wirklich sicher sein.
Es gibt keine Patentlösung für alle, daher ist die kluge Streuung
auf verschiedene Vermögensanlagen immer noch das Beste. Damit ist sie auf der sicheren Seite, denn die Gefahr, dass alle Anlageprodukte im gleichen Zeitraum schlecht laufen, ist gering. Die
Vielseitigkeit macht es.

Das mag auf den ersten Blick kein besonders origineller Vorschlag sein – aber er ist solide. Dabei ist Streuung mehr als nur die Mischung aus Aktien und Anleihen. Es ist die Balance verschiedener Strategien mit verschiedenartigen Sicherheitsmerkmalen, verschiedenen Partnern und verschiedenen steuerlichen Belastungen.

Das Einkommen im Ruhestand muss zuverlässig fließen

Das Vermögen von Charlotte muss also auf kurze und lange Sicht sehr sicher angelegt sein und sie ab sofort mit ausreichend laufender Liquidität versorgen. Am besten ist es, wenn Monat für Monat eine Summe auf ihr Girokonto fließt. Sie möchte sich darauf verlassen können. Und über alles gilt es, die steuerliche Belastung und die Inflation im Auge zu behalten.

Ihre laufenden Einnahmen setzen sich bislang aus der gesetzlichen Rente von 630 Euro und der Rente aus der Unterstützungskasse von 980 Euro zusammen. Ein weiterer Baustein wird eine neue, sofort beginnende Rentenversicherung mit garantierter Verzinsung sein. Sie legt einmalig 300.000 Euro an und kann nun inklusive der Überschüsse mit einer lebenslangen Rente von 1.550 Euro rechnen. Charlotte wählt die sogenannte Bonusrente, bei der von Anfang an eine hohe Rente bezahlt wird. Sie war erst skeptisch, ob sie denn wirklich so viel Geld in eine Rentenversicherung einzahlen solle. »Brauche ich das denn? Ist mein Geld da nicht gebunden?« Ja und nein. Eine klassische Rentenversicherung mit Garantiezins ist auch eine sehr sichere Geldanlage. Es gibt steuerliche Vorzüge: Innerhalb der Police kann das Geld abgeltungssteuerfrei arbeiten, und die Rente unterliegt nur mit dem Ertragsanteil der Versteuerung. Bei Charlotte sind demnach 82 Prozent der Rente steuerfrei. Nur 18 Prozent muss sie als steuerpflichtige Einnahmen bei ihrer Steuererklärung angeben. Ich rate Charlotte zu einem Rentenmodell mit Kapitaloption. Mit dieser kann sie größere Summen aus der Police entnehmen. Diese Freiheit erleichtert Charlottes Entschluss.

Rentenmodell mit Kapitaloption

Das Geld fließt in eine Rentenversicherung, die gleich mit der Rentenzahlung startet (sofort beginnende Rente). Es wächst einerseits durch die Überschüsse, die die Versicherung erwirtschaftet, und wird andererseits durch die Anfangskosten und die im Lauf der Zeit ausgezahlten Renten geschmälert. Möchte Charlotte also über ihr Geld verfügen, wird der Kapitalstand ermittelt und die bereits ausgezahlten Renten abgezogen.

Weitere 2.300 Euro kommen monatlich aus ihrem Vermögen. Ich richte dafür einen Investment-Auszahlplan mit einer jährlichen Dynamisierung von drei Prozent ein. Rein rechnerisch wäre er in 27 Jahren aufgebraucht. Der Schwerpunkt ihres Wertpapierdepots sind nun gemanagte Rentenstrategien auf Euro-Basis. In der aktuellen Lage setze ich auf Staatsanleihen solider Schuldner, allen voran Deutschland. Unser Land gilt nach wie vor als vertrauenswürdiger Schuldner. Außerdem baue ich inflationsgeschützte Anleihen, einen internationalen Rentenfonds und globale Aktienfonds ein. Das zusätzliche Aktienrisiko ist überschaubar. Wichtig ist, dass alles aktiv gemanagt wird.

Die Gesamtstruktur ist ausgewogen: 52 Prozent sind in Immobilien und fest angelegten Vermögenswerten; über den Rest, 48 Prozent, kann sie jederzeit unkompliziert verfügen.

Mit einer liquiden Reserve von 75.000 Euro auf einem Tagesgeldkonto fühlt sich Charlotte wohl. Außerdem entschließt sie sich, ihren Söhnen jeweils 200.000 Euro zu schenken. Für deren eigene Altersvorsorge. Mit der Schenkung nutzen sie auch gleich einen Teil der steuerlichen Erb- und Schenkungssteuerfreibeträge von 400.000 Euro pro Kind – ein willkommener Nebeneffekt.

Charlottes Vermögensübersicht

	Vorher	Nachher
Immobilie	650.000 Euro	650.000 Euro
Depot »Hausbank«	445.000 Euro	0
Depot »Neu mit Auszahlplan«	0	700.000 Euro
Depot »Schweiz«	275.000 Euro	275.000 Euro
Rentenversicherung	0	300.000 Euro
Unterstützungskasse	200.000 Euro	200.000 Euro
Tagesgeld	1.030.000 Euro	75.000 Euro
Schenkung Söhne	0	400.000 Euro
Summe	**2.600.000 Euro**	**2.600.000 Euro**

Wir legen eine Routine fest, die für jede Kapitalanlegerin selbstverständlich sein sollte: Einmal im Jahr setzen wir uns zusammen und überprüfen, ob alles noch passt. Charlotte hat ein gutes Gefühl. Nicht nur, dass ihre Einnahmen nun zuverlässig jeden Monat auf ihr Konto fließen, sie ist auch erstmals sicher, alles gut verstanden zu haben.

Charlottes monatliche Einnahmen sind zuverlässig auf den Weg gebracht:

Art der Altersvorsorge	Monatliche Zahlung	Steuerpflichtiger Anteil	
Gesetzliche Rente	630 Euro	62 Prozent	(1)
Unterstützungskasse	980 Euro	100 Prozent	(2)
Private Rentenversicherung	1.550 Euro	18 Prozent	(3)
Auszahlplan Depot	2.300 Euro	Abgeltungssteuer, Soli, KiSt	(4)

SUMME brutto	*5.460 Euro*
Abzüglich Steuern (5)	*- 950 Euro*
SUMME netto	*4.510 Euro*

(1) Nachgelagerte Besteuerung der gesetzlichen Rente bei Rentenbeginn in 2011.

(2) Die Versorgungsleistung aus der Unterstützungskasse ist in vollem Umfang steuerpflichtig (nachgelagerte Besteuerung).

(3) Ertragsanteilsversteuerung bei Rentenbeginn mit 65 Jahren.

(4) Das Depot mit dem Auszahlplan beträgt 700.000 Euro. Ich kalkuliere eine Ertragserwartung von 3,25 Prozent nach Kosten und Steuern: Zinsen, Ausschüttungen und ausschüttungsgleiche Erträge (bei thesaurierenden Fonds) unterliegen der Abgeltungssteuer (25 Prozent) inklusive Solidaritätszuschlag (5,5 Prozent) und Kirchensteuer (in Bayern acht Prozent).

(5) Durchschnittsteuersatz Einkommen: 26 Prozent; Grenzsteuerbelastung 42 Prozent.

Schenkungen und vorweggenommene Erbfolge

Bei der vorweggenommenen Erbfolge handelt es sich um eine Schenkung unter Lebenden, Begünstigte sind die künftigen Erben. Der Grund für diese Schenkungen liegt meist in der Ausschöpfung der Erbschaftssteuerfreibeträge. Seit 01.01.2009 sind Schenkungen an die Kinder bis zu 400.000 Euro schenkungssteuerfrei. Dieser Freibetrag kann alle zehn Jahre neu ausgeschöpft werden. Grundlage der Berechnung der Schenkungssteuer, die im Übrigen gleichbedeutend mit der Erbschaftssteuer ist, ist der Verkehrswert. Bei großen Vermögen sind die Schenkungen nicht immer bedingungslos, der Schenker behält sich Nutzungs- oder Nießbrauchsrechte vor. Viele

Menschen schenken aber, um eine Freude zu machen oder den eigenen Kindern eine Starthilfe zu finanzieren. Sei es als Eigenmittel für eine Immobilie oder als Grundstein für eine selbstständige Arbeit. Doch eine Vermögensübertragung sollte wirklich gut überlegt sein, denn: Was weg ist, ist weg. Ausnahmen, dass das Geld zurückgefordert werden kann, gibt es nur sehr wenige. Bevor Vermögenswerte verschenkt werden, muss die eigene Zukunft gesichert sein. In jedem Fall sollten Sie sich bei größeren Schenkungen rechtlich beraten lassen. Übertragungen von Immobilien oder auch Gesellschaftsbeteiligungen sind ohnehin komplex und müssen zudem notariell beurkundet werden. Das Geld für die Beratung ist gut investiert und man kann Fehler vermeiden, die einen selbst oder die Beschenkten treffen.

Frauen leben länger – die eigene finanzielle Unabhängigkeit schützt die Kinder

Um wen geht es?	Witwe, 65 Jahre
Themenschwerpunkt	Nachlassplanung
Zusatzinfos	Vorsorgevollmacht, Betreuungsverfügung, Patientenverfügung

Der Entschluss, das große Haus im Allgäu zu verkaufen und nach München zu ziehen, kam nicht über Nacht. Im Gegenteil: Seit ihr Mann vor zwei Jahren nach einem Verkehrsunfall gestorben ist, überlegte Paula immer wieder hin und her. Am Haus hängen so viele Erinnerungen! Doch es gab gute wirtschaftliche Gründe für einen Verkauf. Zwar lagen keine Hypothekenschulden mehr auf dem Haus, doch der Unterhalt war auf Dauer zu teuer. Schließlich hat sie selbst nur eine spärliche gesetzliche Rente, und dank ihrer Witwenrenten kann sie ganz gut leben. Ihre Entscheidung war deshalb absolut richtig. »Seit zwei Jahren hat meine Tochter auf mich eingeredet, dass ich mich vom Haus trennen soll …«.

Ihre Empörung ist mehr gespielt als ernst gemeint, denn das Verhältnis der beiden ist gut. Nun wohnt sie im gleichen Stadtteil wie Helen.

Vor zehn Tagen wurde der Kaufpreis für das Allgäuer Einfamilienhaus bezahlt: 400.000 Euro liegen nun auf dem Girokonto. »So viel Geld!«, stöhnt sie. Denn einerseits freut sie sich über den guten Preis, andererseits sind die Entscheidungen, die nun anstehen, nicht leicht. Sie weiß, dass sie sie nicht allein treffen kann.

Paula hat auch schon einige ganz konkrete Ideen. Sie möchte einen Teil des Geldes – 100.000 Euro – ihrer Tochter für deren eigene Altersvorsorge schenken. Ihre zwei Enkel sollen je 30.000 Euro für ihre Ausbildung bekommen. Ihr gefällt die Vorstellung, dass »geteilt wird, und alle in der Familie etwas davon haben«. Und dann gibt es noch ein soziales Projekt in ihrer Heimatstadt, das sie gern unterstützen möchte. »Der Rest kann dann angelegt werden.« Sie ergänzt noch: »Ohne Risiko!«.

Längere Lebenserwartung erfordert ein Umdenken in der Erbschaftsplanung

Ein aufs schnelle Geschäft schielender Finanzberater kam gleich zur Sache: eine aufgeschobene Rentenversicherung für Helen, Sparbriefe für die Enkelkinder und ein Rentenfonds für Paula. Und obendrauf die Überweisung für die Spende, »gehört ja zum Service«. Doch diese »Lösung« greift viel zu kurz. Denn Paula hat bei ihren gut gemeinten Plänen zu wenig an sich selbst gedacht – ein Wesenszug, der sie mit vielen Müttern eint. Wenn sie auch im hohen Alter so wie jetzt angenehm und würdevoll leben möchte und das Risiko einer längeren Pflegezeit einkalkuliert, muss sie über ein ausreichendes Vermögen verfügen. *Das* ist mein Thema in der Beratung.

Es ist noch nicht lange her, da galt es als selbstverständlich, den Kindern und Enkelkindern Teile des eigenen Vermögens zu übertragen. Doch die alte Redewendung, man solle besser »mit warmen Händen geben«, statt sein gesamtes Vermögen erst nach dem Tod den Erben zufließen zu lassen, passt nicht für jeden.

Bei sehr großen Vermögen ist es meist richtig, früh damit zu beginnen, einzelne Vermögensteile zu übertragen. So lassen sich Schenkungsfreibeträge steuerlich ausnutzen – das ist von großem Vorteil für die späteren Erben. Denn alle Schenkungen, die länger als zehn Jahre zurückliegen, bleiben bei der Erbschaftssteuer unberücksichtigt. Außerdem kann der Erblasser ganz gezielt Vermögenswerte übertragen und noch Einfluss nehmen, zum Beispiel bei Betriebsübergaben oder Immobilien.

Allen anderen Menschen ist davon abzuraten, im großen Stil ihr Vermögen zu Lebzeiten zu verschenken. Frauen, die heute 65 Jahre alt sind, können gut und gerne noch zwanzig Jahre leben. Dafür muss ausreichend Geld vorhanden sein. Denn wer möchte schon im Alter von seinen Kindern finanziell unterstützt werden? Im schlimmsten Fall kommen noch die Kosten für eine gute Pflege und medizinische Versorgung dazu. Sind dann die Vermögenswerte erschöpft, springt zwar der Staat ein, doch der holt sich das Geld postwendend bei den Familienangehörigen zurück (siehe Kapitel »Nach wie vor die Sache der Frauen: Pflege«). Es kann sogar so weit kommen, dass Rückübertragungen von früheren Schenkungen nötig sind. Die Konsequenz für die potenziellen Erben: Sie können nicht zuverlässig mit dem Erbe rechnen.

Viele Mütter und Väter überlegen deshalb, ihre Immobilien nur mit Auflagen zu Lebzeiten an die Kinder zu übertragen. Gängige Nachlassinstrumente sind die Vereinbarung eines Nießbrauchs oder einer Rente in Verbindung mit einem lebenslangen Wohnrecht. Doch auch das muss gut überlegt sein, denn diese Schenkungen sind endgültig. Sie lassen sich nicht ohne Weiteres rückgängig machen. Außerdem gehört es zur persönlichen Freiheit, dass die Seniorin ein eigenes Vermögen besitzt, auf das sie flexibel zugreifen kann. Die notwendige Handlungsfreiheit verschafft ihr nur ein gesunder Mix aus Renten, Liquidität und frei verfügbarem Wertpapiervermögen.

Stellen Sie sich selbst in den Mittelpunkt

Noch immer machen sich viel zu wenige Menschen Gedanken über das Lebensende. Nur eine Minderheit kümmert sich tatsächlich um eine Nachlassplanung und verfasst ein Testament. Wer beschäftigt sich schon gern mit dem eigenen Tod? Andererseits: Wenn kein Testament vorhanden ist, gilt die gesetzliche Erbfolge. Und die entspricht nicht immer dem eigenen Willen. Noch selte-

ner als Testamente werden Vorsorgevollmachten, Betreuungs-
und Patientenverfügungen verfasst – obwohl das Risiko groß ist,
dass man im hohen Alter nicht mehr in der Lage ist, selbst über
sein Leben zu bestimmen.

Noch wichtiger, als über Schenkungen nachzudenken, ist es
deshalb, ein Testament aufzusetzen und dabei gleichzeitig Regelungen für den Fall zu treffen, dass eine Betreuung erforderlich
ist. **!**

Vorsorgeverfügungen betreffen alte und junge Menschen

1. Problemstellung

Minderjährige werden im Normalfall bis zur Volljährigkeit
automatisch durch ihre Eltern gesetzlich vertreten. Wenn voll-
jährige Personen eine Vertretung brauchen, weil sie aufgrund
eines Unfalls, einer schweren Erkrankung oder durch Nachlas-
sen der geistigen Kräfte im Alter ihre Angelegenheiten nicht
mehr selbst regeln können, gibt es keine solche Automatik.
Man spricht in diesem Fall von der sogenannten Betreuungs-
bedürftigkeit. Falls für diesen Fall keine Vorsorge getroffen
wurde, muss das Betreuungsgericht (Abteilung des örtlichen
Amtsgerichts) eine Person auswählen und zur gesetzlichen
Vertretung als Betreuer bestellen. Ehepartner oder Familien-
angehörige werden nicht automatisch eingesetzt, oft sind das
Betreuungsvereine, Anwälte, also fremde Personen. Das Verfahren ist in §§ 1896 ff. BGB geregelt. Wenn man für den Fall
eines unumkehrbaren Sterbeprozesses oder weil altersbedingt
die Zeit zum Sterben gekommen ist, nichts geregelt hat, müssen Ärzte, um sich nicht strafbar zu machen, die sogenannte
Apparatemedizin einsetzen. Dann wird das Leben mit allen
erdenklichen Mitteln verlängert. Jeder sollte für sich in guten

Tagen überlegen, ob dies seiner Vorstellung von Leben und Sterben in Würde entspricht.

Um zu verhindern, dass man in schlechten Tagen fremden Entscheidungen ausgeliefert ist, sollte man rechtzeitig klären, durch wen man im Betreuungsfall vertreten sein möchte und wie die medizinische Versorgung in dieser Situation aussehen soll. An Ihre schriftlichen Vorsorgeverfügungen sind Gerichte und Ärzte gebunden.

2. Die verschiedenen Vorsorgeverfügungen
Vorsorgevollmacht

Vorsorgevollmacht (auch Generalvollmacht) erteilen Sie nur einer nahestehenden, unbedingt vertrauenswürdigen Person. Sie wirkt sofort. Es muss kein Betreuer vom Gericht bestellt werden (§ 1896 II BGB). Sinnvollerweise sollte diese Vollmacht notariell beurkundet werden. Sie gilt bis zum Widerruf und der Bevollmächtigte muss dann die Original-Urkunde herausgeben. Der *Bevollmächtigte* erhält kein Honorar, er kann lediglich seine Kosten, zum Beispiel Fahrtkosten, in Rechnung stellen. Leider fordern viele Banken trotz notarieller Generalvollmacht eine Bankvollmacht auf bankeigenen Formularen, obwohl das rechtlich nicht nötig ist. Erteilen Sie deshalb am besten zusätzlich eine Bankvollmacht. Wichtig: Je weniger Einschränkungen eine Vorsorge-/Generalvollmacht hat, desto brauchbarer ist sie.

Betreuungsverfügung

Wurde keine Generalvollmacht erteilt, und können Sie nach ärztlicher Feststellung dauerhaft oder zeitweise Ihre Angelegenheiten nicht mehr selbstständig regeln, wird ein *Betreuer* vom Betreuungsgericht für Sie bestellt. Das Gericht ist bei der Auswahl der Person an Ihre Wünsche gebunden, wenn eine sogenannte Betreuungsverfügung existiert (§ 1897 IV BGB). Sie sollte daher in jedem Fall schriftlich abgefasst werden. Der

Betreuer erhält, anders als der Bevollmächtigte, eine Vergütung. Die Höhe dieses Honorars setzt das Betreuungsgericht
auf Antrag fest. Sie orientiert sich an den Vermögensverhältnissen des Betreuten und dem Zeitaufwand.

Der Betreuer – bzw. der Bevollmächtigte – regelt für Sie
beispielsweise Angelegenheiten in den folgenden Bereichen:

- Untersuchung des Gesundheitszustands, ärztliche Heilbe-
  handlungen und Eingriffe
- Bestimmung des Aufenthalts und die Organisation der
  Pflege
- Wohnungsangelegenheiten, zum Beispiel Wohnungsauf-
  lösung und Abschluss eines Heimvertrags
- Bankgeschäfte, Vermögens-, Versicherungs-, Steuerange-
  legenheiten

Gut zu wissen: Bei medizinischen Eingriffen, die eine Lebens-
gefahr mit sich bringen (zum Beispiel eine Herzoperation)
oder wenn es um freiheitsbeschränkende Maßnahmen geht
(zum Beispiel geschlossene Unterbringung) müssen sowohl
Betreuer als auch Generalbevollmächtigter die Genehmigung
des Betreuungsgerichts einholen.

Patientenverfügung
In einer schriftlichen Patientenverfügung wird geregelt, welche
Schritte jemand im Hinblick auf seine *medizinische Versorgung*
wünscht und welche Schritte unterbleiben sollen, wenn er sich
selber nicht mehr äußern kann. Seit dem 01.09.2009 ist das in
§§ 1901 a ff BGB klar geregelt. Sie benennen, welche ärztlichen
Untersuchungen, Heilbehandlungen, ärztlichen Eingriffe Sie
in der Endphase des Lebens zulassen wollen – und welche
nicht (künstliche Ernährung, Apparatemedizin). Sie können
beispielsweise eine *künstliche Lebensverlängerung* mittels medi-
zinischer Lebensverlängerung unter bestimmten Umständen

ablehnen und die Anweisung erteilen, dass Sie im Sterbeprozess nur eine gute Grundpflege, ausreichende Flüssigkeitszufuhr und Schmerzmittel wünschen. Ärzte und Gerichte sind an diese schriftliche Weisung gebunden. Eine Patientenverfügung kann jederzeit formlos widerrufen, abgeändert oder ergänzt werden.

3. Was tun mit den Verfügungen?

Eine Patientenverfügung bzw. den Hinweis, dass es eine gibt, sollte man zumindest in Kopie immer bei sich haben, damit sie bei einem Unfall sofort gefunden werden kann. Auch Hinweise auf eine bestehende Generalvollmacht oder Betreuungsverfügung sind hilfreich. Dann kann schnell in Ihrem Sinne gehandelt werden. Vorsorgevollmacht oder Betreuungsverfügung können gebührenpflichtig beim Zentralen Vorsorgeregister der Bundesnotarkammer registriert werden (Bundesnotarkammer, Berlin; www.vorsorgeregister.de). Das ist die erste Anlaufstelle, wenn ein Betreuungsfall eintritt und man zunächst keine Verfügungen beim Betroffenen findet. So ist sichergestellt, dass das Betreuungsgericht sofort Kenntnis von der Existenz der Verfügungen erlangt. Jeder, der eine Vollmacht, Betreuungs- oder Patientenverfügung verwahrt, muss sich unverzüglich beim Betreuungsgericht melden und das Dokument dort abliefern, wenn er erfährt, dass der Betreffende nicht mehr handlungsfähig ist (§ 1901 c BGB).

Denken Sie an sich und über sich nach, und treffen Sie Vorsorge! Und lassen Sie sich in jedem Fall anwaltlich beraten.

Sabine Steffen, Rechtsanwältin in München

Nicht zu viel verschenken!

Paula hat bis auf ein Festgeldkonto von 25.000 Euro kein nennenswertes liquides Vermögen. Ihr Mann hatte es versäumt, sich rechtzeitig um eine ausreichende Vermögensbildung zu kümmern. Der selbstständige Architekt hat in den 1990er-Jahren sehr viel Geld mit einer stillen Beteiligung verloren. Das gesamte Vermögen der beiden steckte in der Immobilie.

Für ihr Leben braucht Paula monatlich 2.700 Euro, wovon rund 900 Euro auf die monatlichen Mietkosten entfallen. Die Renteneinnahmen decken 1.600 Euro ab, sodass ich eine monatliche Lücke von rund 1.100 Euro errechne. Diese Lücke muss durch das Vermögen der Seniorin gedeckt werden, was an sich kein Problem ist. Unterstellen wir für die Anlage der 400.000 Euro eine konservativ kalkulierte Rendite von drei Prozent nach Steuern und Kosten und planen, dass sie jedes Jahr die Auszahlungen erhöht, um die Versorgungslücke nach der Preissteigerung auszugleichen, ist das Geld rein rechnerisch in 30 Jahren aufgebraucht. Extraausgaben, zum Beispiel für Reisen, könnten aus der Vermögenssubstanz finanziert werden. Gut gemanagte EURO-Rentenfondskonzepte erzielten in den letzten Jahren im Schnitt eine Wertentwicklung von drei bis 4,5 Prozent.

Eng wird es aber, wenn sie wie geplant ihrer Tochter 100.000 Euro und ihren beiden Enkelkindern je 30.000 Euro schenkt. Mit 240.000 Euro kann sie zuverlässig nur für einen Zeitraum von knapp 19 Jahren rechnen, wenn ich die gleichen Berechnungsgrundlagen anwende. Kommt etwas dazwischen, wie Renditeschwankungen, eine höhere Inflation oder zusätzliche Pflegekosten, ist eine verlässliche Versorgung fraglich. Ich zeige ihr die Szenarien auf:

Ausgangsbasis: 260.000 Euro Depot und 160.000 Euro Schenkung
Zusätzlich braucht sie in den ersten fünf Jahren: 20.000 Euro
(Autokauf, Fernreise, medizinische Maßnahmen)

Ab dem 5. Jahr: eine Haushaltshilfe, die 400 Euro pro Monat kostet. Rendite des Auszahlplans: drei Prozent nach Kosten und Steuern; jährliche Erhöhung der Depotentnahmen entsprechend der monatlichen Deckungslücke. Die gesetzliche Rente bleibt konstant.

Jahr	2011	2026	
Alter	65	80	
Ausgaben	2.700 Euro	3.800 Euro	Steigerung wegen der Inflationsrate von 1,5 Prozent pro Jahr, dazu die Haushaltshilfe
Rente	1.600 Euro	1.600 Euro	Keine Rentensteigerung der GRV
Depotentnahme	1.100 Euro	2.200 Euro	Depotentnahme zur Deckung der monatlichen Deckungslücke

! Bei diesem Szenario wäre das Geld im 15. Jahr aufgebraucht!

Die Rechnung öffnet Paula die Augen, die langfristigen Folgen hatte sie so nicht bedacht. Wenn sie jetzt die Tochter und die Enkel großzügig beschenkt, könnte es sein, dass ihre Tochter sie später unterstützen muss. Das möchte sie auf jeden Fall vermeiden.

Auch kleine Geschenke machen Freude

Ganz kann sie es aber dann doch nicht lassen und überträgt ihrer Tochter 30.000 Euro. Das liegt ihr am Herzen, denn mit diesem Geld kann Helen, die mit ihrem Gehalt als Bürokauffrau bisher keine großen Sprünge machen konnte, den Grundstock für ihre private Altersvorsorge legen.

110.000 Euro fließen in eine sofort beginnende Rentenversicherung mit steigenden Rentenzahlungen (Dynamisierung), die mit einer monatlichen Rente von 420 Euro startet.

Sofort beginnende Rentenversicherung mit Beitragsrückgewähr

Das Geld fließt in eine Rentenversicherung, die zum nächsten Monat mit der Rentenzahlung startet. Stirbt der Versicherungsnehmer in der Rentenphase, wird das einbezahlte Geld abzüglich der bis dahin gezahlten Garantierenten an den oder die Erben zurückbezahlt. Je nachdem, welche Art der Überschussverwendung bei Vertragsabschluss gewählt wurde, können diese noch die Todesfallleistung erhöhen.

Ich habe ein klassisches Modell mit Garantiezins und Beitragsrückgewähr gewählt. Sie setzt ihre Tochter als Bezugsberechtigte für den Todesfall ein. Ihre Reserve liegt auf einem Tagesgeldkonto und 260.000 Euro werden im Depot angelegt. Auf diese Weise bleibt sie flexibel. Sicherheit ist wichtiger als die Rendite, weshalb 85 Prozent des Depots in verschiedene gemanagte Anleihenkonzepte investiert werden. Den Schwerpunkt bilden europäische Anleihen bester Bonität. Mit einer Gewichtung von 15 Prozent füge ich Sachwerte wie substanzstarke Aktien der Struktur hinzu, damit die Anlage dem Inflationsdruck der kommenden Jahre standhalten kann.

Paulas Finanzplan

Depotvermögen	260.000 Euro mit Auszahlplan über anfänglich 600 Euro
Rendite des Auszahlplans	Drei Prozent nach Kosten und Steuern; jährliche Erhöhung der Entnahmen entsprechend der Deckungslücke wegen steigender Ausgaben
Private Rentenversicherung	110.000 Euro mit steigenden Renten
Festgeld	Reserve 25.000 Euro
Schenkung	30.000 Euro an die Tochter

Jahr	2011	2026	
Alter	65	80	Inflationsrate 1,5 Prozent pro Jahr
Ausgaben	2.700 Euro	3.350 Euro	
Einnahmen GRV und Witwenrente	1.600 Euro	1.600 Euro	Keine Rentensteigerung
Private Rente	420 Euro	525 Euro	Keine Rentensteigerung
Depotentnahme	680 Euro	1.225 Euro	Im 15. Jahr sind noch ca. 170.000 Euro vorhanden! Die Rentendauer beträgt mehr als 26 Jahre.

Mit Geld Gutes tun

Um wen geht es?	Seniorin gründet Stiftung
Themenschwerpunkt	Vermögensmanagement einer Stiftung
Zusatzinfos	Rechtliche Aspekte bei einer Stiftungsgründung Steuerliche Vorteile bei Stiftungen

Nach einer Studie der Bertelsmann Stiftung ist es der Wunsch vieler Stifter, der Gesellschaft etwas »zurückzugeben«. Stifter möchten danken und etwas bewegen. Und manchen fehlen schlichtweg geeignete Erben.

So war es auch bei Irina. Ihr Mann war einer der bedeutendsten Schriftsteller Bayerns. Die beiden hatten keine Kinder und als er 1993 starb, war sie aufgrund des gemeinsamen Berliner Testaments die Alleinerbin seines Vermögens. Der Nachlass bestand aus Immobilien und Geldvermögen. Anfangs war Irina erst einmal mit den Formalitäten beschäftigt: Sterbeurkunde, Erbschein, Konto, Depot, Grundbuch, Versicherungen. An den Verträgen änderte sie erst einmal gar nichts – aus Unkenntnis, Vorsicht und liebevollem Bewahren.

Irina hatte sich zuvor nie mit Geldanlage-Angelegenheiten aktiv auseinandergesetzt: »Das hat alles mein Mann gemacht.« Diese Aussage kenne ich gut. Immer wieder kommen Frauen dieser Generation zu mir in die Beratung, die mit der Situation, dass sie plötzlich über sehr viel Vermögen unmittelbar verfügen und entscheiden müssen, nicht ohne Weiteres zurechtkommen. Einige von ihnen sind auch von der Höhe des Vermögens überrascht, zumal sie selbst nie einen ausschweifenden Lebensstil pflegten.

Erst nach und nach kamen Irina die Ideen, was sie aus dem

Vermögen machen will und wie ihr finanzieller Alltag aussehen kann. Unsere Beratungsgespräche in dieser Zeit kreisen um:

- Was ist ihr wichtig, wenn sie an ihre Zukunft denkt?
- Mit welchen Einnahmen kann sie nun rechnen? Wie hoch sind ihre Witwenrenten?
- Welche Ausgaben bleiben und welche können künftig entfallen?
- Wie hoch ist die monatliche Einnahmenlücke, die nach dem Wegfall der Renten ihres Mannes entsteht und die nun aus dem Vermögen gedeckt werden muss?
- Wie sehen die Vermögenswerte konkret aus? Fühlt sie sich mit diesen wohl? Mit welcher Intensität möchte sie sich um die Geldthemen kümmern?
- Und welche Gedanken kreisen um ihre eigene Nachlassplanung?

Im Laufe meiner Nachlassbegleitung kam ihr die Erkenntnis, dass sie ihr Leben sicher nicht wesentlich anders leben werde und sie folglich das Vermögen niemals aufbrauchen werde. Recht schnell entwickelte sich die Idee einer gemeinnützigen Stiftung und je öfter sie darüber nachdachte, desto mehr gefiel sie ihr. Sie und ihr Mann waren seit jeher gesellschaftlich engagiert. Und so gründete sie eine rechtsfähige Stiftung bürgerlichen Rechts, die seitdem ihren und den Namen ihres Mannes trägt. Der Zweck der Stiftung ist die Förderung des gesellschaftlichen Dialogs in Europa.

Zivilgesellschaftliches Engagement

2010 werden in Deutschland mehr als 17.300 Stiftungen gezählt, die ältesten von ihnen sind über 1000 Jahre alt. Das Engagement der Stifter erreicht alle Bereiche unseres gesellschaftlichen Lebens: Kinder, Senioren, Kultur, Wissenschaft, Sport, Medizin. Jede vierte Stiftung wird von Frauen ins Leben gerufen. Von einer Stiftung spricht man, wenn ein Vermögen einem fest bestimmten Zweck unwiderruflich gewidmet wird. Eine Stiftung hat keinen Eigentümer – sie gehört sich selbst.

!

Trotz aller Steuervorteile sollte man nicht allein aus diesen Gründen stiften, denn das Vermögen, das in die Stiftung übergeht, bekommen Sie nicht wieder zurück. Auch dann nicht, wenn der Stifter zu Lebzeiten in eine finanzielle Notlage gerät.

Der Vorteil einer Stiftungsgründung zu Lebzeiten ist ohne Zweifel, dass der Stiftende großen Einfluss ausüben kann: nicht nur auf die Stiftungssatzung, die ja die Grundlage von allem ist, sondern auch auf die handelnden Personen und die konkreten Projekte, in die das Geld zunächst fließen soll. Das alles auf den Weg zu bringen, erfüllte Irina mit großer Erfüllung und so vereinbarten wir eine Arbeitsteilung: Sie kümmert sich um den kreativen Teil ihrer Stiftung – und ich ums Geld: um das Stiftungsvermögen und auch ihr eigenes Geld. Denn das muss getrennt werden. Ist Geld erst einmal in eine Stiftung eingebracht, dient es nur noch dem Stiftungszweck, nicht der Stifterin für deren persönliche Belange. Um die steuerlichen Anerkennungen der Stiftung und künftiger Spenden kümmert sich ihre steuerliche Beraterin.

Nachhaltiges Vermögenserhaltungskonzept für Irinas Stiftung

Im Herbst 2010 erschien eine interessante Studie unter institutionellen Anlegern, darunter viele Stiftungen. Gefragt nach den wichtigsten Kriterien der Vermögensanlage gaben sie mit 92 Pro-

zent die Sicherheit bei der Kapitalanlage an. Danach folgen gleich
Liquidität und Rendite. Weniger wichtig war ihnen, dass sie direkt Einfluss auf die Geldanlage nehmen. Regelmäßige Ausschüttungen und ein konsequentes Risikomanagement sind deshalb
die wichtigsten Anforderungen für die Anlage des liquiden Stiftungsvermögens.

Ziel ist einerseits Bestandssicherung und andererseits, dass
die gewählten Anlagearten auch ausreichend Ertrag zur Errei-
chung des Stiftungszwecks bringen müssen. Deshalb muss ich
die Anlagepolitik immer wieder an Veränderungen der Kapitalmärkte anpassen. »Buy and hold« ist nicht nur bei privaten,
sondern auch bei institutionellen Anlegern, wozu Stiftungen
zählen, out. Oft werde ich gefragt, ob Aktien in eine Stiftung
gehören. Und wie es sich mit Umschichtungen verhält. Das ist
ganz einfach: Beides ist möglich. Denn der Bestandserhaltungs-
grundsatz spricht nicht gegen Umschichtungen, solange sie
nicht zu dauerhaften und irreparablen Wertverlusten führen.
Deshalb analysiere ich regelmäßig nicht nur die Performance-,
sondern vor allem die Risikostruktur. Chancenreichere Anlagen
eignen sich demnach auch für Stiftungen. Doch ist die Grenze
zwischen Anlagen, die noch zulässig oder schon spekulativ sind,
je nach Aufsichtsbehörde, umstritten. Einige reagieren schon
skeptisch auf jede Aktienbeimischung, andere lassen sogar geschlossene Beteiligungen zu.

Ende 2010 ist das Depot der Stiftung auf 1,2 Mio. Euro angewachsen – der größte Teil davon sind Bankschuldverschreibungen, Bundesanleihen und Pfandbriefe mit Verzinsungen zwischen
vier und fünf Prozent. Diese »Schätze« werden nun nach und
nach endfällig. Doch weil aktuell das Zinsniveau deutlich geringer ist als zu dem Zeitpunkt, als die Wertpapiere gekauft wurden,
bedeutet das zwangsläufig eine Reduzierung der Erträge. In der
Konsequenz werden auch die Stiftungsprojekte mit weniger Geld
auskommen müssen, denn der Versuchung, für einen höheren
Ertrag mehr Risiken einzugehen, darf eine Stiftung nicht erliegen:
»Sicherheit steht vor allem!«

Wie man Stifterin wird

Am Anfang einer jeden Stiftung steht der Entschluss der künftigen Stifterin, eine Stiftung zu gründen. Sie durchläuft verschiedene Etappen der Gründungsphase, an deren Ende die Anerkennung der Stiftung durch die Stiftungsaufsichtsbehörde steht.

Motivation: Herzblut und Nachhaltigkeit

Frauen haben meist philanthropische Beweggründe, stellen also Geld für ihre Stiftung aus altruistischen Gründen zur Verfügung, oft im Bereich der Kinder- und Jugend- oder sonstigen Familienhilfe.

Geld: Kapital und Spenden

Jede Stiftung ist mit einem sogenannten Grundstockvermögen von mindestens 50.000 Euro ausgestattet. Dieses Grundstockvermögen gehört der Stiftung, es darf auch von der Stifterin selbst nicht mehr angetastet werden. Das Kapital muss langfristig erhalten bleiben und darf auch für den Stiftungszweck nicht ausgegeben werden. Das setzt eine kompetente und wiederum nachhaltige Finanzstrategie voraus. Die Erträge aus dem Stiftungsvermögen, zum Beispiel Zinsen und Fondsausschüttungen, dürfen (und müssen) für den Stiftungszweck verbraucht werden. Aber man sollte sich darüber im Klaren sein, dass bei einem Kapital in einer Festgeldanlage mit zwei Prozent Verzinsung nur 1.000 Euro pro Jahr herauskommen. Damit kann nicht viel bewirkt werden. Die Stiftung ist auf Spenden angewiesen. Konsequenz: Je niedriger das Grundstockvermögen ist, umso mehr muss sich die Stifterin um das Spendenaufkommen oder neudeutsch das Fundraising kümmern.

Stiftungssatzung: Think big

Die Stiftungsgründung basiert auf der Stiftungsurkunde und der Stiftungssatzung. Die Urkunde ist der Gründungsakt, die Satzung das Herzstück einer jeden Stiftung. Sie enthält zum Beispiel die Motivation der Stifterin und den Stiftungszweck. Wenn wir von einer gemeinnützigen Stiftung sprechen, so sind dies alle Zwecke, die im weitesten Sinne dem Gemeinwohl dienen und die in der Abgabenordnung geregelt sind. Der Stiftungszweck und die Arbeit der Stiftung entscheiden darüber, ob die Stiftung für einen Spender attraktiv ist. Auf die Stiftungssatzung sollte daher ganz besonderer Wert gelegt werden. Dies auch deshalb, weil die Stiftung eine auf Dauer angelegte Variante wohltätigen Handelns ist. Daher ist mit der Stifterin zu überlegen, die Satzung so zu fassen, dass auch künftige Generationen den Stiftungszweck erfüllen können und nicht nur die Maßgaben der heutigen Zeit berücksichtigt werden. Die Stifterin regelt in der Satzung auch, welche Personen ihres Vertrauens sie in die Stiftung aufnehmen möchte, die ihre Stiftung dann repräsentieren. Dies ist immer ein Vorstand, hinzu kommen kann bei größeren Stiftungen auch ein Stiftungsbeirat (auch Stiftungsrat oder Kuratorium genannt).

Schließlich ist auch die Nachfolgeregelung spannend. Wer soll die Stiftung leiten, wenn die Stifterin und die von ihr eingesetzten Nachfolger, die sie in der Regel noch selbst kennt, der Stiftung nicht mehr zur Verfügung stehen?

Stiftungsarbeit: Neue Lebensperspektiven

Fragt man Stifterinnen, warum sie ihr Geld nicht einfach einer bereits bestehenden Organisation anvertrauen, wehren sie ab: Sie möchten Einfluss nehmen, denn es geht ihnen darum, dass die eigene Idee *so* umgesetzt wird, wie sie es wünschen – und zwar weit über die eigene Lebensspanne hinaus. Immer wieder erlebe ich bei Mandantinnen, dass die Stiftung ihnen zu neuen Aufgaben und Lebensperspektiven verhilft. Eine ca. 60-jährige Stifterin sagte mir nach drei Jahren Stiftungsarbeit: »Dies ist mein Lebenswerk.«

Belohnung: Steuergeschenke und Alimentierung

Nicht zuletzt wird die Wohltätigkeit auch belohnt. Die gemein-nützige Stiftung selbst ist grundsätzlich steuerbefreit, unter an-derem auch von der Abgeltungssteuer. Zuwendungen in das Grundstockvermögen einer gemeinnützigen Stiftung werden bei der Einkommens- und Gewerbesteuer mit 1.000.000 Euro verteilt auf zehn Jahre abgezogen. Außerdem finden Spenden zusätzlich mit bis zu 20 Prozent des Gesamtbetrages der Ein-künfte steuerliche Berücksichtigung. Ein Drittel der Erträge, die aus der Vermögensverwaltung des Stiftungsvermögens er-wirtschaftet werden, darf die Stifterin für eigene, private Zwe-cke verwenden.

Fazit: Stiften lohnt sich – ideell und finanziell. Die Gründung sollte in aller Ruhe bedacht und unbedingt anwaltlich begleitet werden. Denn es geht vor allem darum, die Wünsche der Stif-terin in eine juristische Form zu gießen – dauerhaft und zwei-felsfrei.

Dr. Christiane E. Vollmershausen, Rechtsanwältin in München

Gemeinsam im Alter gut abgesichert

Um wen geht es?	Ehepaar, 65 und 60 Jahre alt
Themenschwerpunkt	Absicherung mit einer privaten Rentenversicherung Investment-Auszahlplan
Zusatzinfos	Die gesetzliche Witwenrente Containerbeteiligungen Berliner Testament

Peter wendet sich an die Münchner Abendzeitung, deren Leserbriefe ich hin und wieder beantworte, wenn es um private Vermögensfragen geht. Über diesen Umweg lernen wir uns schließlich kennen. Er hat aus einer Lebensversicherung 250.000 Euro ausbezahlt bekommen und steht nun vor der Entscheidung, wie er diese Summe anlegen soll.

Das Geld, das ihm jetzt steuerfrei zufließt, soll ihm und seiner Frau eine zuverlässige Altersvorsorge sein und lebenslang reichen. Doch die Vorschläge, die ihm von seiner Bank, der Versicherung und den gängigen Internetplattformen vorliegen, werfen immer neue Fragen auf.

Peter (65) und Monika (60) sind seit fünf Jahren verheiratet und seit wenigen Wochen im Ruhestand. Für beide ist es die zweite Ehe. Während Monika keine Kinder hat, stehen Peters Töchter aus erster Ehe finanziell auf eigenen Beinen. Wir treffen uns zu dritt, denn schließlich geht es auch um die Absicherung von Monika.

»Was verstehen Sie unter einer zuverlässigen Altersvorsorge?«, frage ich, denn jeder hat da andere Vorstellungen. Soll monatlich automatisch ein bestimmter Geldbetrag aufs Konto fließen? Soll das Geld immer verfügbar sein? Und was ist mit Monika oder seinen Kindern, wenn er stirbt? Mit diesen Fragen haben wir uns in der Beratung beschäftigt.

Wir machen eine Bestandsaufnahme. Neben den 250.000 Euro aus der Lebensversicherung hat Peter noch Sparkonten, Festgelder und einen Rentenfonds – zusammen noch einmal 80.000 Euro. Die beiden wohnen in der eigenen schuldenfreien Eigentumswohnung, die Peter allein gehört. Das Vermögen der beiden ist ungleich verteilt; mit ihren eigenen Reserven kann Monika keine großen Sprünge machen.

Monikas Rente beträgt nur 700 Euro. Sie hatte mit ihrem Arbeitgeber Altersteilzeit über das sogenannte Blockmodell vereinbart. Das bedeutet: zwei Jahre Vollzeit und zwei Jahre Freistellungsphase, in der sie zuhause bleiben kann. Nun bekommt sie ihre vorgezogene, aber gekürzte Altersrente, denn sie gehört noch zu der Generation von Frauen, die ein besonderes Modell in Anspruch nehmen kann.

Keine Sonderregelungen für Frauen mehr

Die Altersrente für Frauen ist ein Auslaufmodell. Diese Rente erhalten nur noch vor 1952 geborene Frauen auf Antrag, die das 60. Lebensjahr vollendet haben und die Mindestversicherungszeit (Wartezeit) von 15 Jahren erfüllen. Und: Sie müssen nach Vollendung des 40. Lebensjahres mehr als zehn Jahre mit Pflichtbeitragszeiten zurückgelegt haben. In diesem Fall bleibt die Altersgrenze für eine abschlagsfreie Rente bei 65 Jahren (anstatt 67). Wer früher in Rente gehen möchte, muss Rentenabschläge in Kauf nehmen.
(Quelle: Deutsche Rentenversicherung)

Peter ist mit der gesetzlichen Rentenversicherung, der VBL-Rente (Zusatzrente der Versorgungsanstalt des Bundes und der Länder) und einer Betriebsrente gut abgesichert. Er kann über 2.400 Euro verfügen. Wir rechnen aus, dass beide zusammen jeden Monat 4.500 Euro haben möchten. Es ergeben sich diese zwei Aufgaben:

- 1.200 Euro müssen als zusätzliche Liquidität auf das Konto gehen.
- Monika muss für den Fall abgesichert sein, dass Peter vor ihr stirbt.

Mit einer Rentenversicherung wird sofort die Rente aufgestockt

Das Angebot des Versicherungsvertreters ist auf den ersten Blick verlockend und entspricht dem Standard: 250.000 Euro werden für Peter in eine sofort beginnende Rentenversicherung eingezahlt und mit einer Witwenrente in Höhe von 60 Prozent erweitert. Das gängige Argument: Aufgrund der statistisch betrachtet kürzeren Lebenserwartung der Männer ist zu Beginn die ausbezahlte Rente höher. Rechnerisch stimmt das, doch der Vorschlag ist zu stark auf eine einzige Anlage konzentriert und zudem wenig flexibel. Mir sagt das Konzept nicht zu.

Ich empfehle stattdessen, in zwei eigenständige Rentenverträge zu investieren: 75.000 Euro für Peter und 75.000 Euro für Monika. Die verbleibenden 100.000 Euro werden in Wertpapieren angelegt.

Bei beiden Verträgen baue ich statt wechselseitiger Hinterbliebenenrenten eine Rentengarantiezeit von 20 Jahren ein. Sie begünstigen sich gegenseitig und so bekommt der länger lebende Partner eine Rentenzahlung, wenn der andere innerhalb der Rentengarantiezeit stirbt.

Was bedeutet die Rentengarantiezeit, auch Renten-Mindestlaufzeit genannt?

Die Rentengarantiezeit gilt nur für den Hinterbliebenen, denn die eigene Rente des Versicherungsnehmers wird immer lebenslang bezahlt. Stirbt dieser, bekommt der Begünstigte dessen Rente bis zum Ende der Rentengarantiezeit ausbezahlt. Beispiel: Vereinbart wurde eine Rentengarantiezeit von zehn Jahren. Stirbt der Versicherungsnehmer nach acht Jahren, bekommt der Erbe noch zwei Jahre lang eine Rentenzahlung. Nach Ablauf dieses Zeitraums, der mit der ersten Rentenzahlung beginnt, fällt der Rest des möglicherweise noch vorhandenen Kapitals in den Topf der Versichertengemeinschaft. Je kürzer die Rentengarantiezeit, desto höher ist die Rente. Wer also Hinterbliebene absichern möchte, wählt die längstmögliche Rentengarantiezeit, je nach Versicherer zwischen 20 und 23 Jahren.

Tipp: Achten Sie auf die unterschiedlichen Angebote. Bei einigen Modellen kann innerhalb der Rentengarantiezeit auch zu Lebzeiten Kapital entnommen werden, maximal bis zur Höhe des Kapitals abzüglich der bereits ausbezahlten Renten – man muss also nicht komplett auf die Verfügungsmöglichkeit verzichten.

Die Trennung auf zwei Verträge hat einen weiteren Effekt: Sollte es wider Erwarten zwischen den beiden kriseln, kann jeder sein Geld selbstständig in die Hand nehmen. Man glaubt es kaum, aber es ist Tatsache: Die Zahl der Trennungen und Scheidungen nach langen Ehen im Alter nimmt rapide zu.

Zusammen bekommen die beiden aus den Versicherungen 720 Euro überwiesen – sogar zehn Euro mehr, als wenn das Geld in einem Tarif mit Witwenrente verrentet wird. Die Liquidität der beiden ist damit kalkulierbar abgesichert. Blieben die Überschüsse wie beim Abschluss der Verträge für die kommenden 20 Jahre konstant, addieren sich die gesamten Rentenzahlungen auf die stattliche Summe von 172.800 Euro – ungeachtet ob in dieser Zeit einer der beiden stirbt. Hier eine Gegenüberstellung, wie sich die Rentenzahlungen entwickeln könnten:

	Variante 1	Variante 2	
Anlagesumme	150.000 Euro mit Hinterbliebenenschutz	75.000 Euro mit 20 Jahren Rentengarantiezeit	75.000 Euro mit 20 Jahren Rentengarantiezeit
Versicherungsnehmer	Peter	Peter	Monika
Lebenslange Garantierente	526 Euro	292 Euro	247 Euro
Lebenslange Gesamtrente*	710 Euro	380 Euro	340 Euro
Szenario 1: Peter stirbt zuerst	Monika bekommt eine lebenslange Witwenrente von 425 Euro.		Monika bekommt zusätzlich bis 2031 Peters Rente von 380 Euro.
Szenario 2: Monika stirbt zuerst	Für Peter ändert sich nichts. Er bekommt weiter 710 Euro.	Peter bekommt bis 2031 Monikas Rente von 340 Euro.	

*inkl. der nicht garantierten Überschüsse

Die Lösung überzeugt sie. »Und schließlich gibt es ja noch die Witwenrente der gesetzlichen Rentenversicherung«, ergänzt Peter, dem die Absicherung seiner Frau sehr am Herzen liegt. Doch auch hier hat sich einiges geändert. Weil die beiden nach dem

31.12.2001 geheiratet haben, beträgt die gesetzliche Witwen- bzw. Witwerrente für beide jeweils 55 und nicht 60 Prozent, wie es früher war.

Das Märchen vom Versorgungsmodell »Ehe«: Änderungen in der Witwen- und Witwerversorgung

Man kennt das ja nur aus der Regenbogenpresse, dass der 80-Jährige seine 35-jährige Pflegerin heiratet, damit sie dessen Rente bekommt ... wie auch immer, diese Versorgung ist definitiv vorbei! Seit dem 01.01.2002 besteht ein Anspruch auf die Rente des verstorbenen Ehepartners nur, wenn die Ehe mindestens ein Jahr bestand und der Verstorbene mindestens fünf Jahre rentenversichert war. Diese sogenannte »Kleine Witwen-/Witwerrente« beträgt 25 Prozent der Erwerbsminderungsrente des Verstorbenen und wird nur noch für einen Zeitraum von zwei Jahren geleistet. Anschließend fällt die kleine Witwenrente ersatzlos weg. Die »Große Witwen-/Witwerrente« beträgt 55 Prozent der Erwerbsminderungsrente des Verstorbenen und wird unbefristet bezahlt. Der Anspruch besteht aber nur, wenn der verstorbene Ehepartner die allgemeine Wartezeit erfüllt hat und der überlebende Partner entweder erwerbsgemindert oder minderjährige bzw. behinderte Kinder erzieht. Wurde die Ehe vor dem 31.12.2001 geschlossen oder ein Partner ist nach dem 1.1.1962 geboren, beträgt die große Witwenrente sogar 60 Prozent. Das eigene Einkommen der Hinterbliebenen führt zu einer Minderung der Witwenrente, wenn es über dem Freibetrag liegt.

Zum gewünschten Einkommen von 1.000 Euro fehlen nun noch knapp 300 Euro; diese müssen aus dem liquiden Vermögen kommen: »Ein Auszahlplan«, schlage ich vor. »Und Container!« Peter hat über diese Geldanlage schon oft gelesen und entschließt sich, knapp 32.000 Euro anzulegen. »Das ist in Ordnung – es steht in einem angemessenen Verhältnis zum Gesamtvermögen.« In den nächsten fünf Jahren können sie mit vierteljährlichen Ausschüttungen von 994 Euro rechnen. Nach dieser Laufzeit wird der Restwert mit 19.250 Euro zurückbezahlt, eine Verfügbarkeit innerhalb der Laufzeit ist jedoch ausgeschlossen.

Das Depotvermögen kann langsam aufgezehrt werden

100.000 Euro werden zusammen mit den 20.000 Euro aus dem bestehenden Depot auf drei verschiedene Fondsstrategien verteilt. Gleichzeitig wird ein Auszahlplan über 400 Euro eingerichtet, der ab dem sechsten Jahr, wenn die Containerbeteiligung ausläuft und der Restwert ins Depot fließt, auf 700 Euro erhöht wird. Die Kombination aus Wertpapieranlage und Auszahlplan gewährleistet den jederzeitigen Zugriff auf das Vermögen und die monatlichen Einnahmen. Da naturgemäß eine gewisse Quote des Geldes länger liegen bleibt, können einige Vermögensteile auch höheren Schwankungen unterliegen.

- 20.000 Euro sind bereits in einem Rentenfonds mit Euro-Anleihen angelegt. Hier ist zwar die Rendite am geringsten, dafür aber das Risiko klein und die Entwicklung stabil. Der Auszahlplan startet ausgehend von diesem Baustein.
- 50.000 Euro gehen in einen internationalen Rentenfonds, der neben dem Euro auch das britische Pfund, norwegische Kronen und andere Währungen in Betracht zieht. Viele Anleger wollen nach den Euro-Turbulenzen in 2010 stärker streuen und verbinden mit internationalen Rentenfonds die Erwartung auf Währungs- und höhere Zinsgewinne.
- Das verbleibende Drittel von 50.000 Euro legen wir nach einer Mischstrategie an, die Aktien und Anleihen berücksichtigt.

Gehen wir für das gesamte Depot von einer möglichen Rendite von 3,50 Prozent nach Steuern und Kosten aus, wäre das Geld in 30 Jahren aufgezehrt. Monika wäre dann 90 und Peter 95 – das sind gute Aussichten.

Vermögensbilanz von Peter und Monika

Laufzeit und Verfügbarkeit	Anlagesumme	Art der Geldanlage	Monatliche Einnahmen
Jederzeit verfügbar	28.000 Euro	Festgeld	
Mittelfristig angelegt, im Notfall sofort verfügbar	120.000 Euro	Wertpapiere: Renten- und Aktienfonds	400 Euro/ab dem sechsten Jahr: 700 Euro
Mittelfristig angelegt	32.000 Euro	Container	330 Euro für fünf Jahre
Langfristig, nicht unmittelbar verfügbar	75.000 Euro 75.000 Euro	getrennte Rentenversicherungen	720 Euro
Langfristig, nicht unmittelbar verfügbar	300.000 Euro	Eigentumswohnung/ schuldenfrei	
Nicht verfügbar		Gesetzliche Rente, VBL	3.100 Euro
Summe	**630.000 Euro**		**4.550 Euro**

Container als Direktanlage

Container als Geldanlage versorgen den Anleger mit laufenden Ausschüttungen und haben dabei steuerliche Vorteile – vorausgesetzt, alles geht glatt. Ich gebe zu bedenken, dass Container trotz aller Erfolge in der Vergangenheit auch mit Risiken verbunden sind und auf keinen Fall ein nennenswerter Baustein in einer Ruhestandsstrategie sein sollten. Wie bei fast allen konjunkturabhängigen Geldanlagen muss man sich immer auf den schlimmsten Fall, den Totalverlust des eingesetzten Geldes, gefasst machen.

Der Containermarkt gilt als Wachstumsmarkt. Rund 70 Prozent aller Waren, die weltweit gehandelt werden, kommen mit den stapelbaren, standardisierten Containern in Berührung. Die Container haben den großen Vorteil, dass sie alle Optionen der Logistik nutzen können; sie können via LKW, Bahn, Schiff und Flugzeug transportiert werden. Der Bedarf wächst weiter, auch wenn während des weltweiten Wirtschaftseinbruchs viele Container ungenutzt auf Halde standen. Der Containermarkt gilt aber wieder als Wachstumsmarkt. Insbesondere der Handel mit den asiatischen Märkten führt zu einer starken Nachfrage nach Seefrachtcontainern und Transportsystemen. Zwei Wege führen üblicherweise zu Containern: Containerfonds, bei denen sich der Investor an einer Gesellschaft beteiligt, und der Direkterwerb der Stahlkisten.

Beim Direkterwerb wird der Anleger Eigentümer einer bestimmten Anzahl von Containern, die vermietet werden. Der Gewinn aus der Containeranlage resultiert aus den garantierten Mieten. Nach der Vertragslaufzeit von fünf Jahren sorgt der Anbieter für die Rücknahme der Container. Entscheidend, wie bei allen anderen Beteiligungen auch, ist die Qualität des Anbieters, denn Garantien sind nur so viel wert, wie der Garantiegeber sicher und bonitätsstark ist. Das maximale Risiko des Anlegers ist der Totalverlust des eingesetzten Kapitals. Alle Anleger genießen die Vorteile der steuerlichen Abschreibung (AfA). Man kann sowohl neue als auch gebrauchte Container erwerben.

Ein Beispiel: Elf Container kosten 31.955 Euro und schütten vierteljährlich 994 Euro aus – garantiert. In der fünfjährigen Laufzeit kommen 19.880 Euro zusammen. Nach Ablauf der Laufzeit erfolgt die Zahlung des Rückkaufswertes von 19.250 Euro – er ist bei Abschluss des Vertrages aber nicht garantiert. Der gesamte Kapitalrückfluss liegt bei 39.130 Euro. Die Ausschüttungen und der Veräußerungsgewinn unterliegen nicht der Abgeltungssteuer, sondern der persönlichen Besteuerung. Auch der Rückkaufswert ist nicht in voller Höhe steuerpflichtig. Vor Versteuerung der Mieten wird die AfA (= Absetzung für Abnutzung) abgezogen, sodass es zu geringsten bis gar keinen Steuern kommt. Die Rendite nach Steuern liegt bei circa vier Prozent; das entspricht einer vergleichbaren Vor-Steuer-Rendite von 5,5 Prozent (Stand: 10/2010; kaufmännisch gerundete Angaben des Anbieters).

Wie funktioniert ein Auszahlplan?

Bei einem Auszahlplan werden in frei wählbaren Zeitintervallen, zumeist monatlich, Investmentfondsanteile für einen festgelegten Euro-Gegenwert verkauft. Und zwar unabhängig davon, ob der Preis des Investmentfonds gerade auf einem Höhepunkt oder im Keller ist. Auf diese Weise ergibt sich der positive Effekt, dass sich die Frage nach dem »richtigen Verkaufszeitpunkt« gar nicht erst stellt.

Von der Ruhestands- zur Nachlassplanung

Zum Schluss kommen wir auf die Nachlassplanung der beiden zu sprechen. Ohne Testament greift die gesetzliche Erbfolge. Stirbt Monika zuerst, ist Peter ihr Alleinerbe, denn sie hat keine Kinder und die beiden sind im gesetzlichen Güterstand der Zugewinngemeinschaft verheiratet. Stirbt hingegen Peter zuerst, steht seinen beiden Töchtern der Pflichtteil zu und Monika wäre mit ihnen in einer Erbengemeinschaft. Auch wenn das Verhältnis der vier heute gut ist, kann sich das vielleicht im Laufe der Jahre ändern. Man weiß nie, was kommt. Und kompliziert ist es auch, da alle Entscheidungen nur gemeinsam getroffen werden können. Peter möchte Monika abgesichert wissen und deshalb ist es tausendmal besser, dieses zu Lebzeiten zu regeln, damit alle Beteiligten in der Familie wissen, woran sie sind. Insbesondere Monika hätte die Sicherheit, dass sie in der Wohnung, in der sie nun schon so lange gemeinsam leben, auch bleiben wird. Die beiden entschließen sich zu einem Berliner Testament, das sie bei einem Notar aufsetzen. Dort werden sie auch in allen Rechtsfragen beraten. Dem Berliner Testament, das den überlebenden Ehepartner auf beste Weise absichert, wird oft nachgesagt, dass es steuerlich unvernünftig sei. Das trifft bei den beiden aber nicht zu – die steuerlichen Freibeträge sind hoch und es geht den beiden vor allem um eines: um die Absicherung.

Der Klassiker für Ehepaare: Das Berliner Testament

Ein Berliner Testament können nur Ehepaare und seit neuester Zeit auch eingetragene Lebenspartnerschaften vereinbaren. Sie setzen sich gegenseitig als Alleinerben ein. Schlusserbe nach dem Letztversterbenden sind in aller Regel die erbberechtigten Kinder. Andere Begünstigte, wie zum Beispiel Nichten und

Neffen, können genauso gut eingesetzt werden. Das Berliner Testament kann zu Lebzeiten nur gemeinschaftlich geändert werden – nach dem Tod eines Partners ist der andere an das Testament gebunden. Mit dieser Testamentsvariante werden die Kinder als Schlusserben zunächst von der Erbfolge ausgeschlossen. Ihr Pflichtteil ist davon aber unberührt. Damit sie ihn nach dem Tod des ersten Elternteils nicht geltend machen und damit den Nachlass schmälern, können im Testament »Strafklauseln« aufgenommen werden. Sie sollen solche Forderungen unattraktiv machen. Üblich ist: Wer beim Tod des Erstversterbenden seinen Pflichtteil fordert, bekommt diesen auch nur nach dem Tode des Letztversterbenden. Damit wird für den Schlusserben der Erbteil geschmälert. Bei großen Vermögen ist das Berliner Testament keine gute Lösung, wenn es um die Steuerfrage geht. Wie in allen Rechtsfragen gilt: Lassen Sie sich von einer Fachanwältin oder einem -anwalt beraten.

Die Nachlassplanung der beiden steht nun fest: Peter erbt Monikas Nachlass, Monika den von Peter und die Schlusserbeneinsetzung der Töchter stellt sicher, dass Peters Immobilie in der Familie bleibt.

Nach wie vor die Sache der Frauen: Pflege

Um wen geht es?	Alle Frauen – in jedem Alter
Themenschwerpunkt	Private Pflegevorsorge
Zusatzinfos	Gesetzliche Pflegeversicherung Elternunterhalt

Alexa besucht zweimal in der Woche ihre Mutter. Die 90-Jährige lebt seit acht Jahren in einem Pflegeheim – mit Pflegestufe 3 braucht sie eine professionelle 24-Stunden-Betreuung. Das Vermögen der alten Dame ist bald aufgebraucht.

Sebastians Mutter hat erst Pflegestufe 1 und lebt in einem Altenwohnheim mit Pflegeabteilung. Sebastian macht sich Sorgen um sein Erspartes.

Lilo ist Berufsschullehrerin und reduzierte kürzlich ihre Stundenanzahl, weil sie ihre Tante pflegt. Sie hat sie zu sich in das kleine Reihenhaus im Münchner Norden geholt.

Eva ist Single und weiß, dass sie im Ernstfall keine Pflege von nahen Angehörigen erwarten kann.

Nein, das sind keine konstruierten Fälle – es sind wahre Begebenheiten aus meiner Beratungspraxis. Das Pflegedrama hat viele Dimensionen und einen Nenner: unermessliche Kosten. Der Pflegebedürftige zehrt, wenn die eigenen Renten nicht ausreichen, seine über Jahrzehnte gebildeten Ersparnisse auf und auf diese Weise wird das Vermögen für nachfolgende Generationen vernichtet. Die wenigsten potenziellen Erben können deshalb verlässlich mit einem Nachlass rechnen. Auch wenn Sie Vermögen zu Lebzeiten an Ihre Kinder verschenken, haben Sie keine Garantie, dass diese es behalten dürfen. Denn wenn die Einkommen und Ersparnisse des Pflegebedürftigen nicht ausreichen, springen die Sozialämter ein, die konsequent versuchen, sich das Geld von den Kindern zurückzuholen. Und dabei wird auch vor zurückliegenden Schenkungen nicht haltgemacht. Für Aufsehen sorgte im Herbst 2010 die richterliche Entscheidung, wonach ein Sohn zur Kasse gebeten wurde, der seit 30 Jahren keinen Kontakt mehr zur Mutter hatte.

Im Bürgerlichen Gesetzbuch (§ 1601 BGB) ist die familiäre Solidarität unmissverständlich klargestellt: Verwandte in gerader Linie sind verpflichtet, einander Unterhalt zu gewähren. Im Zentrum des Dramas stehen die heute 30- bis 50-Jährigen: Sie müssen für ihr eigenes Alter vorsorgen, haben selbst Kinder, die auf die **!** finanzielle Unterstützung von Mutter und Vater angewiesen sind, und zusätzlich müssen sie für die alten Eltern Unterhalt zahlen. Ein Pflegefall in der Familie ist nicht nur leidvoll, sondern er wirft alle Pläne für die Altersvorsorge über den Haufen.

Pflege ist ein Frauenthema

Dem Thema Pflege widme ich ein eigenes Kapitel, weil die Pflege in doppelter Hinsicht ein Frauenthema ist. 68 Prozent aller Pflegebedürftigen sind Frauen. Sie sind es auch, die viel häufiger als Männer die häusliche Pflege von Familienangehörigen übernehmen und dabei ganz automatisch in die alte Rollenverteilung zurückfallen.

Frauen sind fürsorglicher und sensibler, wenn es um das Wohlergehen der Familie geht, und bringen es oftmals nicht über das Herz, Angehörige in fremde Hände zu geben. Viele Frauen meinen, dass sie keine andere Wahl hätten – »Einer muss es ja machen« – und bleiben dann oft selbst auf der Strecke. Die körperliche Belastung ist nicht zu unterschätzen. Wer schon einmal einem alten Menschen aus der Badewanne geholfen hat, weiß, was ich meine. Ganz zu schweigen von der immensen psychischen Belastung. Männer sind auf eine andere Weise verantwortungsbewusst, in jedem Fall weniger empathisch und viel pragmatischer.

Der Staat kann das Pflegedilemma nicht lösen

Die gesetzliche Pflegeversicherung wurde 1995 eingeführt und leidet wie die gesetzliche Rentenversicherung unter ihrem Finanzierungskonzept: dem Umlageverfahren. Wer heute bereits pflegebedürftig ist, profitiert davon, denn er erhält Leistungen, hat aber keinen Euro einbezahlt. Die in den Anfangsjahren aufgebauten Reserven wurden mittlerweile aufgezehrt, da immer mehr Menschen auf medizinische Betreuung und Pflege angewiesen sind. Auch wenn das Familienministerium umfangreiche Reformen plant und pflegende Angehörige fördern möchte, wird es wie bei der Altersvorsorge sein: Die Menschen kommen um Eigenvorsorge nicht herum.

Was die gesetzliche Pflegeversicherung ab 01.01.2012 leistet

(Zweite Zeile: Werte bis 31.12.2011)

	Pflegestufe I	Pflegestufe II	Pflegestufe III
Professionelle Pflege zu Hause	450 Euro	1.100 Euro	1.550 Euro
Bis 2011	440 Euro	1.040 Euro	1.510 Euro
Professionelle Pflege im Pflegeheim	1.023 Euro	1.279 Euro	1.550 Euro
Bis 2011	1.023 Euro	1.279 Euro	1.510 Euro
Wenn die Angehörigen pflegen	235 Euro	440 Euro	700 Euro
Bis 2011	225 Euro	430 Euro	685 Euro

In Härtefällen beträgt die maximale Kostenerstattung bei stationärer Pflege bis zu 1.918 Euro (bis 31.12.2011).

Laut dem Pflegereport der Barmer Ersatzkasse nahm jede zweite Frau im letzten Lebensjahr Pflegeleistungen in Anspruch und die Wahrscheinlichkeit, im Alter auf mehrjährige Pflege und Hilfe angewiesen zu sein, steigt.

Die Realität ist bedrohlich, die Aussichten sind bedrohlich, und doch ist der private Vorsorgewille nahe null. 43 Prozent aller Haushalte haben eine Rechtsschutzversicherung – aber nur ein (!) Prozent sorgt bislang mit einer privaten Pflegepolice vor. Macht uns ein Rechtsstreit wirklich mehr Sorgen als unser Wohlergehen?

Unbeliebtes Vorsorgeprodukt

Das Risiko, auf Pflege angewiesen zu sein, wird unterschätzt oder verdrängt. Pflege bleibt so lange abstrakt und unwirklich, bis man im eigenen Familien- oder Freundeskreis damit konfrontiert wird – wie bei Alexa, Sebastian und Lilo.

Doch eine private Pflegevorsorge kommt für viele dann nicht mehr infrage. Wie bei jeder Risikoabsicherung sind Alter und persönliche Krankengeschichte entscheidend. Wer Vorerkrankungen hat, für den werden private Pflegeversicherungen unerschwinglich, oder er wird sogar abgelehnt.

Dass Pflegepolicen kein Verkaufsschlager sind, liegt auch am Wesen einer Risikovorsorge: Sie kostet Geld, aber man bekommt nichts zurück, wenn man die Leistung nicht in Anspruch nehmen muss. Pflegeversicherungen teilen dieses Schicksal mit Berufsunfähigkeitspolicen und anderen Risikoabsicherungen. Betrachten Sie es anders! Den Wert des täglichen Zähneputzens weiß man erst nach Jahren bei jedem Zahnarztbesuch so richtig zu schätzen …

Folgende Gründe sprechen für eine private Pflegevorsorge:

- Die Pflegekosten explodieren. Wer sich in guten Händen wissen will, muss aus eigener Tasche zuzahlen, denn die gesetzliche Pflegeversicherung ist nur eine kleine Basis.
- Mit einer eigenen finanziellen Absicherung sind Sie unabhängig. Sie können sich die Pflegeeinrichtung aussuchen und müssen nicht auf die Hilfe Ihrer Kinder hoffen.
- Sie nehmen die Last von Ihren Kindern, denn diese müssen im Ernstfall für Sie zahlen (siehe auch unten: Kinder haften für ihre Eltern) und haben sich ja auch um ihre eigene Altersvorsorge zu kümmern.
- Sie ersparen sich die Scham, von den eigenen Kindern unterstützt werden zu müssen.
- Sie schützen Ihr Vermögen für nachfolgende Generationen.

So kann man sich privat absichern

Überlegen Sie, was Ihnen besonders wichtig ist, und schauen Sie sich in jedem Fall die Bedingungen genau an. Es gibt Angebote, die auf eine Wartezeit verzichten, während man bei anderen erst nach drei Jahren den vollen Versicherungsschutz hat. Wie sind dann die Leistungsstaffeln? Wird in jeder Pflegestufe der volle Betrag bezahlt? Die weitaus meisten Pflegefälle haben die Pflegestufe I – auf die Leistung in dieser Stufe sollten Sie besonders achten.

Folgt der Versicherer der gesetzlichen Pflegedefinition oder wird die Pflegebedürftigkeit anhand eines eigenen Kriterienkatalogs eingestuft? Wer stellt die Hilfsbedürftigkeit fest: Ihr Hausarzt oder der Medizinische Dienst der Pflegeversicherung?

Wird auch die Pflege durch Angehörige bezahlt? Manche Anbieter pochen auf professionelle Pflege. Gibt es eine Beitragsfreiheit im Leistungsfall? Wird auch bei Demenz gezahlt?

Pflegetagegeld

Dies ist die bekannteste Zusatzabsicherung. Sie wird von den Krankenversicherungen angeboten. Vereinbart wird ein Tagessatz, der unabhängig von den tatsächlichen Kosten zur Verfügung steht. Die Kosten für diese Absicherung sind vergleichsweise gering, Beitragserhöhungen während der Laufzeit sind aber grundsätzlich nicht auszuschließen.

Bei den meisten Anbietern ist das Tagegeld gestaffelt. Wird beispielsweise ein Tagegeld von 80 Euro vereinbart (= 2.400 Euro pro Monat), gilt diese Höhe meist nur in der Pflegestufe 3. Die Leistung in Pflegestufe I ist auf beispielsweise 30 Prozent begrenzt. Einige Anbieter zahlen bei stationärer Pflege generell 100 Prozent. Und so viel kostet das:

Für ein Pflegetagegeld von 2.400 Euro in der Pflegestufe 3 (30 Prozent in I und 70 Prozent in II) zahlt eine 40-jährige Frau je nach Anbieter und Zusatzleistungen zwischen 50 und 65 Euro im Monat. Sollen in jeder Pflegestufe 2.400 Euro zur Verfügung stehen, müssen rund 105 Euro pro Monat bezahlt werden.

Pflegekostenversicherung

Sie wird wie die Pflegetagegeldversicherung vor allem von den Krankenversicherungen angeboten. Auch hier werden die laufenden Überschüsse zur Beitragsreduzierung eingesetzt; Beitragserhöhungen sind gleichwohl möglich. Die Pflegekostenversicherung übernimmt alle tatsächlich angefallenen und nachgewiesenen Kosten, nachdem die gesetzliche Pflegeversicherung geleistet hat. Die Kostenübernahme ist aber nicht grenzenlos, denn in aller Regel wird ein maximaler Prozentsatz oder ein Höchstbetrag festgelegt.

Eine 40-jährige Frau zahlt bei einer maximalen Kostenübernahme von 80 Prozent der tatsächlich angefallenen Pflegekosten einen Monatsbeitrag von anfänglich ca. 45 Euro.

Pflegerentenversicherung

Die Nachfrage nach diesem Modell, das von den Lebensversicherungsgesellschaften angeboten wird, wächst unter allen Zusatzversorgungen am stärksten. Bei einer Pflegerentenvorsorge bleibt der Beitrag stabil, und die laufenden Überschüsse werden zur Erhöhung der Pflegerente oder aber zum Vermögensaufbau (verzinsliche Ansammlung oder Fonds) eingesetzt. Über dieses Guthaben kann verfügt werden. Im Todesfall sind Beitragserstattungen möglich. Diese Policen sind deshalb auch etwas teurer.

Wie bei allen Versicherungsangeboten gilt auch hier: Überprüfen Sie die Bedingungen.

Eine 40-jährige Frau zahlt monatlich rund 190 Euro für eine Pflegerente von 2.400 Euro in der Pflegestufe 3 (das sind 1.200 Euro in der Pflegestufe I). Die Rente wird im Pflegefall um 2,50 Prozent jährlich angepasst, und mit 60 könnten 13.000 Euro entnommen werden.

Neues aus der Marketingschmiede: Achtung vor falschen Versprechen

Neu am Markt sind private Rentenversicherungen, die eine erhöhte Rente bei Pflegebedürftigkeit oder bei Vorliegen von bestimmten, schweren Erkrankungen versprechen. Ideal sind diese Policen für Frauen und Männer mit Vorerkrankungen, denn bei diesen Modellen verzichtet der Versicherer auf die obligatorische Gesundheitsprüfung.

Da aber keine Aussage getroffen wird, wie hoch diese erhöhte Rente im Ernstfall sein wird, ist die Absicherung lediglich ergänzend, reicht aber nicht aus. Die Kosten für diesen Zusatznutzen sind sehr gering und die Vorteile einer normalen Rentenversicherung, wie flexible Auszahlungen während des Rentenbezugs, bleiben erhalten. Mein Urteil: eingeschränkt zu empfehlen.

Besonders kostengünstig sind Angebote für die Pflegeunfall-
rente, die unter anderem von Automobilclubs angeboten werden.
Problematisch ist vor allem, dass die Pflegerente nur dann bezahlt
wird, wenn die Pflege als Folge eines Unfalls entsteht. Doch das
sind die wenigsten Fälle – weitaus mehr Menschen werden altersbedingt zum Pflegefall.
Mein Urteil: überflüssig und nicht zu empfehlen.

Kinder haften für ihre Eltern ...

Was passiert, wenn das Geld nicht ausreicht?
Reicht das eigene Geld des zu Pflegenden nicht, springt die
Sozialhilfe ein. Die holt sich das Geld von den Kindern. Denn
gemäß dem Bürgerlichen Gesetzbuch (§ 1601 BGB) sind Verwandte in gerader Linie verpflichtet, einander Unterhalt zu
gewähren.

Wie hoch ist der Unterhalt für die Eltern?
Die Höhe richtet sich nach dem Einkommen (und Vermögen)
des Unterhaltspflichtigen. Vom Nettoeinkommen werden laufende Belastungen, wie Krankenversicherung, berufsbedingte
Aufwendungen und Wohnkosten (Miete/begrenzte Kosten für
die Immobilienfinanzierung) abgezogen. Für die private Altersvorsorge können laut einem BGH-Urteil fünf Prozent des
Bruttoeinkommens zur Seite gelegt werden. Für Selbstständige
sogar 20 Prozent, da sie nicht gesetzlich rentenversichert sind.
Von diesem bereinigten Nettoeinkommen werden laut Empfehlung des Bundesgerichtshofs 50 Prozent als Unterhalt herangezogen, wobei dem Unterhaltspflichtigen ein Eigenbedarf
von 1.400 Euro plus 950 Euro für den Ehegatten gegebenenfalls
zusteht.

Muss ich für die Schwiegermutter oder den Schwiegervater zahlen?
Nein und ja. Da für die Berechnung des Unterhalts das Haushaltsbudget herangezogen wird, wird der Ehepartner indirekt an den Pflegekosten beteiligt.

Wie sieht es aus, wenn ich verheiratet bin und Kinder habe?
Unterhalt für Kinder, den Ehepartner bzw. den Partner einer eingetragenen Lebensgemeinschaft haben grundsätzlich Vorrang vor den Eltern.

Muss ich mein Vermögen für den Unterhalt angreifen?
Ja. Zum Vermögen zählen Immobilien, Wertpapiere, Sparkonten und Ähnliches. Das selbst genutzte Wohneigentum ist davon in der Regel nicht berührt! Dem Unterhaltspflichtigen wird ungeachtet dessen ein Vermögen zugebilligt, das sich individuell am Einkommen und Alter orientiert (Schonvermögen).

Ich habe Geschwister – was bedeutet das für uns?
Es haften nur leistungsfähige Verwandte und zwar nach ihren Einkommens- und Vermögensverhältnissen.

Brauche ich einen fachanwaltlichen Rat?
Unbedingt. Immer wieder kommt es zu Anwendungs- und Berechnungsfehlern und damit zu rechtlichen Auseinandersetzungen. Die Rechtssprechung ist im Fluss und trifft viele Einzelfallentscheidungen.

Nach der Riester-Rente nun die Rösler-Pflege?

Die gesetzliche Pflegeversicherung wird wie die übrigen Sozialversicherungen nach dem Umlageverfahren finanziert. Das ging bis jetzt gut, wird aber auf Dauer nicht zu halten sein. Experten gehen davon aus, dass bereits 2014 die Pflegepflichtversicherung in die roten Zahlen rutscht. Nicht nur die Zahl der Bedürftigen steigt von Jahr zu Jahr, auch die Kosten drohen zu explodieren. Es herrscht ein Mangel an ausgebildeten und engagierten Pflegekräften, der auf Dauer nur mit einer Aufwertung des Berufsbildes und höheren Löhnen aufgefangen werden kann. Ich plädiere daher für die Einführung einer Kapitaldeckung bei der gesetzlichen Pflegeversicherung. Das, was »Riester« für die Altersvorsorge bedeutet, nämlich mit Steueranreizen die individuelle Altersvorsorge zu stärken, sollte auch für die Pflegeversicherung eingeführt werden. So kann jeder einen Kapitalstock aufbauen, der mit eigenen und Mitteln des Staates, seien es Zulagen oder Steuervergünstigungen, gespeist wird. Es wird Zeit, dass endlich die Politik über diese Modelle nachdenkt und dem Pflegekosmos ein neues Gesicht verleiht. Das würde vor allem den Frauen zugutekommen, denn die Pflege ist weiblich: Frauen pflegen und Frauen werden gepflegt – und das sehr lang.

Beratung mit Erfolgsgarantie – gibt es die?

Um wen geht es?	jeden
Themenschwerpunkt	Gute und schlechte Beratung – worauf Sie achten sollten
Zusatzinfos	Was kostet gute Beratung? Das neue Anlegerrecht Frauenfinanzberatung ist zeitgemäß

Dienstag, 11.20 Uhr, irgendwo in Deutschland: Das Gespräch dauert gerade einmal achtzehn Minuten, in der Sitzgruppe wartet bereits ein älteres Ehepaar. Herr Helferlein, gefühlte 23 Jahre alt, hat es in rekordverdächtiger Zeit geschafft: bestehende Verträge begutachtet, die Haushaltsrechnung aufgestellt, das Vermögen analysiert, die Rentenlücke ermittelt und gleich alle Unterlagen ausgedruckt: »Sie müssen nur noch hier unterschreiben.« Die Kundin zögert. Herr Helferlein wird unruhig: Jetzt nicht aufgeben! Also folgt der Griff in die Trickkiste. Beim Anblick von wichtig ausschauenden Zahlenkolonnen und Grafiken mit mindestens 28 Farbelementen wird sie sicher in Verzückung geraten. Oder etwa nicht? Herr Helferlein drückt aufs Tempo – schließlich muss er von der Police-des-Monats noch 15 verkaufen, da wird ausgerechnet diese Frau ihm doch keinen Strich durch die Rechnung machen …

Sie wird! Denn sie spürt: So sieht keine gute Finanzberatung aus.

Ja, ich gebe zu: Das Beispiel ist übertrieben. Nicht jede Bank und nicht jeder Anfangszwanziger leisten schlechte Beratung. Im Gegenteil: Viele Vermögensverwalter arbeiten engagiert und verantwortungsbewusst für ihre Kunden. Diese Beziehungen sind oft von wirklichem Vertrauen geprägt und halten nicht selten ein Leben lang. Dennoch haben sich vor allem in der Finanzkrise so manche Vertreter der Finanzbranche wahrlich nicht mit Ruhm bekleckert. Viele Anleger haben viel Geld verloren: Die Altersvorsorge ist futsch, und die Rücklagen sind aufgezehrt. Wer kennt nicht die Fälle, in denen Hedgefonds als sichere Geldanlage gepriesen wurden oder einer 80-jährigen Lady eine Schiffsbeteiligung verkauft wurde? Viele Verluste haben ihre Ursache in schlechten Produkten und schlechter Beratung. Der Druck auf die Berater, den Kunden teure Produkte aufzuschwatzen, ist größer denn je. Statt mit erfahrenen, ernsthaften Bankern bekommen Kunden es immer häufiger mit agilen Verkäufern zu tun, die über den Tresen rasch ein Geschäft abschließen wollen.

Die Versuchung ist also groß, sich seine eigene Finanzplanung einfach selbst zusammenzustricken. Und billiger ist es vermutlich auch.

Bloß: woher die verlässlichen Infos hernehmen?

Der Rat der besten Freundin ist sicher wohlgemeint, entspringt aber nur ihrer eigenen Lebenssituation und ihren finanziellen Möglichkeiten. Beste Freunde besitzen häufig nur ein Ausschnittswissen, das auf eigenen Erfahrungen basiert. Auch muss nicht jedes Anlageprodukt, mit dem Ihre Freundin schieflag, für Sie das Falsche sein – und umgekehrt!

Bleibt also das Internet: Hier ist schließlich alles zu finden …

Doch wer das Wort »Vermögensanlage« googelt, kommt allein in Deutschland auf eine stattliche Auswahl von 158.000 Seiten. Der Begriff »Altersvorsorge« erscheint auf sage und schreibe 6,3 Millionen Seiten! Die einfache Google-Suche macht deutlich, dass die Finanzwelt komplexer ist, als viele Anlegerinnen denken, und es vor allem darum geht, Informationen richtig einzuordnen, Wichtiges von Unwichtigem, Sinnvolles von Irreführendem zu unterscheiden. Um aus den Tausenden von Anlageprodukten jene auszusondern, die sich für den Einzelnen eignen und die keine versteckten Risiken aufweisen, brauchen

Anleger kundige Beratung. Was nützt Ihnen eine günstige Berufsunfähigkeitsversicherung, wenn im Kleingedruckten versteckt und verklausuliert dafür gesorgt wird, dass Sie kaum eine Chance haben, deren Leistungen jemals in Anspruch zu nehmen? Hier sehen Sie das eigentliche Problem: Über die falsche Empfehlung der Kosmetikerin ärgern Sie sich wenige Tage lang. Sie führt höchstens zu ein paar Pickeln. Doch bei Ihrer Finanzplanung kann eine Fehlentscheidung zu einer Katastrophe führen. Oft merkt man das erst nach Jahrzehnten – und dann ist es für Gegenmaßnahmen zu spät. Das Internet ist aus meiner Sicht eine gute Quelle für Vorabinformation – es ersetzt keine individuelle Beratung.

!   Der Bedarf nach guter Finanzberatung ist also groß.

Woran erkennen Sie eine solide Finanzberatung?

Gute Finanzberatung erkennen Sie, wenn Sie genau hinhören. Vertrauen Sie ruhig Ihrem Gefühl – gerade Frauen haben da einen siebten Sinn und spüren, ob sich jemand ernsthaft mit ihrem Anliegen auseinandersetzt oder nur eben das »Produkt der Woche« an den Mann beziehungsweise die Frau bringen muss.

Gespräch und Analyse
Hört man Ihnen zu oder werden Sie zugetextet? Erleben Sie soziale Kompetenz? Eine gute Finanzberatung ist in erster Linie ein Gespräch auf Augenhöhe – also ein Dialog und kein Monolog. Nimmt sich Ihr Gegenüber Zeit für Sie? Oder muss alles schnell, schnell unterschrieben werden? Der Banktresen im Schalterraum ist sicher kein geeigneter Ort für ein Anlagegespräch. Ein guter Finanzberater fragt nach Ihrem Einkommen, Ihrem Vermögen und Ihren Wünschen. Werden Ihre bestehenden Geldanlagen angeschaut und analysiert? Manche Berater entpuppen sich als wahre »Turboanalytiker«, die nach drei Minuten alles Bisherige als »totalen Quatsch« abstempeln.

Risikobereitschaft

Die Risikoanalyse hat für mich einen besonderen Stellenwert. Wird mit Ihnen ausführlich darüber gesprochen, welches Risiko Sie eingehen möchten, verkraften können und wollen? Verstehen Sie und Ihr Berater überhaupt dasselbe, wenn Sie von »Risiko« sprechen – oder landet da schnell und ohne weitere Fragen das Kreuzchen bei »Anlegertyp Wachstum«? Werden Ihnen die Chancen und die Risiken der Geldanlage so erklärt, dass Sie sie verstehen? Oder drückt man Ihnen lediglich eine 16-seitige Produktinformation in die Hand, die vor Fachbegriffen nur so strotzt und die zu verstehen ein Studium in Finanzwissenschaft erfordert?

Anlagevorschlag

Bekommen Sie ein schriftliches Finanzkonzept, in dem Sie sich wiederfinden und Sie erkennen können, dass Sie richtig verstanden wurden? Erhalten Sie eine ausreichende Anzahl von Alternativen und Möglichkeiten zur Auswahl? Wird Ihnen das empfohlene Produkt erklärt und der Ratschlag begründet? Keine Frage sollte unbeantwortet bleiben. Und am Ende sollte Ihre Finanzstruktur nur solche Produkte umfassen, die Sie verstehen. So vermeiden Sie Enttäuschungen und böse Überraschungen.

Abschluss und Betreuung danach

Haben Sie Zeit, Ihre Entscheidung in aller Ruhe zu treffen, oder drängt man auf den schnellen Abschluss? Werden Ihre Bedenken ausgeräumt, und nimmt man sich Zeit für ein Zweit- oder Drittgespräch, um die letzten Fragen zu klären? Sind die Antragsunterlagen gut vorbereitet oder lässt man Sie mit dem Papierkram allein?

Und was passiert nach dem Abschluss? Werden Sie auch dann in allen Fragen betreut? Werden Ihre Geldanlagen beobachtet und Sie regelmäßig über das Kapitalmarktgeschehen informiert? Nur auf diese Weise kann Handlungsbedarf erkannt werden.

Zuverlässiger Service ist für mich Pflicht. Er wird oft unterschätzt. Wer einmal ein komplexes Finanzprodukt über das Internet erworben hat und später eine Beratung möchte, ist sehr häufig auf sich allein gestellt. Manche Finanzentscheidungen müssen aber rasch getroffen werden, um Fristen einzuhalten. Zum guten Service gehört, dass man Ihnen in allen weiteren Fragen der Vertragsführung weiterhilft. Wenn Sie immer erst in epischer Breite dokumentieren müssen, was Ihr Anliegen ist, macht das wenig Freude. Deshalb ist ein Vertrauensverhältnis zu einem Berater, der Sie und Ihre Bedürfnisse kennt, sehr wertvoll.

An der Erreichbarkeit trennt sich die Spreu vom Weizen. Und anonyme Hotlines finden nicht bloß Frauen wenig chic: »Drücken Sie 1 für Beratung, 2 für Kauforder und 3 für Fragen zur Börse ...«

Regelmäßige Besprechungen

Es ändert sich ja ständig etwas. Entweder bei Ihnen, weil Sie sich in Ihrer Lebensplanung neu orientieren, oder an den Kapitalmärkten, die rund um die Uhr auf Einflüsse reagieren. Vielleicht haben Sie auch Lust auf mehr Risiko. Und manchmal gibt es Handlungsbedarf, weil Steuern eingeführt werden oder ihre Geldanlage schwächelt. Wichtig ist, dass man auf Sie zukommt, wenn etwas zu tun ist, und dass Sie auch selbst immer wieder Kontakt aufnehmen. Regelmäßige Depotbesprechungen und Altersvorsorge-Updates sind eine Selbstverständlichkeit. Gute Finanzberaterinnen und -berater stehen für eine lange Zusammenarbeit und »werden mit ihren Kundinnen und Kunden alt«.

Status des Finanzberaters/der Finanzberaterin

Welche Erfahrung und Qualifikation hat Ihr Finanzberater? Nebenberufliche Vermittler, die nur am Feierabend im Freundeskreis Versicherungen verkaufen, sind wenig geeignet, eine ganzheitliche Finanzplanung aufzustellen. Nicht jeder Finanzberater hat die Erlaubnis, in *allen* Bereichen der Vermögensanlagen zu beraten. Dafür sind Zulassungen der Industrie- und Handelskammer bzw. der Bundesanstalt für Finanzdienstleistungsaufsicht erforderlich. Lassen Sie sich diese nachweisen. Ihr Berater sollte außerdem eine Vermögensschadens-Haftpflichtversicherung vorweisen können.

Klischees zu guter Beratung

Ein paar Klischees sind einfach nicht totzukriegen. Warum beispielsweise soll unabhängige Beratung per se besser sein als die von angestellten Fachleuten? Der Mythos »Unabhängigkeit = gute Finanzberatung« hält sich hartnäckig!

Dahinter steckt die Vorstellung, dass unabhängige Finanzfachleute seltener in Interessenskonflikte geraten und somit im Prinzip loyaler für den Kunden handeln würden. Doch stimmt das wirklich? Stehen nicht gerade Einzelkämpfer, also die »traditionell Unabhängigen«, besonders unter Druck, Geld mit dem Kunden zu verdienen? Ein Angestellter hat zumindest ein regelmäßiges Einkommen. Und an wen können Sie sich wenden, wenn Ihr Finanzberater plötzlich von der Bildfläche verschwindet? Schwarze Schafe und wirkliche Könner gibt es in beiden Lagern. Wie so oft hilft der gesunde Menschenverstand, das zu erkennen.

Diskutiert wird auch die Offenlegung von Preisen und Verdiensten. Das ist an sich in Ordnung, denn gute Beraterinnen fürchten keine Preisdiskussion. Doch eine transparente Preisgestaltung ist noch keine Garantie für ein gutes Anlageergebnis! Was sagt der Preis aus? Kann der Anleger einschätzen und beurteilen, ob das jetzt »gut und fair und leistungsgerecht« ist? Ein Riester-Vertrag ist auch deshalb so teuer, weil damit unglaublich viel Service, Verwaltung, Meldepflichten und ständige Nachberatung erforderlich ist. Das sieht man bei Abschluss nicht. Meine Sorge ist, dass der Anleger einfach gar nichts macht – aus emotionalen Gründen (»Ich will nicht, dass mein Berater an mir verdient«) und/oder, weil er den Aufwand nicht einschätzen kann

(»So viel kostet ja ein Wochenende im Schwarzwald«). Am Schluss leidet der Anleger – denn er hat die Lücken in der Altersvorsorge.

Gütesiegel für Finanzprodukte sind wie Checklisten und Broschüren ein guter Anfang, aber sie reichen nicht aus. Denn sie sind reine Momentaufnahmen – und Sie sehen dadurch nicht, ob das Finanzprodukt zu Ihren Zielen passt. Sie sind, wie das Internet und wie Gespräche unter Freundinnen, eine bereichernde Zusatzinformation – mehr nicht.

Finanzberatung hat ihren Preis

Finanzberatung wurde immer als gratis empfunden. Verantwortlich dafür sind nicht zuletzt die Banken, die dank jahrzehntelanger Quersubventionierung ihr Geschäftsmodell so aufgestellt haben: Die Einnahmen aus dem Einlagengeschäft decken die Kosten für den Zahlungsverkehr, und die Immobilienmarge subventioniert die Beratung. Dabei ist Finanzberatung ein Wert an sich und kein Produkt, das nebenbei abfällt. Kein Mensch käme auf die Idee, sich den Handwerker ins Haus zu holen, sich von ihm zeigen zu lassen, welcher Schlauch in der Waschmaschine kaputt ist, um ihn dann mit einem freundlichen Dankeschön heimzuschicken und die letzten Handgriffe selbst zu erledigen … Beratung ist Wissens- und Erfahrungstransfer – dieser kann nicht zu Lasten von Finanzberaterinnen und Finanzberatern gehen, die gleichzeitig schauen müssen, wie sie ihre Mitarbeiter- und Fixkosten decken können.

Möglichst viel bekommen, möglichst wenig dafür ausgeben. Das ist gar nicht so weit weg von der Gier und der Einstellung, die uns in die Finanzmarktkrise geführt haben. Jetzt setzt ein Umdenken ein: Leistung und Qualität bekommen wieder einen höheren Stellenwert und dafür wird auch gerne bezahlt.

Man unterscheidet im Wesentlichen diese vier Modelle:

1. Abschluss über Internetplattformen, Direktbanken und Anbieterportale

Wer über das Internet abschließt, sollte sich auskennen, denn es ist niemand da, mit dem man seine Idee diskutieren kann. Hat man aber das Richtige gefunden, sind oftmals die Gebühren günstiger. Mittlerweile ist die Sicherheit hinsichtlich des Zahlungsverkehrs auch sehr hoch. Ungeeignet sind aus meiner Sicht komplexe Finanzprodukte, bei denen es wichtig ist, die Bedingungen zu verstehen. Sonst wird aus einem billigen Produkt rasch ein teures.

2. Provisionsberatung

Bei der Provisionsberatung zahlt der Kunde keinen Euro »extra«. Beratung, Abwicklung und die Vertragsführung sind im Produkt enthalten. Der Finanzberater bekommt nach dem Abschluss eine Vergütung vom Produktlieferanten, beispielsweise von der Versicherung, Bank oder Fondsgesellschaft. Gegenüber dem Honorarmodell, das ohne diese Kosten auskommt, zahlt man also zunächst mehr für das gleiche Produkt. Dieser Weg hat eine lange Tradition – und viele Fürsprecher und Gegner. Der Vorwurf: Es werden nur Produkte angeboten, bei denen die Bank verdient. Doch ich finde, dieses Modell hat seine Berechtigung, denn nicht jeder Kunde kann sich eine umfangreiche und langwierige Beratung ad hoc leisten. Ein Beispiel: Eine Studentin wird wenig begeistert sein, wenn sie der Abschluss einer Berufsunfähigkeitsversicherung gleich mal 2.000 Euro kostet. Doch so viel kommt schnell an Zeit zusammen, wenn sie ausführlich beraten wird, der Antrag geprüft, mit der Versicherung verhandelt und der Vertrag aufgesetzt wird.

Ich habe die Erfahrung gemacht, dass viele junge Frauen lieber einen höheren laufenden Beitrag zahlen, als über das Honorarmodell die Beratungsleistung zu honorieren. In diesem Beispiel erhöht sich der laufende Beitrag gerade einmal um drei Euro im Monat … statt 2.000 Euro einmalig!

3. Honorar für die einmalige Beratung

Es ist schwer, pauschal zu sagen, wie viel Zeit die Beratung eines durchschnittlichen Verbraucherhaushalts in Anspruch nimmt. Das kommt auf das Vorhandene und das Geplante an. Rechnen Sie im Schnitt mit zwei Stunden Kennenlernen und zwei bis drei Stunden für die Präsentation und die Besprechung des Konzepts. Hinzu kommen gut und gerne zehn Stunden für Recherche, Gespräche, Analysen und Konzeptverfassen. Das findet ohne Sie und oftmals im Team mit anderen Expertinnen statt. Rechnen Sie ferner mit einem Stundensatz von 125 bis 300 Euro pro Stunde – je nach Vereinbarung. Ich empfehle dieses Modell vor allem Frauen, die nach einem Wendepunkt neu anfangen und Klarheit über ihre weitere Finanzplanung über alle Vermögensklassen (Versicherungen, Wertpapiere, Immobilien, Beteiligungen) möchten. Oder wenn im Lauf der Zeit Ihre Finanzen ein wenig aus dem Ruder gelaufen sind und Sie wieder Ordnung schaffen möchten. Auch nach einer Erbschaft, Abfindung oder vor dem Schritt in die Selbstständigkeit sind Finanzkonzepte auf Honorarbasis ihr Geld wert.

4. Honorar für das laufende Management und die Betreuung

Wer nach der ersten Beratung Vertrauen gefasst hat und nun auf Dauer begleitet werden möchte, für den kann das laufende Honorarmodell eine gute Lösung sein. Es ist sinnvoll in der Vermögensanlageberatung. Denn hier kommt es noch mehr auf Streuung und aktives Management an. Üblicherweise wird ein Honorar von einem Prozent pro Jahr vereinbart. Im Gegenzug werden alle Geldanlagen ohne Kosten (netto) gekauft. Bei Fonds fallen beispielsweise keine Ausgabeaufschläge an. Zu Aktien und Anleihen kommen nur minimale Spesen des Abwicklers hinzu. Das Management-Honorarmodell eignet sich ideal für größere und/oder risikoreichere Vermögen. Denn diese werden häufiger umgeschichtet. Wenn dann bei jeder Transaktion hohe Gebühren berechnet würden, wäre Ihr Vermögen bald bei der Bank.

Anders als bei den Honoraren für das Fondsmanagement, die dem Fondsvermögen pro rata tempori belastet werden, kommt zu den separaten Beratungs-Honorarvereinbarungen noch die gesetzliche Umsatzsteuer dazu.

Mein Fazit: Keines der Modelle kann einfach alle anderen ersetzen. Jedes hat seine Berechtigung, und wie so oft kommt es auf **!** den Einzelfall an. Eine kompetente, faire und zuverlässige Beratung hat ihren Wert. Und wie jede andere Dienstleistung gibt es sie selbstverständlich nicht gratis.

Der Staat

Seit Ausbruch der Finanzkrise machen sich Ministerien, Verbraucherschützer und Banken unentwegt Gedanken, wie man die Beratungsqualität verbessern kann. Unser Staat hat ein großes Interesse daran, dass Geldberatung funktioniert. Denn wer keine private Vorsorge betreibt, fällt am Ende ins soziale Netz. Die Staatsausgaben hierfür sind schon jetzt immens.

An Ideen mangelt es nicht. Das Verbraucherschutzministerium will Qualitätsstandards für Finanzprodukte, andere denken über Ampelkennzeichnung, neue Regeln für die Beratung oder Finanz-TÜVs nach. Derweil werden Checklisten herausgegeben und die Ergebnisse von Testkäufen veröffentlicht. Verabschiedet wurde zum 01.01.2010 das neue Anlegerrecht. Seitdem müssen Anlageberater, wenn sie mit Privatleuten über Geldanlagen reden, ein schriftliches Protokoll erstellen.

Neue Regelungen zur Anlageberatung

Was ist eigentlich Anlageberatung im Sinne des Gesetzes? Der Gesetzgeber formuliert das in § 1 des Kreditwesengesetzes. Dabei geht es nur um Wertpapiere wie Investmentfonds, Aktien oder Anleihen. Die Beratung für Versicherungen und Beteiligungen wird nicht damit geregelt. Im Gesetz steht: Die Beratung muss anleger- und objektgerecht sein. Anlegergerecht bedeutet: Der Berater muss wissen, mit wem er es zu tun hat. Er soll sich also informieren, welche Kenntnisse, Erfahrungen und Möglichkeiten der Anleger hat, welches Risiko er überhaupt eingehen möchte und was seine Anlageziele sind. Objektgerecht heißt: Der Berater muss die Funktionsweise des Produkts, das er empfiehlt, auch erklären. Da geht es etwa um mögliche Schwankungen des Werts während der Laufzeit, die Kosten und Nebenkosten. Außerdem soll er darauf hinweisen, dass die Geldanlage zu versteuern ist (Abgeltungssteuer). Nach dem Gespräch und der Empfehlung erhalten Anleger das sogenannte Anlageberatungsprotokoll, das alles zusammenfasst. Neu ist, dass die Verjährungsfrist für Schadensersatzansprüche verlängert wurde. Bislang verfielen Schadensersatzansprüche nach drei Jahren. Künftig geschieht dies erst drei Jahre nachdem der Kunde den Schaden bemerkt hat, spätestens aber nach zehn Jahren.

Das neue Anlegerrecht ist vor allem dazu gedacht, unerfahrene Anleger zu schützen. Doch wie so oft hat der Gesetzgeber es zu gut gemeint. Denn nicht jede Anlegerin möchte, dass ihre Bank alles weiß. Schließlich werden jedes Mal sehr persönliche Dinge dokumentiert. Einige fühlen sich mit diesem ganzen Procedere bevormundet. Die Lösung ist dann die sogenannte »Abschlussvermittlung« oder auch »beratungsfreie Orderausführung«, bei der man bei jeder Geldanlage auf die umfangreiche Beratung verzichtet. Dann erläutert der Finanzberater lediglich das konkrete Geldanlageprodukt und die Kapitalmärkte. Dieses Verfahren ist meist schneller und erzeugt weniger Papier. Ob schlussendlich die Empfehlung zu Ihnen und Ihren Wünschen passt, müssen Sie entscheiden.

Zweifel seien erlaubt

Ich habe ernsthafte Zweifel, ob allein durch gesetzliche Regeln die Qualität der Analyse und Empfehlungen besser wird – oder ob nicht dadurch einfach nur mehr Papier produziert und Misstrauen gesät wird. Bei dem neuen Anlegerrecht beispielsweise geht es ausschließlich um Wertpapiere. Wichtige Bereiche, etwa die Absicherung gegen Risiken wie Berufsunfähigkeit, sind darin komplett ausgeblendet. Doch eine Geldanlage ist wenig sinnvoll, wenn nicht als Erstes die Absicherung geklärt ist! Gute Finanzberatung ist immer ganzheitlich – das heißt: Es geht um ein vollständiges Konzept, das sich aus Absicherung, Altersvorsorge und Vermögensanlage zusammensetzt.

Finanzberatung von Frauen für Frauen

»Ist Frauenfinanzberatung nicht schon längst überholt und ein Relikt aus der Vergangenheit? Wollen Frauen das?« Ich kenne diese Frage gut. Auch wenn mein Unternehmen bereits seit 25 Jahren besteht, werde ich immer wieder danach gefragt. Meine Antwort ist ganz klar: Ja! Frauenfinanzberatung ist sinnvoller denn je. Warum gibt es wohl Restaurants mit ausschließlich vegetarischer Küche? Vegetarier könnten doch überall auf ihre Kosten kommen. Ganz einfach: In 08/15-Gaststätten werden sie oft mit Beilagen abgespeist, vegetarische Restaurants bieten dagegen eine kreative und schmackhafte Küche: Hier liebt man eben Obst und Gemüse und kennt sich damit aus!

Das Interesse an Frauenfinanzberatung nimmt kontinuierlich zu. Natürlich haben männliche Berater das gleiche fachliche Wissen und greifen auf die gleichen Produkte zurück. Doch sie können eines nicht: sich in das Leben von Frauen versetzen. Ihnen fehlt die weibliche Sichtweise, die Beraterinnen haben.

Ich erlebe es tagtäglich: Die Frauen, die zu meinem Team und mir in die Beratung kommen, fühlen sich von Anfang an gut verstanden.

Stichwortverzeichnis